吴越历史文化丛书
基础研究

吴越国瓷业研究

沈岳明 　缪致衍 　著

杭州出版社

图书在版编目（CIP）数据

吴越国瓷业研究 / 沈岳明，缪致衍著 . -- 杭州 ：
杭州出版社，2024.5
（吴越历史文化丛书）
ISBN 978-7-5565-2375-7

Ⅰ．①吴… Ⅱ．①沈… ②缪… Ⅲ．①陶瓷工业－研
究－中国－吴越 Ⅳ．① F426.71

中国国家版本馆 CIP 数据核字（2024）第 041354 号

项目统筹　杨清华

WUYUEGUO CIYE YANJIU

吴越国瓷业研究

沈岳明　缪致衍　著

责任编辑　邓景鸿
文字编辑　陆柏宇
封面设计　王立超
美术编辑　卢晓明
责任印务　姚　霖
出版发行　杭州出版社（杭州市西湖文化广场32号6楼）
　　　　　　电话：0571—87997719　邮编：310014
　　　　　　网址：www.hzcbs.com
印　　刷　浙江全能工艺美术印刷有限公司
经　　销　新华书店
开　　本　710mm×1000mm　1/16
印　　张　15.75
字　　数　378千
版 印 次　2024年5月第1版　2024年5月第1次印刷
书　　号　ISBN 978-7-5565-2375-7
定　　价　78.00元

"基础研究"丛书审订：杜文玉

"吴越历史文化丛书"总序

　　文化是一个国家、一个民族的灵魂。文化兴，国运兴；文化强，民族强。城市历史文化遗存是前人智慧的积淀，是城市内涵、品质、特色的重要标志。

　　坐落在浙西边陲的临安，西揽黄山云雾，东接天堂风韵，山水秀美，积淀丰厚，吴越文化特色尤为鲜明。唐末五代之际，出生于临安、发迹于临安的吴越国王、"上有天堂，下有苏杭"的缔造者——钱镠，布衣起家，以雄才大略和仁心善政，创造了吴越国数十年繁华，成就了后世江浙苏杭坚实的经济文化基础，为中华的强盛作出了不可磨灭的历史贡献，给后世留下了一笔宝贵的文化遗产。北宋著名诗人苏轼曾高度评价吴越钱氏治理吴越国的成绩："其民至于老死，不识兵革，四时嬉游歌鼓之声相闻，至于今不废，其有德于斯民甚厚。"此后千年，江南经济富庶、文化繁荣，经久不息。

　　日月恒升，山高水长。自公元893年至今，吴越国已影响后世千余年。它下佑了宋的高贵，成全了元的融合，点亮了明代文化科技的璀璨，增添了清代康乾的盛世荣光。个中力量，绵延不绝。

　　吴越国形成的"善事中国、守城为业、家国天下"的文化特质，在中华文明的发展长河中具有重要的历史文化价值和现实意义。秉承优良的钱氏家风，吴越钱氏后世人才辈出，群星闪耀，千余年间，载入史册的钱姓名家不胜枚举。吴越文化根脉相承、生生不息，始终涵养着天目儿女的精神家园，滋养着"钱王故里"的人文风物，也为文化发展提供了肥沃土壤和动力源泉。

　　临安这座城市不但拥有优渥的自然生态资源，还有着特殊的历史文化魅力。吴越文化不但是临安城市发展和文化形象的一张金名片，还是临安的"根"和"魂"。一直以来，临安历届党委、政府高度重视吴越文化的研究、传承和弘扬，做了大量卓有成效的工作。进入新时代，临安努力把吴越文化融入到城市肌理之中，妥善处理好文物保护与城市建设、经济发展之间的关系，在城市规划建设层面更加突出文脉传承，让历史文化和自然生态永续利用、同现代化建设交相辉映；深入探索吴越文化的当代价值，有效推动吴越文化活在当下、服务当代，用吴越文化浸润百姓心田，以现代文明点亮幸福城市……

"东南乐土，吴越家山"，让生活在这座城市的人能够从厚重的岁月积淀中汲取文化自信的养分。我们要以文化为魂，加快建设"吴越名城"，使临安在"两个先行"时代征程中打造出独具魅力的幸福之城。我们必须把这种精神发扬光大，牢牢把握"文脉之力"，以文塑城、以文育人、以文铸魂，激发城市文化发展的内在活力，让文化成为现代城市发展的不竭动力。为此，区委宣传部牵头，专门组织省内外有关专家学者对吴越历史文化梳理文脉、提炼精华，进行深入全面系统整理研究，从文献集成、基础研究、通识读物、应用研究四个方面进行学术攻坚，深入发掘吴越文化背后的人文、历史、哲学、艺术等价值，挖掘当代价值与内涵，编辑出版"吴越历史文化丛书"，并全力推动吴越文化纳入"浙江文化研究工程"。

我们出版该套丛书的思路，以晚唐—五代十国—两宋为纵横，以吴越历史文化为主题，对吴越国的发展史和吴越钱氏家族史进行全景式研究，深入挖掘并提炼吴越文化的当代价值。在此，衷心感谢为这一丛书撰稿的作家、学者，用生花妙笔书写了吴越文化的锦绣华章，从而以更细的颗粒度还原出吴越文化一幕幕真实的历史瞬间。

"吴越历史文化丛书"作为首套关于临安历史文化的大型丛书，具有里程碑式的意义。丛书融知识性、文学性和可读性为一体，兼具科学性、地域性和系统性。丛书的编纂出版，无疑向社会开启了一扇触摸历史、感知文明、认识人文临安的窗口，对提升临安对外形象将起到积极的推动作用。当然，因条件所限，在编纂过程中挂一漏万或者疏误之处在所难免，我们衷心希望得到学术界及其他社会各界的批评指正，以期今人及后人对临安历史和吴越文化的研究进一步深入，取得更大的成果。编纂"吴越历史文化丛书"是我区吴越文化研究领域的一种尝试，我们希望通过文化建设，进一步提升全社会的凝聚力和向心力，使之成为建设"吴越名城"的文化支撑和精神动力。

当前，打造浙江新时代文化高地的号角已经吹响。临安作为吴越文化的发祥地，文化自信是我们实现高质量发展的人文基因和精神密码，也是临安未来发展最基本、最深沉、最持久的力量。我们将继续努力挖掘和弘扬吴越文化，以文化的软实力推动经济社会发展，不断增强临安高质量发展的文化自信。

带着泥土的芬芳，踩着时代的鼓点，让我们蹚进历史的长河，寻觅吴越文化的星光灿烂；让我们跨上文化的航船，驶向"吴越名城·幸福临安"的繁华盛景。

"吴越历史文化丛书"编纂指导委员会

2023 年 4 月 21 日

基础研究序

　　吴越国为五代十国时期占据于今浙江的一个地方政权，建立于公元893年，即唐昭宗景福二年，这一年唐廷授钱镠镇海节度使之职，国内历史学界遂以这一年为吴越国建立的时间。宋太宗太平兴国三年，即公元978年，吴越国王钱弘俶举国归宋，吴越国共历五主，86年时间，为十国中立国时间最长的一个政权。作为一个地域不广，仅仅拥有十三州之地，人口不算多，入宋时全国户口为550684户的地方性政权，有什么特别之处，竟然能维持如此之长的统治时间，自立于群雄之列？这本身就是一个值得探讨的历史问题。

　　从经济的角度看，吴越国时期发展很快，无论是农业、手工业还是商业均取得了极大的发展成就。有一个明显的事例，据《唐国史补》卷下载："初，越人不工机杼，薛兼训为江东节制，乃募军中未有室者，厚给货币，密令北地娶织妇以归，岁得数百人。由是越俗大化，竞添花样，绫纱妙称江左矣。"薛兼训是生活于唐代中期的大臣、将领，曾担任浙东观察使，时在唐代宗宝应元年（762）至大历五年（770）期间。从这段记载我们不难看出，在薛兼训到任河东节度使之前，浙东地区的丝织业水平实际上还是不高的。但自此以后，直到吴越国统治时期，这里的丝织业都是走在全国的前列，其基础就建立在这一时期。在吴越国统治时期有三种产业的优势很大，即制瓷业、水利与对外贸易。前者以越窑生产的青瓷最为著名，水利方面以太湖与钱塘江治理最为著名，后者则以数量众多的外贸口岸著称，有杭州、明州、台州、温州等港口，在沿海诸国中数量最多，对外贸易区域最广。

　　从文化的角度看，吴越国拥有一批著名的学者与诗人，如罗隐、皮光业、钱易、杜建徽等，就连国王钱镠、钱弘俶都有作品传世。尤为重要的是，吴越国在宗教文化方面成就甚为突出，当时的杭州成为五代十国时期全国的佛教中心，佛寺数量居全国之首。天台宗有较大的发展，出现了中兴的态势，天台名僧相继涌现，并派人赴日本、高丽寻求已在中国散失的天台宗经典教籍，天台宗经典由是大备。吴越高僧延寿有感于当时禅宗只重直观而忽略经典的流弊，编集了《宗镜录》100卷，这是中国佛教史上具有集大成性质的著作，在佛教史乃至思想史领域有极大影响。

在政治上，吴越国推行"事大"政策，在唐末坚决拥戴唐朝廷，获得了唐廷赐予的免死铁券。进入五代以后，不管中原王朝如何改朝换代，吴越皆向其称臣，贡奉不断，因此主政者官爵不断提升。唐天复二年（902），封越王；天祐元年（904），改封吴王。后梁开平元年（907），封吴越王。龙德三年（923），又册封钱镠为吴越国王。到后唐时期，除了授钱镠天下兵马都元帅、尚父、尚书令，续封吴越国王外，还赐给玉册金印，以示宠渥。北宋取代后周，吴越延续了这一政策，十分恭顺，凡中原王朝发动的军事行动，吴越都积极配合。如后周进攻淮南，吴越出兵攻击南唐；北宋讨伐李重进之叛，吴越遣将进击润州以配合；北宋出兵灭南唐时，吴越进攻常州以呈夹击之势。吴越的这一国策，不仅保证了其统治的稳固，后来和平统一于北宋，也使两浙地区免遭战火的摧残，有利于这一地区经济、文化的持续发展。

还有一点需要指出，即吴越执行了一条睦邻政策。早年因与杨行密争夺江浙地区，吴越长期与吴国处于战争状态，但南唐建立后，双方和睦相处，保持数十年的和平局面。这一局面的出现，有利于两国人民生产与生活的稳定，同时为发展文化创造了有利的社会条件，我们通常所说的中国古代经济、文化重心南移，实际上始于这一时期，吴越国在其中的贡献是不可忽视的。

然而，从目前情况看，对吴越国史的研究还很不理想，仅有极少的著作和为数不多的论文，这种状况与吴越国所处的历史地位极不相称。为了改变这种状况，中共杭州市临安区委宣传部、杭州市临安区社会科学界联合会实施了"吴越文化研究工程"，推出"吴越历史文化丛书"，包括文献集成、基础研究、通识读物、应用研究四大部分，本套丛书为其中的基础研究部分。

　　这套基础研究丛书基本囊括了吴越国历史文化的方方面面，将其历史、政治、制度、经济、文物、宗教、文学、艺术以及民间信仰全都包括进去了，从而极大地推进了吴越国史研究的全面深入发展，从更大的方面看，对整个五代十国史的研究亦有极大的促进意义。

　　总的来看，这套丛书具有一些明显的特点：（一）较强的学术性。既然是吴越国历史文化的基础研究，学术性是首先要保证的。要做到这一点，必须保证资料的丰富性与可靠性，这是学术研究的基础。其次，要做到研究结论的科学性，观点要具有新颖性，要经得住科学的检验。为此我们制定了一整套规范要求和严格的书稿审查制度，以保证书稿的学术质量。（二）系统性。即列入基础研究的著作都必须做到各自内容的系统性与完整性，这些著作每部都能单独成书，又与其他著作紧密地联系在一起。因此，读者可以根据各自的兴趣选读其中一部，而不必担心内容的缺环。（三）图文并茂。在书稿撰写之初，就要求每部书必须提供一定数量的图幅，做到图文并茂，这是这套丛书与别的书籍不同的一个显著特点。（四）作者队伍的专业性。这套丛书的作者都是在研究机构或高等院校工作的专业研究人员和教师，具有学历高、年富力强的特点，有些人甚至有国外留学的经历，且都是相关领域内的卓有成绩者。这是保证这套丛书质量的一个基本条件，也是对读者负责的一种体现。

　　通过这套丛书的研究与撰写不难看出，地方党委和政府对传统文化的支持十分重要，没有其主导和保障，这项文化工程是不可能完成的。在此，对杭州市临安区挖掘地方历史文化的远见卓识表示钦佩，并希望这套丛书能在弘扬我国优秀传统文化中发挥积极的作用。

2024 年 3 月

目 录

伍　探"秘"——秘色瓷及其相关问题

前　言

　　五代十国时期，除中原地区梁唐晋汉周五个政权依次更替外，周边尚存在过许多割据政权，吴越国是其中十国之一。893 年，唐廷授钱镠镇海节度使。907 年，梁朱温封钱镠为吴越王。吴越国占据了两浙十三州，经历三代五王，至宋太平兴国三年（978）纳土归宋。在吴越国辖域，瓷业作为古代一项重要的手工业，历史上一直是当时的经济支柱产业，无论是商周时期东苕溪流域的原始瓷，还是汉六朝时期曹娥江中游的成熟青瓷，其生产规模、产品质量、文化内涵、社会影响等方面都是首屈一指，故有唐以前的浙江陶瓷史几乎等同于中国陶瓷史的美誉。虽然在战国中晚期和东晋南朝时期，瓷器生产由于各种因素的影响而曾跌入低谷，但每一次的调整都成为下一次辉煌的蓄势待发，两浙地区民众对瓷业生产的情有独钟和不屈不挠、勇立潮头、勇于创新的精神，使这一区域的瓷手工业生产独领风骚二千年，促进了本地经济、社会的稳定和发展。进入隋唐时期，此区域的瓷业生产在规律性的复苏中，特别是政府和瓷手工业从业者紧紧地抓住了唐王朝《禁用珠玉锦绣诏》的颁布、需要金银器的替代品和饮茶风气的盛行、陆羽在《茶经》中对越窑青瓷的推崇的大好机遇，使本地的瓷业生产再一次稳步走向辉煌，并形成了中国陶瓷史上最早的瓷业品牌——越窑和秘色瓷。

　　唐光启三年（887）后，钱镠为杭州刺史，从此独据一方。乾宁三年（896），钱镠灭董昌，得越州，在剪除董昌等势力的过程中，他占有了两浙之地。社会稳定繁荣，百姓安居乐业，瓷业生产在原有基础上也得到了巩固和前所未有的发展。境内窑场林立，除核心区域越州、明州地区外，另在温州、台州、婺州、处州等地也有大量窑场生产。赵匡胤取代后周建立宋，吴越钱氏为了"保境安民"，对中原君主称臣纳贡，越窑瓷器成为纳贡的主要方物之一。上林湖及周围的白洋湖、古银锭湖等窑群生产的越瓷已经不能满足其需要，故在上虞的窑寺前、宁波东钱湖等地开辟了新的窑场，扩大生产规模。

可以说吴越国和其辖内的窑业，特别是与最著名窑场越窑之相辅相成关系，是中国陶瓷史上任何一个时代、任何一个窑场都没有过的，吴越国对越窑生产的重视程度也是仅有的。吴越在奄有两浙之初，即在上林湖设"省瓷窑务"，隶属于盐铁发运系统，配置了完整的官属胥吏系统，显示了上林湖越窑的重要性。"省瓷窑务"在征税之外，还设立作坊生产瓷器用于上贡，这与吴越外事贡献，结好于中原王朝有非常密切的关系，明显有别于文献记载的五代时曲阳县龙泉镇"瓷窑商税务"和宋初的介休"瓷窑税务"等单纯征税的窑务机构。也只有在这样社会稳定的大背景下，在政府积极鼓励和精心管理下，越窑在吴越国统治时期得到进一步的发展，并走上了独步宇内的地位。而越窑也积极为吴越国大力生产彼时畅销海内外的流行商品，给吴越国带来了巨大的财富，是吴越国重要的经济支柱。同时，瓷器还成为吴越国"善事中国"方略下与中原王朝及其他割据政权稳定关系的重要媒介，是吴越国国祚绵延的"维生素"。作为一种手工业产品，能与一国的政治相联系，且与国家命运绑在一起，越窑也是独一份，故吴越国与越窑是一荣俱荣、相得益彰。吴越国时期生产的瓷器，也成为瓷业至尊，是当时和后世文人墨客不吝赞美并广泛称颂的对象。而"钱氏有国日"之越窑秘色瓷作为神一样的存在，成为青瓷生产最高质量产品的代名词，被宋及后世广为模仿，但从未被超越。

壹

吴越国及其制瓷业的勃兴

在天下豪杰蜂起、战事不绝的唐末五代时期，钱氏政权统治下的吴越国历经三世五王，据两浙十三州一军偏安东南一隅，辖内青瓷生产空前兴盛，窑场林立，主要包括宁绍地区的越窑、温州一带的瓯窑、金衢地区的婺州窑等，其中又以越窑为魁，极尽造型与釉色之美的秘色瓷等高档瓷器的生产使得越窑在这一时期独步宇内，其所生产的青瓷器不仅是吴越国"善事中国"方略下进奉中原王朝的重要贡品，同时也是彼时畅销海内外的流行商品，是吴越国重要的经济支柱。吴越国经济发展、社会相对稳定所营造出的外部环境，加上越窑自身制瓷工艺在晚唐、五代时期发展成熟的内因推动，共同促成吴越国瓷业生产的繁荣。

第一节　吴越国瓷业发展的历史背景

吴越国开国国王钱镠，杭州临安人，早年"以贩盐为盗"①。唐僖宗乾符二年（875），浙西狼山镇遏使王郢作乱，临安人董昌以抵抗王郢之乱为借口募兵，钱镠因此投入董昌军中。此后数年，他先后参与平定朱直和孙端之乱、曹师雄之乱等多次战役，并参与镇压黄巢起义，建立起一定的军事威望。为争夺两浙霸权，钱镠奉董昌之命，于唐僖宗光启二年（886）攻破越州，诛杀越州观察使刘汉宏，次年擢迁杭州刺史，拥有了成就霸业的基础。其势力逐步在浙西地区崛起，与移镇越州、盘踞浙东地区的董昌双雄并峙。唐昭宗景福二年（893）闰五月，钱镠任武胜军团练使、苏杭等处观察处置使，进封彭城郡开国侯；九月，任镇海军节度使、润州刺史。乾宁二年（895），因董昌僭号称帝，钱镠兴兵讨伐，于乾宁三年（896）攻占越州，兼任镇海、镇东两镇节度使，并自此逐一翦除湖州、苏州、婺州、衢州等地势力，尽据两浙

---

① 〔宋〕欧阳修撰，〔宋〕徐无党注：《新五代史》卷六七《吴越世家第七》，北京：中华书局1974年版，第835页。

十三州之地，割据一方。

　　唐哀帝天祐四年（907），朱全忠篡唐建梁，由此开启五代十国分裂割据之局面。同年，钱镠被封为吴越王，兼任淮南节度使。此后，钱镠又屡受后梁政权的加封，并对其行君臣之礼，入贡京师不绝。后梁龙德三年（923），钱镠被封为吴越国王。为了维系政权，钱镠始终尊奉中原王朝为正朔，并在其统治期间采取了一系列"保境安民"的政策，致力于维护社会安宁、发展经济。这些政策及发展战略也多为后代吴越诸王所奉行，吴越国由是在政局波谲云诡的五代时期获得了相对稳定的发展。

一、善事中国以维护社会稳定

　　自立国之初，钱镠就以家国利益至上，审时度势，严格奉行"善事中国，勿以易姓废事大之礼"[①]的政策，即与中原王朝建立臣属关系。对此，钱镠还留有遗训："凡中国之君，虽易异姓，宜善事之。""要度德量力而识时务，如遇真主，宜速归附。"[②]此后吴越国的历任统治者们均贯彻了"事大之礼"。正因如此，与五代十国时期的其他南方诸国相比，吴越国的"善事中国"方略执行得最为彻底，自始至终向中原王朝称藩纳贡，接受中原朝廷的任命与晋封。

　　彼时的吴越国东临大海，北、西、南三面受敌，尤其是北面据镇淮南的杨吴政权一直是吴越国的最大威胁，二者之间摩擦不断。南唐取代吴国后，势力又有所扩张，成为南方诸国中版图最大、实力最强的政权。如此地缘关系下，吴越国称臣于中原王朝，并与之结为政治联盟，以牵制强大的淮南政权，稳固自身统治。

　　得益于"善事中国"的政治方略及其对敌国的牵制作用，吴越钱氏政权巩固稳定，辖内相对安宁，很少受到不绝战事的侵扰。在赵匡胤建立宋朝后，

---

① 〔宋〕司马光著，〔元〕胡三省音注：《资治通鉴》卷二七七《后唐纪六》，北京：中华书局1956年版，第9066页。
② 钱文选：《钱氏家乘》卷六《家训》，上海：上海书店出版社1996年版，第141页。

吴越国最后一任国王钱弘俶更是倾其国力加以贡奉，并于宋太宗太平兴国三年（978）以所部一军十三州八十六县纳土归宋，使两浙百姓免于兵燹之灾，促成了和平统一。后世学者对吴越国善事中国、保境安民的举措多有称赞，如欧阳修云："独钱塘自五代时，知尊中国，效臣顺，及其亡也，顿首请命，不烦干戈，今其民幸富完安乐。"① 明人田汝成评价道："独其臣顺中国，不烦兵革，而纳土保家，为可取耳。"② 北宋文学家苏轼作有《表忠观碑》称颂钱王功绩，其中有述："吴越地方千里，带甲十万，铸山煮海，象犀珠玉之富，甲于天下；然终不失臣节，贡献相望于道。是以其民至于老死不识兵革，四时嬉游歌鼓之声相闻，至于今不废，其有德于斯民甚厚。"③ 尽管碑记所述不免有夸张成分，但从中犹可见吴越国的富庶，以及身处五代乱世的吴越百姓于吴越国境内得以休养生息、安居乐业的情况。

除受到政治局势与地缘关系的影响外，钱镠所告诫的"勿以易姓废事大之礼"可能也与其"民本"思想有关。唐末时，董昌僭越称帝改元，钱镠"遗昌书曰：'与其闭门作天子，与九族、百姓俱陷涂炭，岂若开门作节度使，终身富贵邪！'"而后又"将兵三万诣越州城下，至迎恩门见昌，再拜言曰：'大王位兼将相，奈何舍安就危……纵大王不自惜，乡里士民何罪，随大王族灭乎！'"④ 朱全忠代唐称帝后，"欲以虚爵縻强藩，进武肃王吴越两国……（罗隐）请举兵讨梁，曰：'王唐臣，义当称戈北向，纵无成功，犹可退保杭、越，自为东帝，奈何交臂事贼，为终古羞乎！'"⑤ 但钱镠认为："奈兴兵征讨，必动干戈。且兼淮氛未靖，湖州初平。吾若外讨，彼必乘虚滋扰，百姓

① 〔宋〕欧阳修著，李逸安点校：《欧阳修全集》卷四〇《有美堂记》，北京：中华书局2001年版，第585页。

② 〔明〕田汝成：《西湖游览志余》卷二四《委巷丛谈》，清文渊阁《四库全书》本。

③ 〔宋〕苏轼著，傅成、穆俦标点：《苏轼全集》，上海：上海古籍出版社2000年版，第981页。

④ 〔宋〕司马光著，〔元〕胡三省音注：《资治通鉴》卷二六〇《唐纪七十六》，第8464—8465页。

⑤ 〔清〕吴任臣：《十国春秋》卷八四《吴越八·罗隐传》，北京：中华书局1983年版，第1218—1219页。

必遭涂毒。古人有言：'屈身于陛下，是其略也。'吾以有土有民为主，故不忍兴兵杀戮耳。"①由此来看，钱镠对于战争加诸百姓的戕害已有清楚的认知。在其遗训中，钱镠也多次强调百姓之于吴越国的重要性，如："十四州百姓，系吴越之根本"；"要尔等心存忠孝，爱兵恤民"；"圣人云：顺天者存。又云：民为贵，社稷次之。免动干戈，即所以爱民也"。②可见，钱镠的"民本"思想当受儒家文化的影响，继而影响了其与后代吴越诸王的施政方略，从唐末五代时一以贯之的"善事中国"，到宋初钱弘俶纳土，吴越钱氏均秉承了不兴兵革、治国安民的政策导向，这也为吴越国的制瓷业提供了相对稳定的发展环境，而"善事中国"方略下向中原王朝称藩纳贡的需要，也刺激了青瓷等重要贡品的生产。

二、兴修水利以发展农业经济

自钱塘江、西湖沿岸至太湖流域，大大小小的河渠湖泊纵横交错。有效利用水力资源、防止水患涝灾是农业经济发展的重要基础。钱镠统治两浙地区以来，对水利建设非常重视。为治理钱塘江潮患，钱镠改善筑塘方法，以"石囤木桩法"修筑石塘，即将装满巨大石块的竹笼抛入江中，两侧打入高大的木桩用以固定，其上再铺石块，构筑起比原先土塘坚固数倍的捍海石塘。这些石塘在潮水的冲击下不易崩毁，同时也有蓄水的作用，既保护了江边数千万亩农田，又提供了灌溉之利。为有效地营建水利工程，钱镠设置了规划管理水利之事的专门机构——都水营田司，并建立了专事疏浚河道、清淤置闸的"撩浅军"。

以专门的水利机构和专业队伍为基础，大规模的开塘浚浦、修筑圩田等工程在吴越国境内展开，正所谓"沿塘有泾，通于支港，盖塘以行水，泾以均水，塍以御水，坞以储水"③，逐步形成周密分布、纵横贯通的水系网络，兼具防

---

① 钱文选：《钱氏家乘》卷五《年表》，第121页。

② 钱文选：《钱氏家乘》卷六《家训》，第141页。

③ 〔清〕严辰纂修：《（光绪）桐乡县志》卷二《疆域志下》，清光绪十三年（1887）刊本。

洪、灌溉功能，有助于旱涝保收，促进了农业的丰产。

此外，钱镠还组织人力治理太湖，疏浚浙东运河，于婺州武义县修筑长安堰，并在越州鉴湖与明州东钱湖周围筑塘灌田，促进了浙东地区水利灌溉和水上交通运输的发展，同时也加强水土之政，对水利垦殖立法管理，禁止随意围垦，做到"富豪上户，美言不能乱其法，财货不能动其心"①。

农业可谓民之根本，也是社会赖以生存、经济得以发展的基石。对于吴越国的水利建设，《农政全书》评价道："钱氏有国，亡宋南渡，全借苏、湖、常、秀数郡所产之米，以为军国之计。当时尽心经理，使高田、低田各有制水之法。其间水利当兴，水害当除……又复七里为一纵浦，十里为一横塘。田连阡陌，位位相承，悉为膏腴之产。"②在农业丰产的基础上，吴越国百姓安居乐业，社会经济与文化迅速发展，丝织业、制瓷业等手工业生产也获得了繁荣发展的资本。

三、对外贸易以增加财政收入

积极发展对外贸易是吴越国增加财政收入的重要手段，其贸易往来的对象，既包括中原王朝、辽国（契丹）与其他南方诸国，也包括海外的朝鲜半岛、日本、大食国等。由于淮南杨吴政权的阻隔，以及与海外诸国在陆路上难以通行，彼时吴越国与海内外各国之间的交往主要通过海上进行。

为进一步发展海上贸易，钱镠于后梁开平三年（909）"以地滨海口，有鱼盐之利"③，将位于明州东北甬江入海处的望海镇升为望海县，后改名为定海县。为有效管理对外贸易，还在沿海诸州设置有"博易务""两浙回易务"等机构：

"是时，江淮不通，吴越钱镠使者常泛海以至中国。而滨海诸州皆置博

---

① 〔明〕徐光启著，陈焕良、罗文华校注：《农政全书（上）》卷一三《水利》，长沙：岳麓书社 2002 年版，第 199 页。

② 〔明〕徐光启著，陈焕良、罗文华校注：《农政全书（上）》卷一三《水利》，第 199 页。

③ 〔宋〕乐史撰，王文楚等点校：《太平寰宇记》卷九八《江南东道十》，北京：中华书局 2007 年版，第 1961 页。

易务，与民贸易。"①

"梁时，江淮道梗，吴越泛海通中国，于是沿海置博易务，听南北贸易。"②

"先是，滨海郡邑，皆有两浙回易务，厚取民利，自置刑禁，追摄王民，前后长吏利其厚赂，不能禁止。铢即告所部，不得与吴越征负，擅行追摄，浙人惕息，莫敢干命。"③

对于吴越国与辽国（契丹）、其他南方诸国之间的交往，见诸文献记载的大多为贡奉、交聘等官方往来。如《辽史》记载：

辽太祖九年（915）"冬十月戊申……吴越王钱镠遣滕彦休来贡"④。

辽神册五年（920）"夏五月丙寅，吴越王复遣滕彦休贡犀角、珊瑚，授官以遣"⑤。

辽天显七年（932）"二月壬申，搜剌迪德使吴越还，吴越王遣使从，献宝器。复遣使持币往报之"⑥。

《十国春秋》卷四九《后蜀二·后主本纪》记载：

后蜀明德三年（936）"夏四月，吴越遣使来聘。冬十月，遣使如吴越报聘"⑦。

尽管没有与贸易相关的明确记载，但在两国交好，且往来通道畅通的背景下，吴越国与辽、蜀等国互通贸易的可能也是存在的。

另据《南汉书》《萍洲可谈》记载：

"大有五年（932）春三月庚戌，吴越王镠薨……大有六年（933）……是岁，

① 〔宋〕欧阳修撰，〔宋〕徐无党注：《新五代史》卷三〇《汉臣传第十八·刘铢传》，第335页。
② 〔清〕吴任臣：《十国春秋》卷一一五《拾遗·吴越》，第1743页。
③ 〔宋〕薛居正等：《旧五代史》卷一〇七《汉书九·刘铢传》，北京：中华书局1976年版，第1415页。
④ 〔元〕脱脱等：《辽史》卷一《本纪第一·太祖上》，北京：中华书局1974年版，第10页。
⑤ 〔元〕脱脱等：《辽史》卷二《本纪第二·太祖下》，第16页。
⑥ 〔元〕脱脱等：《辽史》卷三《本纪第三·太宗上》，第33页。
⑦ 〔清〕吴任臣：《十国春秋》卷四九《后蜀二·后主本纪》，第708页。

帝遣左仆射何瑱如吴越致祭。"①

"（南汉）刘铱好治宫室，欲购怪石，乃令国中以石赎罪。富人犯法者，航海于二浙买石输之。"②

可见，吴越国与南汉国之间也有官方及民间贸易上的交往。

对于海外各国，吴越国与日本，以及朝鲜半岛的后百济、高丽、新罗等国的交往颇为密切。唐末五代时期，日本在外交上趋于保守，中日政府间的交往多以商人及商业活动为媒介。日本学者木宫泰彦曾统计了五代时期中日之间船舶往来的情况，据其统计结果，绝大部分携货物赴日的中国商船、商客都来自吴越国，这些吴越商人常作为吴越王的使者来到日本献上书信与土产方物，其中吴越国持礼使盛德言还曾在后周显德四年（957）和六年（959）赴日呈递书信。③在统辖九州地方行政兼管外交、对外贸易的大宰府遗址，及其所设专门接待外国使节与民间贸易商人的鸿胪馆遗址，出土了大量晚唐五代时期产自中国两浙地区的越窑青瓷，足以证明吴越国与日本之间贸易的兴盛，并且在贸易货品中，越窑青瓷应占有相当的比例。

不同于日本，吴越国与朝鲜半岛诸国的官方往来甚是紧密。据《三国史记》记载，后百济王甄萱曾多次"遣使朝吴越"，后唐天成二年（927），吴越国还派遣通和使调停后百济与高丽两国之间的战争④；《新五代史》还载有"（钱镠）自称吴越国王……遣使册新罗、渤海王，海中诸国，皆封拜其君长。"⑤可见，吴越国在与新罗、渤海国、后百济、高丽等国的外交上处于优势地位。在现今韩国的庆州一带、忠清南道扶余郡、全罗北道益山郡弥勒寺等地，皆出土了较多唐末至北宋初的中国瓷器，其中越窑青瓷为数不少，且以碗、盘

---

① 〔清〕梁廷楠著，林梓宗校点：《南汉书》卷三《本纪第三·高祖纪二》，广州：广东人民出版社 1981 年版，第 11 页。

② 〔宋〕朱彧：《萍洲可谈》卷二，北京：中华书局 2007 年版，第 145 页。

③ 参见［日］木宫泰彦著，胡锡年译：《日中文化交流史》，北京：商务印书馆 1980 年版，第 222—224 页。

④ ［高丽］金富轼撰，孙文范等校勘：《三国史记（校勘本）》卷五〇《列传第十·甄萱传》，长春：吉林文史出版社 2003 年版，第 557—559 页。

⑤ 〔宋〕欧阳修撰，〔宋〕徐无党注：《新五代史》卷六七《吴越世家第七》，第 840 页。

等日用器为主，应是通过贸易输入的，暗示了吴越国与朝鲜半岛之间贸易往来的存在。

除上述东亚邻国外，《吴越备史》中还有一则记载："火油得之海南大食国，以铁筒发之，水沃，其焰弥盛。武肃王以银饰其筒口，脱为贼中所得，必剥银而弃其筒，则火油不为贼所有也。"① 尽管目前已难以获悉大食国的火油是直接由贸易获取，还是间接所得，但至少表明当时已有阿拉伯帝国的产品输出至吴越国。

吴越国对外贸易所带来的经济效益在《旧五代史》中有较为直观的记录："然航海所入，岁贡百万。王人一至，所遗至广，故朝廷宠之，为群藩之冠。"② 能从海上贸易所得中提取利润加以贡奉，并达到"岁贡百万"的程度，可以想见吴越国海上贸易收入的总额当是极为可观的。

20世纪末期以来，在印尼爪哇海域发现了两艘年代分别约为10世纪中叶和10世纪后半叶的沉船——印坦（Intan）沉船与井里汶（Cirebon）沉船，出水了大量中国瓷器。在印坦沉船发掘登记的7309件瓷器中，越窑的产品约占比20%—30%；在井里汶沉船出水的中国瓷器中，越窑青瓷占了绝大多数，数量应逾30万件，是这艘货船中最为重要的货品。③ 结合上文提到的晚唐五代至宋初的越窑青瓷大量发现于东亚的日本和朝鲜半岛，可以判断，吴越国辖内生产的越窑青瓷器应是当时贸易流通中的重要商品之一，同时也是整个中国瓷器外销的主要商品，是吴越国对外贸易收入的支柱。这些考古发现，尤其是印坦、井里汶沉船上精美越器的大量出水，佐证了吴越国瓷业繁荣的盛况。制瓷等手工业的发展，为吴越国对外贸易的欣欣向荣提供了可能，对外贸易所带来的高额利润又可再度投入到手工业生产之中，用以保障高质量贡器与宫廷用器的生产。

---

① 〔宋〕范坰、林禹：《吴越备史》卷二《文穆王》，载《四部丛刊续编·史部（一五）》，上海：上海书店出版社1984年版，第1005页。

② 〔宋〕薛居正等：《旧五代史》卷一三三《世袭列传第二·钱佐传》，第1774页。

③ 秦大树：《拾遗南海补阙中土——谈井里汶沉船的出水瓷器》，《故宫博物院院刊》2007年第6期，第91—101页。

第二节 吴越国的制瓷业

越窑是中国古代声名最为显赫的青瓷窑系，一般指唐宋时期以上林湖为中心的窑址群落及其周边相关窑场，主要分布于当时的越州（今浙江绍兴）与明州（今浙江宁波）辖域内，今属浙东的宁绍平原一带，包括慈溪上林湖、上虞窑寺前、鄞州东钱湖三大窑址群。作为一个庞大的窑业系统，越窑窑址分布之广泛，文化内涵之丰富，窑业影响之深远，在中国陶瓷史上占有承前启后、继往开来的重要地位。而吴越国钱氏辖治时期，正是越窑得到蓬勃发展的最重要的阶段。

一、文人眼中的越窑

"越窑"与"越瓷"的概念最早出现在唐人陆羽所著的《茶经》中："碗，越州上，鼎州次，婺州次；岳州次，寿州、洪州次。或者以邢州处越州上，殊为不然。若邢瓷类银，越瓷类玉，邢不如越一也；若邢瓷类雪，则越瓷类冰，邢不如越二也；邢瓷白而茶色丹，越瓷青而茶色绿，邢不如越三也。晋杜毓《荈赋》所谓'器择陶拣，出自东瓯'。瓯，越也。瓯，越州上，口唇不卷，底卷而浅，受半升已下。越州瓷、岳瓷皆青，青则益茶。茶作白红之色。邢州瓷白，茶色红；寿州瓷黄，茶色紫；洪州瓷褐，茶色黑：悉不宜茶。"[①]可见在当时饮茶之风盛行的背景下，越窑青瓷作为适宜饮茶的器皿，位列诸窑产品之首，并被冠以类冰似玉的美誉。

自此又有诸多文人雅士对越窑青瓷不吝赞美之词。孟郊《凭周况先辈于朝贤乞茶》诗云："蒙茗玉花尽，越瓯荷叶空。"[②]施肩吾作有《蜀茗词》："越碗初盛蜀茗新，薄烟轻处搅来匀。山僧问我将何比，欲道琼浆却畏嗔。"[③]既赞咏蜀茗如"琼浆"，又可从中感受到越碗饮茶之妙。许浑有诗二首——《晨起二首》之一与《夏日戏题郭别驾东堂》，分别写道："蕲簟曙香冷，越瓶

① 吴觉农主编：《茶经述评》，北京：农业出版社 1987 年版，第 115 页。
② 〔清〕彭定求等：《全唐诗》卷三八〇，北京：中华书局 1960 年版，第 4266 页。
③ 〔清〕彭定求等：《全唐诗》卷四九四，第 5602—5603 页。

秋水澄"①，"散香蕲簟滑，沉水越瓶寒"②。皮日休的《茶中杂咏·茶瓯》一诗同时评价了邢窑与越窑瓷器："邢客与越人，皆能造兹器。圆似月魂堕，轻如云魄起。"③陆龟蒙的《秘色越器》在吟咏越器的诗歌中更是赫赫有名，其以"九秋风露越窑开，夺得千峰翠色来"④描绘越窑秘色瓷釉色之青绿；同样赞美越窑秘色瓷的还有徐夤的《贡余秘色茶盏》，其中对于秘色茶盏有这样的描写："捩翠融青瑞色新，陶成先得贡吾君。巧剜明月染春水，轻旋薄冰盛绿云。"⑤在点明了秘色瓷属于贡御之物的同时，也盛赞了这件秘色茶盏的精致做工与青绿釉色。另外也有自越瓯益茶角度的咏叹，如郑谷所作《题兴善寺》云："藓侵隋画暗，茶助越瓯深。"⑥韩偓所作《横塘》云："蜀纸麝煤沾笔兴，越瓯犀液发茶香。"⑦顾况的名作《茶赋》中也有"越泥似玉之瓯"⑧这样的高度赞扬。

值得一提的是，除用作饮食器外，越窑青瓷还可被用作乐器。《乐府杂录》中记载了唐大中（847—860）初，调音律官郭道源"善击瓯，率以邢瓯、越瓯共十二只，旋加减水于其中，以箸击之，其音妙于方响也"⑨。唐代诗人方干又作有《李户曹小妓天得善击越器以成曲章》："越器敲来曲调成，腕头匀滑自轻清。随风摇曳有余韵，测水浅深多泛声。昼漏丁当相续滴，寒蝉计会一时鸣。若教进上梨园去，众乐无由更擅名。"⑩

综上可见，唐五代文人对于越窑青瓷的赞誉大多集中在益茶、外观等方

① 〔清〕彭定求等：《全唐诗》卷五二八，第 6038 页。
② 〔清〕彭定求等：《全唐诗》卷五二八，第 6040 页。
③ 〔清〕彭定求等：《全唐诗》卷六一一，第 7055 页。
④ 〔清〕彭定求等：《全唐诗》卷六二九，第 7216 页。
⑤ 〔清〕彭定求等：《全唐诗》卷七一〇，第 8174 页。
⑥ 〔清〕彭定求等：《全唐诗》卷六七六，第 7756 页。
⑦ 〔清〕彭定求等：《全唐诗》卷六八三，第 7832 页。
⑧ 〔清〕董诰等：《全唐文》卷五二八，北京：中华书局 1983 年版，第 5365 页。
⑨ 〔唐〕段安节：《乐府杂录》，载《教坊记（外三种）》，北京：中华书局 2012 年版，第 138 页。
⑩ 〔清〕彭定求等：《全唐诗》卷六五一，第 7481 页。

面，这些文人推崇与赞美之词无疑推动了越窑产品的风行，在一定程度上也促进了越窑制瓷业的发展。

　　至宋元时期，文人笔记中也常提到越窑及其青瓷产品，但所谈论的内容多为越窑秘色瓷的性质、产地、年代等诸问题。如赵令畤的《侯鲭录》："今之秘色瓷器，世言钱氏有国，越州烧进，为供奉之物，臣庶不得用之，故云'秘色'。比见陆龟蒙进越器诗云：'九秋风露越窑开，夺得千峰翠色来。好向中宵盛沆瀣，共嵇中散斗遗杯。'乃知唐时已有秘色，非自钱氏始。"① 周辉的《清波杂志》："越上秘色器，钱氏有国日供奉之物，不得臣下用，故曰'秘色'。"② 曾慥的《高斋漫录》："今人秘色磁器，世言钱氏有国日，越州烧进，为供奉之物，不得臣庶用之，故云'秘色'。尝见陆龟蒙诗集《越器》云……乃知唐已有秘色矣。"③ 叶寘的《坦斋笔衡》："末俗尚靡，不贵金玉而贵铜磁，遂有秘色窑器。世言钱氏有国日，越州烧进，不得臣庶用，故云'秘色'。陆龟蒙诗……乃知唐世已有，非始于钱氏。"④ 顾文荐的《负暄杂录》⑤ 也有与之类似的表述。这些观点在表达方式上非常接近，应是互相引用、转抄所致，皆通过陆龟蒙《秘色越器》一诗考证秘色瓷的烧造年代始于唐代而非世人常言的吴越国时期，并且认为秘色瓷因贡御而得名。赵彦卫的《云麓漫钞》也探讨了越窑的秘色瓷，认为："青瓷器，皆云出自李王，号秘色；又曰出钱王。今处之龙溪出者，色粉青，越乃艾色。唐陆龟蒙有进越器诗云：'九秋风露越窑开，夺得千峰翠色来。好向中宵盛沆瀣，共嵇中散斗遗杯。'则知始于江南与钱王皆非也。近临安亦自烧之，殊胜二处。"⑥ 说明在赵彦卫

① 〔宋〕赵令畤：《侯鲭录》卷六"秘色瓷器"条，北京：中华书局2002年版，第149页。
② 〔宋〕周辉撰，刘永翔校注：《清波杂志校注》卷五"定器"条，北京：中华书局1994年版，第213页。
③ 〔宋〕曾慥：《高斋漫录》，清《守山阁丛书》本。
④ 〔宋〕叶寘：《坦斋笔衡》，载〔元〕陶宗仪撰，李梦生校点：《南村辍耕录》卷二九"窑器"条，上海：上海古籍出版社2012年版，第325页。
⑤ 〔宋〕顾文荐：《负暄杂录》，载〔明〕陶宗仪：《说郛》第四册卷一八，北京：中国书店1986年版，第20页。
⑥ 〔宋〕赵彦卫：《云麓漫钞》卷一〇，上海：古典文学出版社1957年版，第139—140页。

所处的时代，越窑及其秘色瓷产品已不为大多数世人所熟悉。

明清时期，已是"李唐越器人间无"的遗憾局面，文人学者只能依据前代记载或前人观点进行考证、总结。例如清人朱琰在其所撰《陶说》卷二《说古·古窑考》中分别列有条目"唐越州窑"与"吴越秘色窑"："按唐越窑，实为钱氏秘色窑之所自始。后人因秘色为当时烧进之名，忘所由来。""吴越秘色窑：钱氏有国时，越州烧进。"①对此，蓝浦、郑廷桂的《景德镇陶录》虽与《陶说》所执看法相似，但其中对越窑的定义略为明确："越窑，越州所烧，始唐代，即今浙江绍兴府，在隋、唐曰越州。"②至于所谓的"秘色窑"是否单独存在的问题，将在后文有所涉及。

尽管文人眼中的越窑已经伴随其窑业的终止以及时间的推移而愈发模糊，但这些留存于诗歌、文人笔记中的记载是越窑盛极一时、影响深远的证明，仍可为现今在考古发现支撑下的越窑研究提供参考。

二、考古发现的越窑

多年来，考古工作者对越窑遗址开展了多次调查与发掘，使曾经盛极一时的越窑窑业生产面貌得以为今人所知，同时也为相关研究提供了丰富的一手材料。

20 世纪 30 年代，陈万里率先走出越窑研究局限于书斋的窠臼，对越窑遗址进行了多次实地走访与调查，并出版有《越器图录》《瓷器与浙江》《中国青瓷史略》等学术著作，开创了近现代越窑考古研究工作的新局面。日本学者小山富士夫也于 1937 年调查了上林湖窑址，并在其专著《支那青瓷史略》中述及越窑的若干资料。

20 世纪 50 年代以来，对浙江余姚、上虞、宁波等地窑址的田野调查陆续展开，特别是 1957 年因修建上林湖水库，浙江省文物管理委员会对上林湖

---

① 〔清〕朱琰：《陶说》卷二《说古·古窑考》，北京：商务印书馆 1936 年版，第 17—18 页。

② 〔清〕蓝浦原著，〔清〕郑廷桂补辑；傅振伦编注，孙彦整理：《景德镇陶录详注》卷七《古窑考》，北京：书目文献出版社 1993 年版，第 88—90 页。

及其周边的古银锭湖、白洋湖等地窑址群进行了较为细致的调查,并发表了《浙江余姚青瓷窑址调查报告》[①];另又调查了上虞窑寺前地区的寺山、坳前山、立柱山、盘口湾等地窑址以及宁波鄞州区的郭家峙、沙堰河头、小白市窑址,初步揭示出不同产地越窑产品的基本面貌,相关成果发表于《记五代吴越国的另一官窑——浙江上虞县窑寺前窑址》[②]《浙江鄞县古瓷窑址调查记要》[③]。

20世纪70年代末至80年代,得益于《中国陶瓷史》[④]一书的编写筹备与文物普查工作的开展,越窑迎来了首次大规模的深入调查,不仅采集了大量标本,还对重点窑址做了测量记录,同时也对部分窑址进行了试掘,共发现汉代至宋代的古窑址120多处,探明了浙东地区古窑址的基本情况,1999年出版的《青瓷与越窑》[⑤]即是这一阶段普查成果之集成。此外,朱伯谦参与编撰的《中国陶瓷·越窑》[⑥]也于80年代问世。

及至90年代,越窑研究一改过往以考古调查为主的局面,开始逐步展开大规模的考古发掘工作。1990年,浙江省文物考古研究所与慈溪市文物管理委员会联合对上林湖及其周邻的上岙湖、白洋湖、杜湖、古银锭湖等窑址开展了专题调查,并对古银锭湖低岭头窑址进行试掘,发现该窑址除烧制传统的越窑青瓷外,还生产一类釉色天青或月白、釉面呈半失透状、多以支钉支烧的产品,其釉色、形制、烧成工艺等皆与北宋晚期的汝窑御用瓷器相似而有别于传统越器,故被称为"低岭头上层类型官窑型产品"[⑦]。这类产品既包含生活用器,也有祭器与陈设器,质量上乘,结合古银锭湖一带在南宋时

---

① 金祖明:《浙江余姚青瓷窑址调查报告》,《考古学报》1959年第3期,第107—120页。

② 汪济英:《记五代吴越国的另一官窑——浙江上虞县窑寺前窑址》,《文物》1963年第1期,第43—49页。

③ 浙江省文物管理委员会:《浙江鄞县古瓷窑址调查记要》,《考古》1964年第4期,第182—187页。

④ 中国硅酸盐学会:《中国陶瓷史》,北京:文物出版社1982年版。

⑤ 林士民:《青瓷与越窑》,上海:上海古籍出版社1999年版。

⑥ 中国陶瓷编辑委员会:《中国陶瓷·越窑》,上海:上海人民美术出版社1983年版。

⑦ 沈岳明:《修内司窑的考古学观察——从低岭头谈起》,载中国古陶瓷研究会:《中国古陶瓷研究》第四辑,北京:紫禁城出版社1997年版,第84—92页。

正属越州和绍兴府余姚县所辖，这一考古发现与《中兴礼书》中有关南宋绍兴年间朝廷命越州、绍兴府余姚县烧造明堂祭器的记载①相吻合，相关研究成果披露于《修内司窑的考古学观察——从低岭头谈起》②，首次将越窑烧造的年代下限推进至南宋时期。1993—1995 年，浙江省文物考古研究所与慈溪市文物管理委员会对上林湖荷花芯窑址进行了发掘③；1998、1999 年，浙江省文物考古研究所、北京大学考古文博学院、慈溪市文物管理委员会联合对古银锭湖南侧的寺龙口窑址进行了两期发掘④（图一）；1999 年，浙江省文物考古研究所与慈溪市文物管理委员会又联合发掘了白洋湖石马弄窑址⑤。上述荷花芯、寺龙口、石马弄窑址是分布于上林湖及其周边湖泊的越窑瓷业遗存中比较具有代表性的三个窑址。其中，荷花芯与石马弄窑址以唐代中晚期的堆积为主；寺龙口窑址的烧造年代启自晚唐，下至南宋初，以北宋早期的堆积为主，发掘成果丰硕，对北宋、

图一　寺龙口窑址龙窑窑炉

---

① 〔清〕徐松辑：《中兴礼书》卷五九《明堂祭器》："（绍兴元年四月三日），太常寺言，条具到明堂合行事件下项：一、祀天并配位用匏爵陶器，乞令太常寺具数下越州制造，仍乞依见今竹木器祭样制烧造"；"（绍兴四年）四月十九日，权工部侍郎苏迟等言，勘会近奉圣旨，陶器令绍兴府余姚县烧造，余并令文思院制造"；"（绍兴四年四月二十七日），工部言，据太常寺申，契勘今来明堂大礼，正配四位合用陶器，已降指挥下绍兴府余姚县烧造"。见顾廷龙主编，续修四库全书编纂委员会编：《续修四库全书》第 822 册，上海：上海古籍出版社 2002 年版，第 242—243 页。

② 沈岳明：《修内司窑的考古学观察——从低岭头谈起》，载中国古陶瓷研究会：《中国古陶瓷研究》第四辑，第 84—92 页。

③ 浙江省文物考古研究所、慈溪市文物管理委员会：《慈溪上林湖荷花芯窑址发掘简报》，《文物》2003 年第 11 期，第 4—25 页。

④ 浙江省文物考古研究所、北京大学考古文博学院、慈溪市文物管理委员会：《寺龙口越窑址》，北京：文物出版社 2002 年版。

⑤ 浙江省文物考古研究所、慈溪市文物管理委员会：《浙江慈溪市越窑石马弄窑址的发掘》，《考古》2001 年第 10 期，第 59—72 页。

南宋初期越窑的生产面貌均有较为系统的揭示。

　　越窑遗址的考古工作在进入 21 世纪后又取得了一些新进展。慈溪市博物馆编著的《上林湖越窑》① 于 2002 年出版，归纳总结了 20 世纪 80 年代以来对包括古银锭湖、白洋湖、里杜湖在内的上林湖地区窑址群的调查结果。2007 年，宁波市文物考古研究所对鄞州东钱湖地区的郭童岙窑址进行了先期抢救性考古发掘，该窑址是越窑东钱湖窑场的重要组成部分，主要烧造时间为五代至北宋时期，发掘成果可见诸《郭童岙——越窑遗址发掘报告》② 。为探明晚唐五代时期秘色瓷生产的主要窑场，2015—2017 年，浙江省文物考古研究所、慈溪市文物管理委员会办公室等单位联合对上林湖后司岙窑址进行了发掘（图二）。其中，2015—2016 年的发掘工作主要针对唐五代时期的窑业遗存③ ，2017 年主要针对北宋早期的窑业遗存，发掘成果颇为瞩目，揭露有窑炉、房址、贮泥池、釉料缸等丰富的作坊遗迹，出土遗物不仅有包含秘色瓷在内的晚唐五代时期的越窑青瓷精品，也包括大量北宋早期饰有精美细线划花纹样的器物。通过对后司岙窑址的考古发掘，以该窑址为代表的晚唐五代时期越窑秘色瓷的基本面貌与生产工艺得以明朗。另外，宁波市文物考古研究所在东钱湖上水岙、花园山等窑址的调查与发掘工作④ ，为研究越窑生产的次级中心提供了弥足

图二　后司岙窑址航拍正射影像图

---

① 慈溪市博物馆：《上林湖越窑》，北京：科学出版社 2002 年版。

② 宁波市文物考古研究所：《郭童岙——越窑遗址发掘报告》，北京：科学出版社 2013 年版。

③ 浙江省文物考古研究所、慈溪市文物管理委员会办公室：《秘色越器——上林湖后司岙窑址出土唐五代秘色瓷器》，北京：文物出版社 2017 年版。

④ 王结华、罗鹏：《青瓷千年映钱湖》，宁波：宁波出版社 2020 年版。

珍贵的材料。

伴随更多的越窑窑址考古工作在 21 世纪的陆续展开，有关越窑的专著与图录纷纷涌现，如《越窑青瓷文化史》①《越窑瓷鉴定与鉴赏》②《瓷之源——上虞越窑》③《千年越窑兴衰研究》④《千峰翠色——中国越窑青瓷》⑤《唐代越窑青瓷研究》⑥《瑞色青青》⑦《越窑瓷墓志》⑧《中国古代名窑系列丛书·越窑》⑨《慈溪南宋越窑址：2010—2018 年调查发掘报告》⑩ 等，推动越窑研究不断前进、丰富，并有所突破。

综上，对越窑遗址的考古调查及发掘工作与对越窑及其青瓷产品的研究工作，前后历经近一个世纪，基本揭示出这一庞大窑业系统的兴衰历程，可简要归纳如下：

唐代早期，越窑制瓷业尚处低谷阶段，窑址数量少，产品种类不丰富，以碗、盘、钵、罐等日用器为主，胎壁厚重，制作粗糙。唐代中期，越窑逐步迈入生产的繁荣期，因饮茶之风日益兴盛，以及陆羽《茶经》问世，越窑青瓷作为茶器，备受推崇，获得了极大的市场知名度；从考古发现中可知，此时越窑的窑址数量增多，产品胎釉质量显著提高，器类也有所丰富，除常见的碗盘等日用器外，还多见执壶、水盂、盒等，疏朗的刻划花装饰也开始出现。及至唐代晚期，越窑已发展至鼎盛，生产规模继续扩大，产品种类繁多，包括碗、盘、盏、杯、罐、瓶、壶、盏托、水盂、灯盏、盒、匙、炉等，

---

① 徐定宝主编：《越窑青瓷文化史》，北京：人民出版社 2001 年版。

② 任世龙、谢纯龙：《越窑瓷鉴定与鉴赏》，南昌：江西美术出版社 2002 年版。

③ 章金焕：《瓷之源——上虞越窑》，杭州：浙江大学出版社 2007 年版。

④ 魏建钢：《千年越窑兴衰研究》，北京：中国科学技术出版社 2008 年版。

⑤ 李军：《千峰翠色——中国越窑青瓷》，宁波：宁波出版社 2011 年版。

⑥ 康才媛：《唐代越窑青瓷研究》，新北：花木兰文化事业有限公司 2011 年版。

⑦ 慈溪市博物馆：《瑞色青青》，上海：上海人民美术出版社 2013 年版。

⑧ 厉祖浩：《越窑瓷墓志》，上海：上海古籍出版社 2013 年版。

⑨ 任世龙、谢纯龙：《中国古代名窑系列丛书·越窑》，南昌：江西美术出版社 2016 年版。

⑩ 浙江省文物考古研究所、慈溪市文物管理委员会办公室：《慈溪南宋越窑址：2010—2018 调查发掘报告》，北京：文物出版社 2019 年版。

其中碗、盘等圆器口部多为花口，造型优美；产品质量普遍较高，以通体施釉、通体素面者居多，也有饰刻划花、划花、印花、褐彩等装饰的器物，纹饰图案通常比较简单，主要涉及刻划类荷叶纹、鱼纹等，印花云鹤纹，以及数量较少的褐彩云纹。以造型、釉色取胜而享誉天下的秘色瓷也在这一阶段达到生产与质量的顶峰。

　　五代时期，越窑属吴越钱氏辖内，窑业生产继续繁荣发展，并且不再局限于上林湖及其周边地区，在上虞窑寺前、鄞州东钱湖地区也开辟有新窑场。产品种类更加丰富，主要有碗、盘、盏、杯、盅、盏托、灯盏、盆、盒、钵、罐、执壶等，以素面为主，器身装饰非常少见。秘色瓷生产依然繁荣。宋朝建立后，吴越国政府为维系政权，向中原王室大量进贡，所需入贡瓷器的数量也随之激增，越窑的生产规模由此在原有基础上再次扩大，窑场遍及宁绍地区。在吴越国纳土归宋后，越窑由北宋朝廷接管，以置官监窑的形式督办宫廷用瓷的生产。整个北宋早期，特别是吴越国尚未归宋的阶段，越窑的产品种类繁多，与五代时相比，炉、渣斗等器类的数量渐多，装饰盛行，以细线划花动物纹为主，植物纹次之，也有戳印莲子纹、刻花莲瓣纹、各种镂空花纹等。与细线划花装饰几乎同步出现在越窑青瓷上的，还有上、大、永、千、子、供、吉、内、丁、辛等单字款，常见于器物的外底心处，至于其出现的原因以及性质、内涵等问题，目前暂无定论，尚待更多探索。

　　到了北宋中期，越窑开始走向衰落，制瓷工艺滞步不前，装饰纹样渐趋简化；晚期时全面衰落，产品制作粗放，曾经空前繁荣的青瓷生产早已盛况不再。宋室南渡后，越窑为高宗烧造祭器，从而短暂地恢复了生产，在此之后，越窑制瓷业终成绝响。

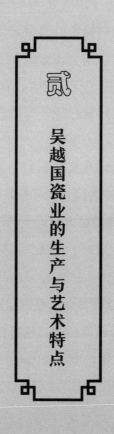

贰

吴越国瓷业的生产与艺术特点

　　唐昭宗乾宁三年（896），钱镠平定董昌叛乱，吞并越州，此后逐步占据两浙十三州，形成雄踞一方的割据势力。正是在这一时期，辖内越窑得到了空前发展，窑业生产达到鼎盛，窑场自上林湖扩展开去，遍布古银锭湖、白洋湖沿岸，以及上虞的窑山、帐子山等处，产品种类繁多，秘色瓷生产兴盛。至五代时期，得益于吴越国相对稳定的政治局势，越窑继续蓬勃发展，窑场林立，除上林湖及其周围的白洋湖、古银锭湖等地，在上虞窑寺前、鄞州东钱湖地区也开辟有窑场，不仅生产规模庞大，以做到"贡奉中国不绝"①，制瓷技术也处于极高水平，以支持秘色瓷等高档瓷器的生产，并保障一定的成品率。

　　入宋以后，面对强大的北宋政权在军事上无可争辩的优势，吴越国出于维系政权的目的，"以器服珍奇为献，不可胜数"②，其中所贡瓷器动辄万计。此时的越窑仍处于繁盛阶段，为满足大量进贡的需要，生产规模又进一步扩大，兴旺的窑火遍及慈溪、余姚、绍兴、宁波、诸暨、嵊州等地，尤其是慈溪上林湖的两翼——位于今绍兴市上虞区的窑寺前与主要位于今宁波市鄞州区的东钱湖窑场逐渐兴起，这无疑与该时期吴越国瓷器进贡数额之惊人息息相关。

　　无论是唐末、五代，还是北宋初期，越窑都是吴越国瓷业的核心组成，其窑业生产繁荣，产品质量优越，那时尚无其他窑口可与之匹敌。

第一节　窑场分布

　　吴越国时期，以上林湖窑场为中心、窑寺前与东钱湖窑场为两翼的越窑窑业生产格局已初步形成。这些窑场分属当时的越州与明州政区，是吴越国瓷业生产的核心区域。

---

① 〔宋〕欧阳修撰，〔宋〕徐无党注：《新五代史》卷六七《吴越世家第七》，第843页。
② 〔宋〕欧阳修撰，〔宋〕徐无党注：《新五代史》卷六七《吴越世家第七》，第844页。

一、核心窑场——上林湖

吴越国时期越窑的核心窑场主要包含上林湖、古银锭湖、白洋湖三个窑区，是由多处窑址组成的庞大窑群。这些湖泊均位于今浙江省慈溪市南部的山麓地带，由古代潟湖演变而成，窑址则分布在湖泊沿岸的平缓山坡上，其中上林湖沿岸的窑址数量最多，产品质量总体较高，故常以"上林湖窑场"或"上林湖窑址群"作为分布于上林湖及其周边湖泊沿岸的越窑窑业遗存之统称。

1.上林湖沿岸

上林湖地处慈溪南部群山中的栲栳山北麓，在今桥头镇境内，自唐以来一直属上林乡，唐初为越州余姚县所辖，唐开元二十六年（738）分鄮县为鄮、慈溪、奉化、翁山四县，并另设明州以辖之，自此以后，上林湖的归属有所变动。相关墓志材料显示，至迟于唐贞元十八年（802）起至唐末，上林湖已改由明州慈溪县管辖，五代时又复归越州余姚县①，直到1979年才再度划归慈溪县，1988年因慈溪撤县改市而属慈溪市。经过多年来的调查发掘，上林湖沿岸共发现有百余处唐宋时期的窑址，尤以西南岸最为密集。其中，吴越国时期的窑址主要分布在湖西岸的皮刀山、河头山、高车头、狗头颈、后司岙、焦角湾、牛角山、吴家溪、黄婆岙等地②。

皮刀山位于上林湖西南岸，共发现窑址6处，其中明确可至吴越国时期的仅1处（Y46），年代约为9世纪下半叶至10世纪中叶，即晚唐、五代时期，地表瓷片散布面积约500平方米，堆积层厚0.4米，产品主要为碗、盘、壶、钵、罐、盒、盏托、灯盏等。另有2处窑址（Y43、Y44）应与吴越国晚期的瓷业

①　萧山博物馆藏有一件唐贞元十八年（802）墓志，志文中提到"冢葬今在明州慈溪县上林乡上林湖表东岙"，1984年出土于上林湖焦角湾的唐光化三年（900）马氏墓志罐、私人藏唐天复二年（902）戚鲁墓志罐的志文中也均提到了"明州慈溪县上林乡"；慈溪市越韵陈列馆藏后梁开平四年（910）墓志罐的志文中写有"终于越□余姚县上林乡之私第也"，私人所藏同年的黄氏墓志罐志文中也写有"越州余姚县上林乡"，表明上林乡两次变更归属的时间节点分别约为唐代中期、五代初期。上述墓志材料参见厉祖浩：《越窑瓷墓志》，第50、142—144、158—159页。

②　本部分以下内容除特别注明外均参见慈溪市博物馆：《上林湖越窑》，北京：科学出版社2002年版。

生产相关，其年代为10世纪下半叶至12世纪上半叶的北宋时期，规模较大，地表瓷片散布面积分别为1600平方米、3200平方米，可见丰富的细线划花与刻划花装饰，前者主要有对称鹦鹉、龟心荷叶、双蝶、四曲缠枝、云草等题材，后者有莲瓣、凤穿牡丹、对称摩羯等。

河头山位于上林湖西南岸，共发现窑址2处，其中1处（Y50乙）的年代约为9世纪下半叶至10世纪初的晚唐时期，地表瓷片散布面积约4200平方米，堆积层厚1米，产品有碗、盘、盒、壶、灯盏、罐等；另1处（Y50甲）的年代为10世纪上半叶至中叶的五代时期，地表瓷片散布面积约3000平方米，堆积层厚0.8米，产品有碗、盘、盒、罐、壶、盏托等。

高车头位于皮刀山的西北对岸，共发现窑址4处，其中有2处（Y54甲、乙）年代约为9世纪下半叶至10世纪上半叶的晚唐五代时期，地表瓷片散布面积分别为1600平方米、1800平方米，产品主要有碗、盘、盒、壶、盏托等。

狗头颈位于上林湖西南岸、与高车头相邻，20世纪80年代以来共调查发现窑址7处，浙江省文物考古研究所联合慈溪市文物管理委员会在2019年又对狗头颈窑址进行了考古发掘，惜成果尚未刊布。根据调查的结果，狗头颈至少有3处窑址（Y55乙、Y56、Y59乙）的年代可至吴越国时期，约为10世纪上半叶至11世纪下半叶的五代至北宋早中期，地表瓷片散布面积分别为4800平方米、1600平方米、1500平方米，产品主要有碗、盘、盏、盒、壶、灯盏等，部分器物上可见对蝶、龟心荷叶、缠枝花卉等细线划花装饰，也有少量刻划花；另外还有一处晚唐时期的窑址（Y57），时代在9世纪下半叶至10世纪初，地表瓷片散布面积约为2400平方米，产品类型与上述差别不大，仅器形、装饰纹样有所不同。

后司岙位于上林湖中部偏南的西岸、狗头颈以北，2015年10月至2017年12月由浙江省文物考古研究所与慈溪市文物管理委员会联合进行了主动性考古发掘，其中2015—2016年的发掘工作主要针对唐五代时期的窑业遗存，发掘面积近1100平方米，揭露了龙窑遗迹与房址、贮泥池、釉料缸等丰富的作坊遗迹，清理了厚达5米多的废品堆积，出土了包括秘色瓷在内的大量晚唐、五代时期的越瓷精品[①]，有碗、盘、盏、盒、钵、盏托、罐、碟、盂、枕、熏炉、执壶、穿带壶、八棱净瓶、圆腹净瓶等；2017 年的发掘工作主要针对吴越国晚期北宋早期的窑业遗存，这一时期的遗存主要分布在窑场西南部的 TN01W04、TN02W05 和 TN01W05 三个探方内，出土了包括瓷器与窑具在内的丰富遗物，产品主要有碗、盘、盆、盏、钵、盒、盏托、执壶、渣斗、罐、熏炉等，其上盛行细线划花纹样，涉及龙、凤、海水摩羯、对称鹦鹉、鸳鸯戏荷、对蝶、缠枝花鸟、龟心荷叶、莲花、缠枝花卉等多样的题材，部分器物外壁刻有具浅浮雕效果的莲瓣纹，另可见戳印莲子纹以及一些镂空装饰，窑具则主要是粗陶质匣钵、垫圈等[②]。

焦角湾位于上林湖中部西岸，共发现窑址 4 处，其中 3 处（Y68、Y70、Y71）年代约为 10 世纪中叶至 12 世纪上半叶的五代末至北宋晚期，地表瓷片散布面积分别为 600 平方米、1200 平方米、1000 平方米，产品主要有碗、盘、盏、执壶、罐、盒、灯盏等，装饰相对少见。另 1 处窑址（Y69）的年代约为 10 世纪下半叶至 12 世纪上半叶的北宋时期，地表瓷片散布面积约 600 平方米，产品有碗、盘、罐、执壶、盏托等，仅少量器物上带有刻划花装饰。

牛角山位于上林湖中部西岸、焦角湾以北，共发现窑址 6 处，其中可能与吴越国瓷业相关的有 5 处：Y72 的年代约为 8 世纪下半叶至 10 世纪初的中、晚唐时期，地表瓷片散布面积约 800 平方米，产品有碗、罐、壶、盒、灯盏等，部分器物上可见刻划花荷纹、鱼纹等；Y73 的年代约为 9 世纪下半叶至 10 世纪中叶的晚唐、五代时期，地表瓷片散布面积约 2100 平方米，堆积层厚 1 米，产品有碗、壶、罐、盒等；Y74 的年代约为 10 世纪上半叶至 11 世纪下半叶的五代至北宋早中期，地表瓷片散布面积约 1000 平方米，产品有碗、壶、罐等；Y75 的年代约为 10 世纪下半叶至 12 世纪上半叶的北宋时期，瓷片散布面积

---

① 郑建明：《后司岙窑址发掘收获》，载浙江省文物考古研究所、慈溪市文物管理委员会办公室：《秘色越器——上林湖后司岙窑址出土唐五代秘色瓷器》，第 18—32 页。

② 谢西营：《北宋早期越窑瓷器的生产与流布》，载浙江省文物考古研究所、慈溪市文保中心：《纤细精巧——慈溪上林湖后司岙窑址出土北宋早期瓷器》，北京：文物出版社 2023 年版，第 10—21 页。

约 400 平方米，产品有碗、盘、罐等；Y105 的年代约为 10 世纪中叶至 12 世纪上半叶的五代末至北宋晚期，地表瓷片散布面积约 500 平方米，产品有碗、罐、壶、钵等。

吴家溪位于上林湖北部西岸、牛角山的北对岸，共发现窑址 7 处，其中可能与吴越国瓷业相关的有 5 处：Y84、Y86、Y87、Y88 的年代均约为 10 世纪中叶至 12 世纪上半叶的五代末至北宋晚期，地表瓷片散布面积分别为 2100 平方米、1500 平方米、400 平方米、2800 平方米，产品主要有碗、壶、罐、杯、盒等，仅少量器物上带有刻、划花装饰；Y85 的年代约为 8 世纪下半叶至 10 世纪初的中、晚唐时期，瓷片散布面积约 1800 平方米，堆积层厚约 1 米，产品有碗、壶、罐、钵、灯盏等。

黄婆岙位于上林湖北部西岸、吴家溪以北，共发现窑址 5 处，其中仅 1 处（Y95）为吴越国时期的窑址，时代约为 9 世纪下半叶至 10 世纪中叶，地表瓷片散布面积约 200 平方米，产品主要有碗、钵、罐、盒、壶等，该窑址出土有腹部饰褐彩云纹的钵、罂残片，与钱镠之母水邱氏墓中出土的熏炉（图三）、盖罂（图四）、油灯（图五）[1]上的褐彩云纹比较相似，为确定越窑烧制这类褐彩青瓷的产地提供了有力证据。

此外，在上林湖沿岸的吴石岭（Y12、Y13、Y14）、挑嘴山（Y16）、余家湾（Y17）、洪洞山（Y19）、茭白湾（Y20、Y21）、横塘山（Y24）、黄鳝山（Y26 丙）、孝顺山（Y27）、琵琶山（Y28）、龙虎山（Y31）、白洋岙（Y32）、拙网山（Y33、Y34）、高岭头（Y35）、扒脚山（Y39）、竹园山（Y41）、桃园山（Y49）、沈家山（Y52）、石塘山（Y67、Y104）、周家岙（Y79）、大片山（Y89）、普济寺（Y107）等地也调查发现了年代可至吴越国时期的窑址。

2.古银锭湖一带

古银锭湖位于上林湖西南，在今慈溪市匡堰镇南部，湖区早年湮废，现

---

① 浙江省文物考古研究所、浙江省博物馆、杭州市文物考古研究所等：《晚唐钱宽夫妇墓》，北京：文物出版社 2012 年版，第 61—64 页。

图三　水邱氏墓出土的越窑褐彩云纹
熏炉（临 M24:24）

图四　水邱氏墓出土的越窑褐彩云纹
盖罍（临 M24:37）

图五　水邱氏墓出土的越窑褐彩云纹油灯（临 M24:2）

已变为良田。古银锭湖一带，也历经了所属政区的变化，至 1979 年划归慈溪县。现有调查资料显示，该地区共发现青瓷窑址 37 处，其中年代明确可至吴越国时期的窑址约有 10 处：Y2（石塘山）、Y9（大坪里）、Y10 和 Y12（高岭头）、Y15（雉鸡山）的年代约为五代后期，Y5（野猫洞）、Y6（瓦片滩）、Y7（汪家坪）、Y16（雉鸡山）的年代约为五代后期至北宋早期，Y14（寺龙口）的年代跨度较大，自晚唐直至南宋早期，是该地区烧造时间最长的窑址。此外，Y11（高岭头）、Y19（黄岗山）、Y20（福昌寺）、Y21（邵岭）、Y28（小姑岭）、Y30（象鼻山）的年代在北宋早期[1]，可能与入宋以后的吴越国晚期瓷业生产相关。

瓦片滩窑址（Y6）位于慈溪市匡堰镇倡隆村栋树下，东距上林湖窑场约2公里，地表瓷片散布面积约 4800 平方米，采集到的五代器物有碗、盘、盏、盒、盏托等，胎釉质量普遍较高，以素面为主，装饰少见；北宋器物有碗、盘、盏、罐、壶、盒、盏托、器盖等，常见题材丰富的细线划花装饰，包括衔枝鹦鹉纹、缠枝花鸟纹、对蝶纹、缠枝花卉纹、四曲缠枝纹等。

寺龙口窑址（Y14）位于古银锭湖南侧，在慈溪市匡堰镇寺龙村东北小山的西坡上，东北约 4 公里处为上林湖窑场，1998 年与 1999 年的 9 月至 12 月，由浙江省文物考古研究所联合北京大学考古文博学院、慈溪市文物管理委员会进行了两期考古发掘，共揭露有龙窑遗迹 1 处、匣钵挡墙遗迹 4 处、作坊遗迹 2 处、柱洞 2 个，出土了大量瓷器及窑具标本。五代时期的地层主要分布于龙窑遗迹北侧的 T3—T5 与南侧的 T8 内，出土器物以碗、盘、盏、盅等为主，胎釉质量普遍较高；北宋早期的地层主要分布于龙窑遗迹南侧的 T6—T8 内，堆积非常丰富，出土器物主要有碗、盘、盏、盅、洗、执壶、盏托、渣斗、套盒等，胎体大多坚致轻薄，釉面光洁莹润，略有精粗之别，制作精细者常饰有工整秀丽的细线划花纹样，题材有龙、凤、海水摩羯、对蝶、对称鹦鹉、龟心荷叶、缠枝花鸟、鸳鸯戏荷、莲花、缠枝与绞枝花卉等，部分碗、盘类器物外壁还刻有莲瓣纹，具有浅浮雕效果，另可见戳印莲子纹与镂空花

---

[1]　慈溪市博物馆：《上林湖越窑》，第 159—162 页。

纹^①。

3. 白洋湖沿岸

白洋湖在上林湖以东，地处慈溪市观海卫镇鸣鹤古镇西南，古属鸣鹤乡，自唐开元二十六年（738）设慈溪县以来，一直归属于慈溪县。沿岸窑址集中分布在湖的南部与西南部，主要位于石马弄、碗爿山、对面山、小弄口等地。

石马弄窑址是白洋湖窑区的重要组成，西距上林湖窑场约 2.5 公里。1999 年 2 月至 6 月，浙江省文物考古研究所联合慈溪市文物管理委员会对其进行了抢救性考古发掘，揭露龙窑遗迹 1 处、匣钵挡墙遗迹 1 处，出土了大量瓷器及窑具标本。共划分有三期，第一期属唐代中、晚期之交，第二、三期分别为唐末五代初、北宋早期，应与吴越国瓷业密切相关。T4 第②层、T3 第③层属第二期，即为唐末五代初的遗物堆积层，出土器物有碗、盆、罐、钵、执壶、灯盏等，而 T3 第②层属第三期，即为北宋早期，出土器物主要是碗、执壶、灯盏、水盂、盏、盏托等^②。

二、次中心窑场——窑寺前与东钱湖

五代至北宋初，吴越国为维系割据政权而向中原朝廷大量进贡，推动上虞窑寺前与鄞州东钱湖地区的窑业迅速发展起来，成为上林湖核心窑场的东西两翼。

1. 窑寺前窑场

窑寺前窑场地处今浙江省绍兴市上虞区上浦镇、汤浦镇一带的群山之中，古属上虞县，该县自公元前 222 年置县以来屡遭兴废，隋开皇九年（589）废上虞入会稽县，唐贞元元年（785）分会稽而复置上虞县，在唐长庆元年（821）短暂并入余姚县后，于次年复置，隶属越州管辖，直至 1992 年上虞撤县设市，2013 年又撤市而改设绍兴市上虞区。窑寺前窑场也是一处规模不小的窑址群

---

① 参见浙江省文物考古研究所、北京大学考古文博学院、慈溪市文物管理委员会：《寺龙口越窑址》，北京：文物出版社 2002 年版。

② 浙江省文物考古研究所、慈溪市文物管理委员会：《浙江慈溪市越窑石马弄窑址的发掘》，《考古》2001 年第 10 期，第 59—72 页。

落，至少包括窑寺前、凌湖、前进三个片区，其中又以窑寺前片区的分布范围最广、堆积最为丰厚，窑址主要分布于一处朝西呈"凹"字形山岙的环山山麓，包括马窑头、窑湖、寺山、道士山、前岙、立柱山、小娘坎、盘口湾、驱猪岭、吸壁蝴蝶山、傅家岭、盘窝湾、子岭山、龙脐山、深坋山等窑址。

在寺山山腰处曾有"广教寺"一座，浙江省文物管理委员会的汪济英先生等在1956年对窑寺前窑址群进行调查时，于该寺发现一块清道光十三年（1833）"重立广教寺梁氏捐助碑记"石碑，并记录有部分碑文："……广教寺之建，由来久矣。其始为向祐庵，后复改为古窑寺……谨按家乘所载，自我祖宋仆射居敬公、宋翰林……居俭公、宋仆射赐谥文靖公，舍寺基及山田若干亩，继之我祖妣诸太夫人积次捐助，樽栌朶栱，更焕然一新。复恐寺僧之侵蚀也，于宋绍兴年间勒石，以垂不朽……"①如今，广教寺旧址与此碑均已不存。据南宋嘉泰《会稽志》记载："（上虞县）广教院，在县西四十里。开宝四年，有僧筑庵山下，镇国军节度使□事治，因建为寺，易名保安。治平三年，赐今额。国初尝置官窑三十六所于此，有官院故址尚存。"②又按清光绪《上虞县志》转引明万历《上虞县志》"广教寺"条："广教寺，在县西南三十里，昔置官窑三十六所，有官院故址。宋开宝四年，有僧筑庵山下，为陶人所祷，华州节度使钱惟治创建为寺，名保安。至治平三年，改今额，俗仍呼窑寺。"③其中，北宋开宝四年（971）僧人所筑之庵应该就是"重立广教寺梁氏捐助碑记"中提到的"向祐庵"，由钱惟治增修为寺，钱惟治在钱弘俶纳土后也随之北上归宋，改任镇国军节度使（即华州节度使），故其在上虞建寺的时间当在北宋太平兴国三年（978）吴越国纳土归宋前，所谓"官窑"与"官院"的设立时间也应在此之前，可能是在吴越国末代国王钱弘俶

---

① 汪济英：《记五代吴越国的另一官窑——浙江上虞县窑寺前窑址》，《文物》1963年第1期，第43—49页。

② 浙江省地方志编纂委员会：《宋元浙江方志集成》第4册，杭州：杭州出版社2009年版，第1808页。

③ 〔清〕唐煦春修，〔清〕朱士黻纂：《（光绪）上虞县志》卷三九《杂志·寺观》，清光绪十七年（1891）刊本。

在位期间，"官窑"与"官院"的设立表明窑寺前窑场也承担烧制贡瓷的任务。

如前所述，早在 1956 年，考古工作者曾对窑寺前地区的古窑址开展过初步调查；2012—2013 年，浙江省文物考古研究所联合当地文物部门对包括该地区在内的上虞地区窑业遗存进行了区域性考古调查，并对傅家岭等窑址展开了小规模试掘，出土了一批瓷片与窑具标本，内含不少北宋早期的高质量产品。但目前相关的公开资料非常有限。从出土遗物标本面貌来看，窑寺前片区窑址群以北宋中晚期的堆积为主，少数堆积的年代可早至五代或唐末，产品有碗、盘、碟、盒、执壶、杯、盏、罐、钵、盏托、熏炉、灯盏等，大部分器物上可见装饰纹样，按技法主要可分为细线划花与刻划花装饰。细线划花的题材有凤、鹤、对称鹦鹉、孔雀、双雁、双蝶、龟心荷叶、缠枝花卉、四曲绞枝、云草等，刻划花的题材有莲瓣、牡丹、菊花等，是比较典型的北宋越窑产品装饰。

2.东钱湖窑场

东钱湖位于今浙江省宁波市鄞州区，在宁波城区东南，现为浙江省最大的天然淡水湖。自唐开元二十六年（738）分鄮县为鄮、慈溪、奉化、翁山四县并设明州后，东钱湖地区属明州鄮县，鄮县在后梁开平三年（909）更名为鄞县，直至 2002 年鄞县撤县改区后，东钱湖地区便属宁波市鄞州区。该地区窑址众多，星布于东钱湖周围的山坡地带，以湖区的西南、南及东南侧与鄞州区东吴镇一带为集中分布区，并分别向东北、西南延展。根据多年来的考古调查与发掘成果，整个东钱湖窑场至少可分为六个窑区：郭家峙区、上水区、下水区、东吴区、五乡区、西坞区[1]。

郭家峙区位于湖区西南部，窑址主要集中在郭家峙村境内，其中年代明确可至吴越国时期的有郭家峙、窑棚、王家弄等窑址。郭家峙窑址共清理龙窑遗迹 6 处，均分布在郭家峙村境内，年代为五代至北宋时期，出土器类丰富，包括碗、盘、盏、盏托、执壶、盒等，在不少器物上可以见到对称鹦鹉、对蝶、缠枝花卉等北宋早期流行的细线划花纹样，另外还出土了一件一侧刻"雍

---

[1]　参见王结华、罗鹏：《青瓷千年映钱湖》，宁波：宁波出版社 2020 年版。

熙一年造此器"（"雍熙一年"即公元 984 年）、另一侧刻"□茶□"铭文的碾磨器。窑棚窑址位于湖区西南的窑棚山东南坡，与郭家峙窑址隔河相望，至少有 2 处龙窑遗迹，年代均为五代至北宋时期，残存瓷片散布面积约 50 平方米，堆积层厚约 1.5 米，产品类型以素面碗为主。在郭家峙村南面的王家弄山之北坑，有一处五代至北宋时期的窑址，瓷片散布面积约 150 平方米，堆积层厚约 1—1.5 米，主要有碗、盏、壶、盒、罐等产品，可见对称鹦鹉、对蝶等细线划花装饰。

上水区位于湖区南部，窑址主要集中在原上水村境内，其中年代明确可至吴越国时期的有上水窑岙、范岙等窑址。上水窑岙窑址地处原上水村东侧的窑岙山一带，由于 20 世纪 50 年代平整土地时破坏了部分遗迹，至 90 年代尚能辨认出 6 处窑址，仅 1 处为早期青瓷窑址，其余年代均为五代至北宋时期，堆积面积约 13300 平方米，产品以胎质较细、釉色青绿的碗、盘、杯、碟、盒、执壶等为主；不同于五代产品的素面风格，在北宋早期的产品上可见丰富的细线划花装饰，有花草、水波、对蝶、缠枝花鸟等题材。范岙窑址在原范岙自然村境内，大致可分 2 处窑址，年代分别为五代、北宋时期，相距约 40 米，地表散布着大量瓷片与窑具残片，五代时期的产品主要为素面碗，另发现有鼓腹罐、碾轮等；而北宋时期的产品类型相对丰富，但从产品上多见的刻划精美的莲瓣纹来看，该窑址的堆积年代可能以北宋中期为主，根据目前刊布的资料，尚不清楚其年代上限是否可到吴越国晚期，即北宋初。

下水区位于湖区东南部，窑址主要集中在下水西村境内的刀子山、官驿河头等处，其中年代明确可至吴越国时期的有下刀子山、兆湾等窑址。下刀子山窑址地处下水西村西南约 1 公里的刀子山西坡，年代为五代至北宋时期，堆积面积约 600 平方米，堆积层厚约 1—1.8 米，产品以胎质较细、釉色青绿的碗、盘、盏、盒、执壶、罐等为主，部分器物上可见荷叶、花鸟等细线划花装饰，具有明显的北宋早期风格，另外还有一些印花装饰。兆湾窑址地处下水西村兆湾山西南坡，也是五代至北宋时期的窑址，地表瓷片散布面积约有 3600 平方米，产品以素面的碗、盆、罐等为主。

东吴区位于东钱湖的东北部，在鄞州区东吴镇境内，年代明确可至吴越国时期的窑址主要有花园山、小白市等。花园山窑址地处东吴镇南村花园山古坟潭北坡山脚下，旧称古坟潭窑址，区域散布面积较广，可达数十万平方米，宁波市文物考古研究所联合鄞州区文物管理委员会办公室（现鄞州区文物保护管理中心）于 2017 年 7 月至 9 月在前期调查勘探的基础上，对该窑址西北侧的堆积区进行了小规模发掘，发掘面积共约 100 平方米，出土了碗、盘、盏、杯、盒、罐、钵、执壶、灯盏、渣斗、水盂、熏炉、洗、枕等器物标本，年代以五代至北宋为主，少量遗物的年代为南宋早期，所出产品可分精、粗两路，其中精品瓷质量较高，大多带有精美的细线划花纹饰，题材有龙、凤、鹦鹉、团花等，另有刻"内坊"款的盘，应与宫廷用瓷相关，表明花园山窑址可能承担了烧制宫廷用瓷的任务；粗制品则主要是面向普通民众生产的日用商品瓷。小白市窑址分布在东吴镇小白村南侧山麓的平缓地带，共发现有 5 处窑址，其中 3 号窑址的分布范围最广、堆积层最厚，有早、晚两个时期的堆积，二者间隔时间较长，早期堆积的年代约为东晋至南朝，晚期堆积的年代为五代至北宋，面积约 8000 平方米，厚 2.7 米，其余 4 处窑址的年代也为五代至北宋时期，未见早期堆积，然而对于在该窑址采集的晚期遗物并没有单独且详细的说明，但应该与当时一同调查采集的郭家峙窑址的遗物面貌相近，产品以碗、盘等类型为主，常见鹦鹉、对蝶、莲荷、花草等流行于北宋早期的细线划花纹样。

五乡区位于东钱湖窑场的东北边缘，窑址主要集中在鄞州区的五乡镇境内，另有部分窑址延伸分布至北仑区的小港街道一带，其中年代明确可至吴越国时期的窑址有沙堰河头、河头湾等。沙堰河头窑址地处五乡镇沙堰村南侧，年代为五代至北宋时期，对于在该窑址采集的遗物也没有单独的叙述，但从《浙江鄞县古瓷窑址调查记要》刊布的信息中可知，与郭家峙、小白市窑址的产品相比，沙堰河头窑址的产品质量更高，然装饰纹样相对少见[①]。河头湾窑址

---

① 浙江省文物管理委员会：《浙江鄞县古瓷窑址调查记要》，《考古》1964 年第 4 期，第 182—187 页。

地处今五乡镇联合行政村省岙自然村东侧的河头湾，在河东、河西各发现窑址 1 处，河东堆积的年代主要为晚唐时期，河西堆积的年代为五代至北宋早期，产品类型丰富，包括碗、盘、碟、盏、盒、熏炉、瓶、罐等，其中不乏细线划花凤纹盒、细线划花对称鹦鹉纹盘、莲瓣纹碗等与上林湖窑场产品相似的高质量器物，或与贡御、外销有关；此外，在河头湾西侧的农田区域也发现了至少 2 处相对集中的瓷片与匣钵堆积，但面貌尚不明朗。

西坞区位于东钱湖窑场的西南边缘，距湖区较远，窑址主要集中在奉化区西坞街道一带。在该窑区内发现了不少五代至北宋时期的窑址，包括孙侯窑岙、龙头山、旧庵弄、泥鳅嘴、黄胖山、唐夹岙、水马池墩、邬花楼等，这些窑址中的绝大部分都是 1982 年调查发现的，并采集有遗物标本，产品皆以碗为大宗，另有盘、盏、盒、执壶、钵等类别。除龙头山窑址位于西坞街道白杜行政村孙侯自然村东侧龙头山山脚、水马池墩窑址位于西坞街道庙后周行政村邬花楼自然村东南侧山花岭岭脚、邬花楼窑址位于邬花楼自然村东南约 1 公里山坡处外，上述其余窑址均分布在孙侯自然村后门山山脚的斜坡上。其中，邬花楼窑址是该窑区目前发现的烧造时代最早、延续时间最长的一处青瓷窑址，2017 年 12 月由当地文物部门做过现场调查与保护清理，堆积面积约 3500 平方米，厚 1—3 米，产品包括碗、盘、盏、碟、盏托、执壶、灯盏、钵等，有素面与带装饰之分，装饰主要以细线划花工艺表现。窑址年代为晚唐五代至北宋，以北宋时期的堆积为主。

三、卫星窑场

吴越国瓷业在前述三大生产区之外还有很多卫星窑场，主要分布于宁绍地区，较为重要的窑场有：

绍兴市柯桥区（原绍兴县）境内，在平水镇上灶村官山发现晚唐至北宋时期的窑址 2 处，烧造产品有碗、盘、碟、罐、执壶等，可见莲荷、卷草等纹饰。

绍兴市越城区境内，在稽山街道（原禹陵乡）庙湾西小山南坡、东湖街道（原东湖镇）桐梧村以西的缸窑山南坡，发现 2 处与吴越国瓷业有关的窑址，年代分别为唐至五代、五代至北宋时期，产品有碗、盘、执壶、罐等，后者可见莲瓣、缠枝花卉、对称鹦鹉等纹饰。

余姚市境内，吴越国时期的窑址主要集中在余姚江两岸的丘陵地区，有牟山镇竺山村的大园地、料勺嘴和湖西村的窑头山，马渚镇杨岐岙村的窑基山、云楼村的臧墅湖、张家山下村的张家山下等。烧造产品以碗等饮食器为大宗，也有盏、盆、罐、钵、执壶等，纹饰可见莲荷、水波、卷草纹等，以通体素面者居多。

此外，位于诸暨市境内的青山弄、月垄湾、骆家桥、凉西、新蒋、伏虎山、瓶髦山、红坞口、作坊村、龟山、船山等窑址，嵊州市境内的缸窑背、碗盏山头、碗盏山、下阳山、瓷窑山、小洋山、下郑山、独山等窑址，可能是吴越国在入宋以后为满足大规模进贡瓷器和大量外销的需要而进一步扩张其瓷业生产规模的产物。

除了宁绍地区的越窑窑场，金华市有东阳境内的歌山窑、葛府窑，武义县陈大塘坑窑址群的蜈蚣形山等婺州窑窑址，温州市西山窑址群的护国岭、正和堂等瓯窑窑址，在吴越国时期也生产质量较高的青瓷产品，器物种类、风格与同时期的越窑产品相似。

另有文献提到："处州龙泉县多佳树……又出青瓷器，谓之'秘色'。钱氏所贡，盖取于此。"[1] 考古调查与发掘资料显示，龙泉市的金村一带在吴越国时期确有烧造青瓷器的窑址。结合文献资料来看，这些窑址的出现可能也与入宋以后吴越国的贡瓷需求激增相关。

第二节　产品特征

越窑是吴越国瓷业的核心组成，彼时方处鼎盛阶段，两浙地区的其他窑业在制瓷工艺、产品类型与造型上都或多或少地受其辐射影响。作为吴越国青瓷产品的典型代表，越窑青瓷的产品功能用途涉及日用器具、茶器具、文

---

[1] 〔宋〕庄绰：《鸡肋编》卷上，上海：上海书店出版社 1990 年版，第 7 页。

房用具、香具、丧葬用具等多种类型。

一、日用器具

种类繁多的日常生活用器是越窑的大宗产品,主要包括碗、盘、碟、杯、钵、盆、罐、盒、灯、枕等。至吴越国时期,这些产品大多质量较高,造型丰富,是当时日常生活与社会审美风尚的真实反映。

碗,最为常见的饮食器,在历代越窑制品中数量占比皆最大。自唐中期开始,碗的器形增多,均为圆唇,有侈口、坦腹、宽矮圈足,敞口、斜腹较坦、玉璧底,敛口、斜曲腹、玉璧底,侈口、坦腹、窄圈足稍外斜等多个形制,质量也有所提高,基本上通体施釉,以素面无纹者居多,但也有部分碗的内底壁刻划有荷叶纹。唐代晚期的碗较中唐时腹部加深,器形逐渐增高,玉璧底碗、外腹压印竖棱线的花口碗较为流行,玉璧底有变窄的趋势。至唐末,碗的形制主要有敞口、斜腹、玉璧底,敛口、曲腹、玉璧底,敞口或侈口、五曲花口、斜曲腹、圈足等,花口碗的外腹对应花口处压印竖棱线,如杭州市临安区唐天复元年(901)水邱氏墓出土的秘色瓷花口碗[1],为圆唇敞口,五曲花口,深曲腹,圈足,腹壁压印五道竖棱线,通体施匀净莹润的青绿釉,整器形似绽放的花朵(图六)。整个唐代中晚期,碗的装烧方式以泥点间隔、匣钵多件叠烧为主,仅秘色瓷等高档产品采用匣钵单件装烧,因此除叠烧的最上件与单件装烧外,此阶段碗的内底及外底足端处均会留有多枚松子状支烧痕迹。

五代时期,玉璧底多已演化为玉环足,碗腹稍有加深,均为圆唇,按口部形态可分敞口碗、侈口碗两类,又皆有圆口、花口之分。其中,敞口碗腹壁斜直或斜曲,底足为玉环足,或为圈足、足端方而稍窄;而侈口碗通常为斜腹微曲,或为上腹斜直、下腹弧收,底足为玉环足或圈足,有的圈足稍外斜。

---

[1]　浙江省文物考古研究所、浙江省博物馆、杭州市文物考古研究所等:《晚唐钱宽夫妇墓》,第64页。

图六　水邱氏墓出土的秘色瓷花口碗（临 M24:47）

如内蒙古赤峰市辽会同五年（942）耶律羽之墓出土了两件越窑青瓷碗[1]，一件为圆口、敞口、斜直腹、玉环足（图七，左），另一件为五曲花口、侈口、斜腹微曲、矮圈足（图七，右），皆通体施莹润的青釉。这一时期，碗的装烧方式以泥条间隔、匣钵多件叠烧为主，高档产品以匣钵单件装烧，故除叠烧的最上件与单件装烧外，内底及外底足端处均留有泥点或一圈不连续的泥条支痕。

　　入宋以后，碗的形制、风格与装烧方式又有明显的变化。吴越国晚期至北宋中期，碗也可分圆唇敞口、圆唇侈口两类，其中也各有圆口、花口之分，敞口碗主要为斜腹微曲、圈足足端尖圆包釉，部分圈足稍外撇，而侈口碗的口部较上期更加外撇，腹部加深，为深斜曲腹，圈足变窄而高，稍外撇，花口器显著减少。内底常见工整繁复的细线划花龙纹（图八），或以戳印技法表现的莲子纹（图九），部分碗的外壁刻有具浅浮雕效果的莲瓣纹。由于圈

① 　内蒙古文物考古研究所、赤峰市博物馆、阿鲁科尔沁旗文物管理所：《辽耶律羽之墓发掘简报》，《文物》1996 年第 1 期，第 4—32 页。

图七　辽耶律羽之墓出土的越窑青瓷碗

足外撇之形制与装饰纹样的盛行，这一阶段碗的装烧方式多采用垫圈间隔、匣钵单件装烧，仅外底圈足内留有垫圈支痕（图一〇）。可见，间隔具与装烧方式的改变使支烧痕迹由外底足端处转移至圈足内，碗足的形制也得以相应改变。越窑其他器类也基本遵循这种装烧方式与支烧痕迹的变化。

　　北宋中期及以后，碗多为深腹，圈足继续增高发展，早期流行的细线划花装饰趋于草率，内底及内壁盛行刻划花装饰。

　　除上述形制外，越窑碗类产品中还有两类比较特殊的器物。其一为夹层碗，至迟于入宋以后出现，由内、外两层碗相套而成，底部相连，形成一个中空夹层，外层碗通常为深垂腹平底碗。早期夹层碗的内、外层碗口沿处以釉粘接，修饰较少，之后逐渐对口沿粘接处加以修饰，至南宋早期，内、外层碗的口沿已合为一体，这类夹层碗应为供碗，是由套盒演变而来。其二为温碗，亦称"注碗"，通常为敞口深腹，与执壶配套使用，典型器可参见辽

图八　碗内底的细　　　图九　碗内底的　　　图一〇　"太平戊寅"款碗外底
线划花龙纹　　　　　　戳印莲子纹　　　　　　圈足内的垫圈支痕

统和二十九年（1011）北京八宝山韩佚
夫妇合葬墓出土的一套执壶与温碗（图
一一）①，碗内底细线划对称鹦鹉纹，颇
为精巧。

图一一　辽韩佚夫妇合葬墓出土的
越窑执壶（M3:6）与温碗（M3:7）

　　盘，食器，数量占比通常仅次于碗。
中唐以后器形逐渐增多，制作也更精细，
以圆唇敞口或侈口、浅腹斜曲、矮直圈足
盘居多，足端方平，部分器物下腹微折，
圈足稍外斜，有圆口、花口之分，花口器
的外腹对应花口处压印有竖棱线；大多通
体素面且施满釉，也有内底壁刻划荷叶纹
的盘；装烧方式为泥点间隔、匣钵多件叠烧或单件装烧。至晚唐、唐末时，
中唐已有的造型进一步发展，腹稍斜直，花口盘更加常见，新增平底或平底
内凹盘，多为圆唇侈口、花口，斜腹微曲（图一二）；施釉及装烧方式、装
饰风格与前期相比差异不大，仍以素面器为主。

　　五代时期，盘的造型丰富，
按口部形态可分敞口与侈口两大
类，均为圆唇，通常兼有花口与
圆口。敞口盘主要为斜曲腹，底
足有矮直圈足、平底或平底微内
凹之分，皆通体素面，前者的足
端较方平，其上往往有泥条支痕，
而后者的支烧痕迹一般在外底边
缘；若为叠烧，则内底也会留有

图一二　法门寺地宫出土的葵口大凹底秘色
瓷盘（FD4:011）

支烧痕迹。侈口盘的底足有足端方平的矮直圈足、圈足细圆外撇、平底或平

---

①　浙江省博物馆编，汤苏婴、王轶凌主编：《青色流年——全国出土浙江纪年瓷图集》，北京：
文物出版社 2017 年版，第 239 页。

底微内凹等形制，但侈口平底或平底微内凹盘的数量相对较少，且基本上仅可见花口；腹部多为斜曲腹，有的腹壁稍斜直，仅圈足外撇盘多为斜腹微束。侈口，圈足外撇的器形在钱元瓘之王后马氏的康陵出土有数件，腹部近底处内折，足端细圆包釉，皆通体施滋润的青釉，通体素面，匣钵单件装烧，质量较高（图一三）[1]。侈口盘的

图一三　康陵出土的越窑圈足外撇盘（临 M25: 采 83）

装饰风格、装烧方式皆与敞口盘一致。敞口与侈口矮直圈足盘均是自中晚唐发展而来。

入宋以后，盘仍均为圆唇，可分敞口与侈口，其中敞口盘主要有以下形制：其一，斜曲腹，圈足较五代时增高而外撇，兼有圆口与花口；该器形在北宋早期之后的演变趋势为圈足逐渐增高、腹部趋坦，花口器渐趋少见。其二，斜曲腹，卧足，或平底内凹，器身稍高，兼有圆口与花口，圆口器往往器形硕大，如内蒙古赤峰市巴林左旗辽祖陵一号陪葬墓出土的两件大盘，造型端庄大气，制作精细，内底分别饰有繁复的细线划花龙纹（图一四）与双凤纹（图一五）[2]；该器形的腹部在北宋早期之后逐渐演变为浅腹，花口器较多见。侈口盘则主要为斜曲腹，圈足较五代时增高而外撇，兼有圆口与花口，其在北宋早期之后的演变趋势为口沿更加外侈，曲腹加深且下腹趋于内折，花口器的数量锐减。无论何种形制，基本上皆通体施釉。

整个北宋早期，即吴越国晚期至北宋中期，盘的风格与五代时相比有明显的变化：内底常见工整的细线划花装饰，题材有龙、凤、对称鹦鹉、缠枝花鸟、对蝶、龟心荷叶、缠枝花卉等，内壁口沿下常饰有卷草纹、三叶纹等条带状纹样，外底心常见"大""上""吉""内""子"等单字款（图一六）。

[1]　杭州市文物考古研究所、临安市文物馆：《五代吴越国康陵》，北京：文物出版社 2014 年版，第 79—80 页。

[2]　中国社会科学院考古研究所内蒙古第二工作队、内蒙古文物考古研究所：《内蒙古巴林左旗辽祖陵一号陪葬墓》，《考古》2016 年第 10 期，第 3—23 页。

图一四　辽祖陵一号陪葬墓出土的　　图一五　辽祖陵一号陪葬墓出土的越窑
越窑龙纹大盘（PM1:138）　　　　双凤纹大盘（PM1:134）

图一六　盘外底的单字款（左．"上"字款；右．"吉"字款）

与碗类产品同理，由于圈足外撇形制与装饰纹样的盛行，通常以垫圈间隔、匣钵单件装烧，外底圈足内留有垫圈支痕。北宋中期及以后，内底的细线划花装饰逐渐被刻划花取代，题材以莲瓣、牡丹等植物纹为主，也有部分摩羯纹，线条趋于简化粗糙；外底心的单字款基本消失。

　　碟，食器。陕西扶风县法门寺地宫出土有3件秘色瓷碟，可作为晚唐时期碟的典型代表，口径在20—25厘米左右，为圆唇侈口，五曲花口，浅腹斜曲，平底微内凹，素面，通体施莹润的青釉（图一七），外底足缘处留有多枚松子状支烧痕迹[①]。然而由于碟与盘的造型比较相似，故时常难以区分。五

① 陕西省考古研究院、法门寺博物馆、宝鸡市文物局等：《法门寺考古发掘报告（上）》，北京：文物出版社2007年版，第226页。

图一七　法门寺地宫出土的葵口凹底秘色瓷碟（左 .FD4:014；右 .FD4:015）

代钱氏家族墓中也有青瓷碟的出土 [1]，但数量不多，器形主要为圆唇敞口，圆口，浅腹斜曲，平底微内凹；皆通体素面，施均匀滋润的青釉，外底足端处有支烧痕迹。

入宋以后，碟的出土数量渐多。器形通常小于盘，多为口径在 14 厘米以下的圆唇敞口、浅腹、卧足或平底器。整个北宋早期，碟的特征主要为——圆唇敞口、花口，斜曲腹，外壁对应花口处压印竖棱线，卧足，也有圆口碟；通体施釉，外底缘留有垫圈支痕；纹饰相对少见。北宋中期及以后，碟腹逐渐演变为斜折腹，且器身趋于扁平，花口器减少，至晚期几乎消失，但内底纹饰渐趋常见，以刻划花植物纹为主，造型与风格皆完全不同于吴越国时期。

杯，多作酒器。自中晚唐时起，杯的数量增多，种类有所丰富，杯的造型在吴越国时期比较单一，以圆唇直口、上腹较直而下腹弧收、矮直圈足的形制为主，足端一般较方平，上有泥条支痕，皆通体施釉，纹饰罕见。该器形由晚唐时发展而来，除间隔具的改变使得支烧痕迹略有变化外，其造型特征基本不变。至南宋初，杯的造型及装饰才变得多样起来，不仅有直口筒腹圈足稍外撇、直口直腹圈足稍内束、直口直腹卧足等形制，外壁还常见刻划花莲瓣、开光牡丹等纹样，风格已迥异于吴越国时期。

杯中有两类特殊器形——高足杯和海棠杯。

高足杯，通常为圆唇直口，上腹较直，下腹弧收，喇叭形高圈足外斜，

---

① 浙江省文物管理委员会：《杭州、临安五代墓中的天文图和秘色瓷》，《考古》1975 年第 3 期，第 186—194 页。

以花口的素面器为大宗，通体施釉，外底足端处留有泥点支痕。该器形在吴越国时期仍有延续，并且在入宋以后，改以垫圈支烧为主，内底常见细线划花装饰；直至北宋中期及以后，花口器减少，以圆口为主，出现了少量侈口高足杯，下腹外壁常见刻划花莲瓣纹。

海棠杯，是越窑在晚唐五代时期的特有产品，造型模仿自唐代金银器中的多曲长杯，为圆唇敞口或口微敛，扁圆形长腹，底足可见矮直圈足、矮圈足稍外斜、喇叭形高圈足外斜等形态，以四曲花口最为常见，也有部分为圆口；唐代中晚期的海棠杯除通体素面外，也有内底壁刻划莲荷纹者（图一八），至五代时期则以素面为主；皆通体施釉，外底足端处有支烧痕迹。

钵，盛贮器，唐代早期就已批量生产，以唇口微敛、上腹较鼓、下腹斜收、平底内凹的器形为主，也有方唇折敛口、腹壁斜直的平底钵。至唐代中晚期，有大钵、小钵之分，大钵的器形无明显变化，但出现一种侈口、深曲腹、圈足稍外斜的钵；小钵则多为圆唇折敛口，斜直腹，平底或平底微内凹。一般皆通体素面，施满釉，外底足缘处刮釉一周，上有泥点支痕。大钵常与其他小器皿套烧，如此，内底也会留下泥点支痕。

图一八 海棠杯

五代时期，大钵的器形变小，唇口微敛、曲腹、平底或平底微内凹的造型较为多见，小钵的形制无较大改变（图一九）。基本上皆通体素面，通体施釉，外底足端处常留有泥条支痕。入宋以后，钵的造型趋于多样，主要有圆唇折敛口、腹壁斜收、卧足，圆唇折敛口、斜直腹、平底或平底微

图一九 康陵出土的越窑小钵（临M25：采85）

内凹，唇口微敛、上腹较鼓、下腹弧收、卧足等器形，内底多见细线划花装饰，题材多样，有莲花、对称鹦鹉、摩羯、鸳鸯戏荷等，部分器物外壁还刻有浅浮雕莲瓣纹，或口沿下划水波纹带饰，皆通体施釉，以垫圈间隔、匣钵单件装烧为主。

北宋中期及以后，以卧足钵居多，且卧足逐渐变小加深，口部有圆唇敛口、侈口卷沿、直口等形态，腹壁多弧收，细线划花纹样渐趋草率，出现刻划花装饰。

盆，盛贮器，通常器形硕大。自唐代中期起，盆在越窑产品中渐趋多见，其特征为圆唇，侈口，腹壁斜曲，窄直圈足或窄圈足外斜，口部有圆口、花口之分，但花口盆的数量相对较少；至晚唐时，盆的造型变化不是很大。唐代中晚期的盆一般通体施釉，内底壁可见刻划花荷叶纹，多以泥点间隔，匣钵多件叠烧，少数为匣钵单件装烧，除叠烧最上件与单件装烧外，内底与外底足端处均留有多枚松子状支烧痕迹。

在此基础上，盆的器形在五代时期呈现出新的面貌：为圆唇，宽平沿，斜曲腹，平底或平底微内凹，有深腹、浅腹之分，已几乎不见花口器，也基本不见装饰纹样，通常施满釉，外底缘留有支烧痕迹，例如康陵出土的青瓷盆[1]，该器相较于窑址中出土的深腹盆而言应属浅腹（图二〇），造型端庄素雅，堪为精品。入宋以后，即吴越国晚期，平底盆相对少见，出现了卧足、圈足盆，二者均为宽沿，腹壁斜曲，圈足盆的底足一般较高而外撇。这一阶段，盆的装饰风格与五代时相比发生较大改变，沿面上、内壁口沿下常见细线划花带饰，有卷草纹、三叶纹等，内底常见细线划花双凤、摩羯、对称鹦鹉等纹样，外壁常刻有具浅浮雕效果的莲瓣纹。

北宋早期以后，盆在造型上变化不大，以圈足盆居多，沿面或微下垂，或平，或略作内斜，但在装饰风格上往往各具阶段特征。

罐，盛贮器。形制在唐代早中期还比较单一，器形较矮胖，多呈直口或侈口，鼓肩，深曲腹内收，平底或平底微内凹，肩部常置四系。晚唐时，罐的形制增多，且器形趋于修长，主要有以下几种：直口溜肩，深曲腹内收，

---

[1]　杭州市文物考古研究所、临安市文物馆：《五代吴越国康陵》，第80—81页。

图二〇　康陵出土的越窑青瓷盆
（临 M25: 采 12）

图二一　水邱氏墓出
土的"东"款越窑四系罐（临
M24: 采 48）

平底或平底微内凹，肩部置一对立耳；直口，溜肩或圆肩，深鼓腹内收，平底或平底微内凹，肩部等距置 4 个横桥形系，如水邱氏墓出土的"东"款四系罐（图二一）；侈口圆肩，深直腹或深曲腹内收，平底或平底微内凹，肩部等距置 4 个横桥形系，或对称置 2 个环状系，通常置四系者器形硕大，置双系者器形较小，如水邱氏墓出土的 15 件双系小罐[1]（图二二）；另外也有肩部置 4 个环状系的子母口椭圆腹圈足盖罐，腹部常作四瓣瓜棱状。这一时期的罐一般通体素面，施满釉，部分制作粗糙者外壁施釉不及底，多以泥点间隔，明火裸烧，也可与其他小器皿套烧，少数以匣钵装烧。

　　五代时期，罐的形制仍比较丰富：一类器形较矮扁，为侈口，深折沿，鼓肩，曲腹，下腹内收，平底或平底微内凹，肩部对称置 2 个环状系，或等距置 4 个横桥形系，或不置系。一类器形修长，通常为直口，溜肩或圆肩，深鼓腹，下腹内收，平底或平底微内凹，肩部置 2 个或 4 个横桥形系，例如宁波后晋开运三年（946）袁从章墓出土的四系罐[2]。还有一类盖罐，可分为小罐与大

---

① 浙江省文物考古研究所、浙江省博物馆、杭州市文物考古研究所等：《晚唐钱宽夫妇墓》，第 65 页。

② 浙江省博物馆编，汤苏婴、王轶凌主编：《青色流年——全国出土浙江纪年瓷图集》，第 219 页。

图二二　水邱氏墓出土的越窑双系小罐（临 M24：采 54、40、43、53）

罐，其中小罐多为子母口，溜肩，四瓣瓜棱状曲腹，矮直圈足或圈足稍外撇，肩部对称置 2 个环状系，罐盖有平顶盖、上置宝珠形纽的高穹顶葫芦形盖之分，二者沿壁通常都有 2 个小圆孔，这两种盖形不一的瓜棱腹盖罐在康陵中均有出土[1]（图二三）；大罐造型修长，多为直口，溜肩或圆肩，深鼓腹，下腹内收，圈足，肩部置 2 组环状系（每组 2 个）和 2 个方形錾耳，呈等距交替分布，该器形一般称作"夹耳罐"，罐盖通常为盏形顶，顶部平，如耶律羽之墓出土的夹耳盖罐[2]（图二四），苏州七子山一号墓也出土了几乎相同的夹耳

图二三　康陵出土的越窑瓜棱腹盖罐〔左．平顶盖（临 M25：采 9）；右．高穹顶葫芦形盖（临 M25：采 76）〕

---

[1]　杭州市文物考古研究所、临安市文物馆：《五代吴越国康陵》，第 72—75 页。

[2]　内蒙古文物考古研究所、赤峰市博物馆、阿鲁科尔沁旗文物管理所：《辽耶律羽之墓发掘简报》，《文物》1996 年第 1 期，第 4—32 页。

图二四 辽耶律羽之墓出土的越窑夹耳盖罐

盖罐[①]。这一时期的罐仍以通体素面为主，基本不见纹饰，通常施满釉，足端及盖罐的口沿处留有支烧痕迹。

入宋以后，罐的种类有所减少，早期可见一类瓜棱腹盖罐，腹部圆鼓，圈足，盖作仿生荷叶形，外腹常饰有细线划花装饰，如浙江省博物馆藏越窑鸳鸯纹盖罐，外腹饰细线划花鸳鸯戏荷纹（图二五），通体施釉，质量较高。

图二五 浙江省博物馆藏越窑鸳鸯纹盖罐

除此以外，北宋时期的罐主要可见以下器形：侈口溜肩，深曲腹，下腹内收，隐圈足，肩部等距置四系，器形修长；侈口，弧折沿，圆肩或溜肩，鼓腹内收，最大腹径下移，平底或平底微内凹，肩部对称置2个环状系，或无系，器形较矮；敛口，圆鼓腹，直圈足或圈足稍外撇，通常有盖，罐外腹常刻划多重莲瓣纹或开光花卉纹，还有一类附荷叶形盖的扁球腹平底小罐，盖面与罐外腹也皆刻划多重莲瓣纹，是较为典型的北宋中晚期制品，与北宋初时罐的风格已有明显差异。

盒，依据用途可分为油盒、套盒、盒三类。其中，第三类一般指粉盒，但也可作香盒、茶盒，由于二者在造型上难以区分，故统称为"盒"；而套盒主要用于祭祀，并非日常生活用器，故暂将其归入"丧葬用具"。

油盒的造型比较固定，在唐代中晚期就已大量生产，盒身为子口，圆唇

① 苏州市文管会、吴县文管会：《苏州七子山五代墓发掘简报》，《文物》1981年第2期，第37—45页。

敛口，上腹较直，下腹折收，多为平
底或矮直圈足，也有少数为饼足，盒
盖通常为拱形，也有顶部置宝珠形纽
的盝形（图二六）。以通体素面且施
满釉者居多，盒盖口沿、盒身口部及
外底部留有泥点支痕。自中唐至唐末
五代，油盒的基本特征几乎没有较大
改变，仅器形有由矮变高的趋势。入
宋以后，油盒比较少见，口部仍为圆

图二六　水邱氏墓出土的越窑油盒（临
M24:70）

唇敛口，腹部弧曲，趋近球腹，底足多为圈足。北宋中期及以后，油盒类产
品已相当罕见。

　　盒自中唐时大量出现，在唐代中晚期，盒身形制多为子口，圆唇直口或
敛口，上腹较直，下腹折收或弧收，按有无圈足可分两类：其一为平底或平
底微内凹，其二为矮直圈足；至唐末时，出现了圈足有所加高且外斜的造型。
通常有盖，多为拱形，或为上置宝珠形纽的盝形顶。以通体施釉为主，盒盖
口沿、盒身口部及外底部留有泥点支痕，装饰较少见，部分盒盖盖面饰有简
单的刻划装饰，有凤鸟、荷叶等题材。盒的器形自中唐至唐末由低矮逐渐增高、
变大发展。

　　至五代时期，圈足盒与晚唐、唐末时的形制比较相似，盒身为子口，圆
唇敛口，深腹，上腹较直，下腹多弧收，矮直圈足，部分器物除口沿及外底
足端处留有支烧痕迹外，内底也有套烧其他小器皿留下的支痕。此外，也有
平底或平底微内凹的形制，其中一种为新出现的整器非常矮扁的器形，为子口，
圆唇敛口，浅折腹；另一种为子口，圆唇敛口，深直腹，近底部弧收，比较少见。
无论是圈足盒还是平底盒，通常皆施满釉，以通体素面为主。

　　入宋以后，盒的造型比较丰富，风格也有所变化。按底足形态可分为圈足、
平底或平底微内凹、卧足三类。圈足盒常见两种：其一，盒身为子口，圆唇敛口，
斜腹，上腹常有一凸棱宽带，圈足外撇，该型在北宋中晚期渐趋坦腹；其二，

整器大而扁，盒身为子口，圆唇敛口，浅腹，下腹趋近于坦底，上腹常有一凸棱带，圈足外撇，该型发展至北宋中晚期时腹部已基本趋平。平底盒在五代时矮扁造型的基础上，折腹逐渐加深；另外新出现了仿生造型的盒，主要为瓜形盒。卧足盒也是此阶段的新形制，盒身为子口，多见圆唇敛口，浅折腹，或略深的折腹，上腹常有一凸棱带。盒盖在整个北宋时期乃至南宋早期皆以拱形、扁弧或扁平形为主。盒身与盒盖一般皆通体施釉，口沿及外底圈足内有支烧痕迹。

就风格而言，入宋以后盛行在盒盖盖面饰纤丽繁复的细线划花纹样（图二七），有对称鹦鹉、双凤、缠枝花卉、婴戏、双雁等多样的题材，盒身腹部凸棱上也常见条带状的细线划花云纹、卷草纹或水波纹。至北宋中晚期，细线划花装饰逐渐被刻划花装饰取代，且渐趋粗糙、草率。

图二七　大英博物馆藏越窑"福寿延长"划花纹盒

灯，照明用具。吴越国时期的灯具主要是灯盏，其形制在唐代早期就已初具雏形，以敞口、浅腹、假圈足或平底微内凹为主，盏内置一较大的半环形灯芯环，往往高于口沿。在此基础上，灯盏由扁矮器形逐步增高发展，灯芯环也有所缩小。至中唐时，灯盏口沿略外翻，灯芯环多为小环，置于内腹中部，底部平，微内凹。唐代晚期，灯盏整体器形变化不大，仅灯芯环多置于盏底，一般不会高于口沿。这类灯盏的装烧方式为对口合烧，通常是明火裸烧，外壁施釉不及底，口沿处会留有合烧痕迹。此外，还出现一种器形硕大的灯，如水邱氏墓出土的越窑褐彩云纹油灯[①]，整器形似大钵，高圈足外斜，通体施滋润的青釉，釉色呈青黄色，外腹饰六组褐彩如意云纹与莲花纹，

① 浙江省文物考古研究所、浙江省博物馆、杭州市文物考古研究所等：《晚唐钱宽夫妇墓》，第63—64页。

下腹部与圈足外壁也饰有褐彩云纹，器形端庄大气，装饰华美，器内盛满未燃尽的油脂（图五）。

图二八　五代时期的灯盏

五代时期，灯盏的口部多为唇口或垂沿，腹部较坦，为斜直腹或斜腹微曲，平底微内凹，灯芯环置于盏底，低于口沿（图二八）。装烧方式仍以对口明火裸烧为主，外壁施釉多不及底，口沿处留有支烧痕迹，也有部分通体施釉者，质量往往比较高。古银锭湖寺龙口窑址还出土了一件灯盏状烛台，盏内底置一圆形灯管[1]，器形较特殊，同类产品在白洋湖石马弄窑址的唐代中晚期地层中也有零星出土。

入宋以后的吴越国晚期至北宋中期，灯盏以唇口、腹部斜曲、平底微内凹的造型为主，灯芯环置于内腹壁近底部，也有部分器物无灯芯环。北宋中期及以后，盏内一般不置灯芯环。早中期时还出现了灯盘中心立五个中空灯管的新型灯具，即五管灯（图二九），灯管造型有莲花形、方棱形、圆流形等。

图二九　浙江省博物馆藏北宋越窑五管灯

枕，主要用作寝具，也可作脉枕。自晚唐起，数量逐渐增多，这一时期的枕主要呈圆角长方形，枕面略下凹，腹部微鼓，底面平或微微上凹，整体中空，底中央或侧壁通常有一小圆孔（图三〇）；以通体素面、施满釉者居多，底面刮釉，上有多排泥点支痕。另有

---

[1]　浙江省文物考古研究所、北京大学考古文博学院、慈溪市文物管理委员会：《寺龙口越窑址》，第159页。

图三〇　唐代晚期的瓷枕

一种稍厚重的圆形枕，可能为脉枕，一般仅枕面施釉，下部无釉。至五代时期，枕的造型与风格基本延续了唐代晚期的特征，但在入宋以后有了明显变化，枕面形态主要有委角长方形、椭圆形等，枕面略下凹，其上常见精美的细线划花装饰，枕身中空，部分枕身侧壁饰镂空花纹，显得整器相当华美；通常施满釉，匣钵单件装烧，外底留有一圈支烧痕迹。

大约到了北宋中期前后，枕的造型较吴越国时期更加多样，常见一类作仿生造型的狮形枕、虎形枕等（图三一），极富生趣，枕面上有刻划花装饰。

图三一　上虞博物馆藏越窑卧虎座枕

二、茶器具

唐代中期，饮茶之风开始日益兴盛，尤其是陆羽的《茶经》问世之后，更是将饮茶提升至艺术层次，推动了茶艺、茶文化的盛行，茶器具也因此逐渐从日用器具中独立出来。得益于陆羽在《茶经》中对越窑青瓷的推崇，市场对越窑产品的需求得到极大刺激，茶器具也由此成为越窑的大宗产品，主要包括茶碗、盏、盅、盏托、执壶、渣斗、茶碾等类别。

茶碗，饮茶用的主要器具。就考古发现而言，茶碗与日用器具中作饮食器的碗往往较难区分，但从《茶经》对越窑茶碗釉色青、釉质类冰似玉的高度评价来看，陆羽眼中益于饮茶的越窑瓷碗应该是"秘色瓷"以及与之相近的高质量产品。换言之，越窑产品中的茶碗当为造型规整、制作精巧、釉色青而釉质莹润匀净的碗,通常为匣钵单件装烧,仅少数为叠烧件中的最上一件,内底一般不会留下支烧痕迹。在第一章所述吟咏越器的诗文中也能感受到唐五代诗人对越窑茶器造型之端巧、釉色之青绿的赞美。综合来看,越窑茶碗在造型、胎釉上应当具备规整精巧、细腻莹润而又青绿的高品质,据此方可与普通的饮食用碗区分开来。

尽管在制作规整度、胎釉质量、装烧方式上存在差异,但吴越国时期茶碗的整体器形与风格,以及装烧所使用的间隔具在唐末五代及至宋初的演变情况仍与日用器具中的碗保持基本一致。

上林湖后司岙窑址曾出土有大量五代时期可以称得上"秘色瓷"的碗类产品,常见圆唇侈口、花口、斜腹微曲、圈足稍外斜,圆唇敞口、花口、斜腹微曲、玉环底,圆唇敞口、圆口、斜腹、玉环底等器形,皆通体素面,通体施莹润的青釉①,质量颇高,应该可作茶碗之用。

盏,与碗的造型比较相似,一般以口径14.5厘米左右为限,比之大的称碗,小的称盏。盏的数量与造型在唐代中晚期都逐渐增多,应与茶文化的普及以及越窑自身的发展有关。器形皆为圆唇,按口部形态主要有敞口、侈口之分。其中,敞口盏兼有花口与圆口,以花口更为常见,上腹较直而下腹微内折,或斜腹弧收,高圈足外斜,也有部分为斜腹玉环足;侈口盏以花口为主,其腹部、底足形态与敞口盏相近,底足多为高圈足外斜,也有部分为撇足、矮直圈足或矮圈足稍外斜(图三二)。无论是敞口盏,还是侈口盏,花口器的外壁对应花口处均压印竖棱线,使整器形似盛开的花朵;高圈足一般呈喇叭形。除通体素面外,也有内底刻划鹤、花卉、荷叶等纹样者,通常施满釉,以泥点间隔,匣钵单件装烧,外底足端处留有松子状支烧痕迹。

五代时期,盏的造型与晚唐时相比差异不大,仍皆为圆唇,有敞口、侈口之分,其中敞口盏主要有花口、斜曲腹、高圈足外撇(图三三),花口或圆口、斜腹微曲、矮直圈足等形制;侈口盏则主要为花口,斜腹弧收,高圈足外撇(图

---

① 浙江省文物考古研究所、慈溪市文物管理委员会办公室:《秘色越器——上林湖后司岙窑址出土唐五代秘色瓷器》。

三四），少部分为矮直圈足。花口器的外壁对应花口处压印竖棱线；部分高圈足器带有晚唐喇叭形高圈足的遗风。这一时期的盏极少见纹饰，基本上皆通体素面、通体施釉，多以泥条间隔、匣钵单件装烧，外底足端处留有支烧痕迹。

　　入宋以后，已基本不见喇叭形高圈足，口部形态几乎没有变化，仍以敞口、侈口为主，前者的器形主要为斜腹微曲、矮直圈足，或矮圈足稍外撇，兼有圆口与花口，腹部较五代时略有加深，圈足足端尖圆包釉；后者的器形主要为圆口、斜曲腹、矮直圈足，圈足有增高而稍外撇的趋势。另外也有少量圆唇、口微敛、曲腹、矮圈足的器形，以圆口为主，几乎不见花口。这一时期盏的内底多见细线划花装饰，有四曲缠枝或绞枝、莲花、对称鹦鹉、缠枝花鸟等题材，有的外壁还刻有具浅浮雕效果的莲瓣纹。皆通体施釉，多以垫圈间隔、

图三二　唐代晚期的盏（左．敞口圆口盏；右．侈口花口盏）

图三三　康陵出土的越窑花口盏（临 M25：采 87）

图三四　五代时期的侈口盏

匣钵单件装烧，外底圈足内往往会留有垫圈支痕。

北宋早期以后，盏在上述器形的基础上继续发展演变，普遍表现为腹部加深，圈足增高而外撇，至北宋末、南宋初还出现了矮小圈足内束的形制；敞口盏中的花口器逐渐消失，侈口盏的口沿更加外侈，腹部渐趋垂腹内收；口微敛或为直口的圆口曲腹圈足盏增多。装饰由细线划花向刻划花转变，内底壁盛行莲瓣、牡丹等植物纹以及摩羯等动物纹，部分盏的外壁还可见刻划花莲瓣、开光牡丹等纹样，这种变化是社会审美取向逐步转变的反映。

盅，器形较小，口径一般在 10 厘米上下，绝大部分不会超过 10 厘米。五代时期的盅基本延续了晚唐、唐末时的风格，多为圆唇敞口，斜曲腹，圈足外撇，也有圆唇侈口的形制，以花口居多，外壁对应花口处压印有竖棱线（图三五），几乎不见纹饰，皆通体施釉，外底足端处留有支烧痕迹。在入宋以后，改由垫圈支烧，器形为圆唇敞口或侈口，上腹壁趋直，下腹弧收，圈足外撇，且稍有加高；其中敞口器的数量相对较多，侈口器较少；兼有花口与圆口，花口器的外壁压印有竖棱线；这一时期盅的内底也常见细线划花装饰，以四曲缠枝、莲花、云草、海水摩羯等题材为主，部分盅的内壁口沿下划有卷草纹带饰。

北宋早期以后，盅的造型继续演变，腹部逐渐加深，圈足加高，且多外撇，花口器显著减少，渐趋消失，至北宋末、南宋初，圈足又变矮发展，斜腹、小矮圈足内束的形制较为常见；通常施满釉，垫圈支烧，装饰仍以划花为主，

图三五　五代时期的盅（左.敞口；右.侈口）

但趋于草率，同时也出现了刻划花装饰。

盏，托专用于托盏，是盏的配套器皿。中唐时已有生产，托盘口沿多外侈，斜腹，内置不高于盘沿的矮托圈，底足为矮直圈足或圈足稍外斜。至唐代晚期，盏托的器形及数量均有所增多，主要有托盘内置托圈、无托圈、置托杯三种形制：置托圈者的托盘多为圆唇敞口或稍外侈，斜腹，托座较上期由矮变高，底足多为矮直圈足（图三六）；无托圈者的托盘多为圆唇内卷，宽折沿，坦腹弧曲，圈足较高而外撇，折沿多呈五曲，内底环刻弦纹；置托杯者的托盘则多为圆唇敞口，花口，斜腹微曲，圈足外撇，所置托杯通常口沿外敞，腹壁较直，微内束，白洋湖石马弄窑址曾出土外底刻"缸"字款。无论何种形制，一般皆施满釉，外底足端处有泥点支痕；以通体素面为主，有的内底壁刻划有荷叶纹。

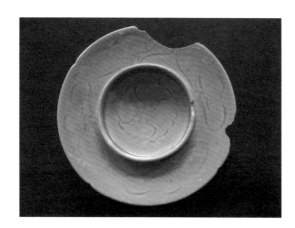

图三六　唐代晚期内置托圈的盏托

吴越国时期的盏托基本是在晚唐器形的基础上发展而来，但托盘内底置托圈的形制相对少见，大多不置托圈，少数置托杯，此外也基本不见装饰纹样。不置托圈的盏托多为圆唇内卷，宽折沿，浅折腹，圈足较高而稍外撇，有花口与圆口之分，内底环刻弦纹或置一圈凸棱。置托杯的盏托托盘多为圆唇敞口，斜腹微曲，圈足较高而外撇，所置托杯口沿外敞，腹壁较直，微内束。上述两种类型的盏托在康陵均有出土，皆为圆口：置托杯者的托盘作敞口浅盘形，圆唇稍内卷，底足为外撇的喇叭形高圈足（图三七，左）；无托圈者为圆唇，宽折沿，浅折腹，圈足稍外斜，沿面与内底均环刻有弦纹（图三七，右）。二者通体施莹润的青釉，外底圈足内留有支烧痕迹[①]。

① 杭州市文物考古研究所、临安市文物馆：《五代吴越国康陵》，第81—83页。

图三七　康陵出土的越窑盖托（左．临 M25: 采 82；右．临 M25: 采 16）

入宋以后，改以垫圈支烧为主，内置托座的盖托趋于常见，每种形制各具特征与演变规律：

托盘内不置托圈或托座的盖托，基本保留了五代时的特征，但折沿有变窄的趋势；细线划花装饰盛行，沿面常划有卷草等条带状纹样，内底心常划莲子纹，其外划一周莲瓣纹，形如盛开的莲花（图三八，左）。北宋早期以后，该型盖托的折沿继续变窄而内斜，划花纹样逐渐变得草率。

内置托座的盖托，托盘多为圆唇内卷，折沿，浅折腹，圈足稍外撇，托座较低平，一般不高于盘沿；同样盛行细线划花装饰，沿面也常划卷草等条带状纹样，托座台面常饰以细线划花水波纹、花卉纹等，托座外壁常刻有覆莲纹（图三八，中）。该形制在北宋早期以后，托座逐渐变高，通常高于盘沿，底足为高圈足外撇，装饰题材也有所改变，沿面常见简菊纹，托座台面常见团菊、四荷、云草等划花植物纹，这些划花纹样也同样趋于简化、潦草。

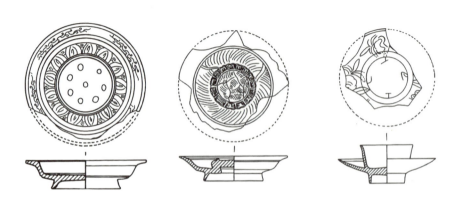

图三八　北宋早期的盖托（左．无托圈或托座；中．内置托座；右．内置托杯）

内置托杯的盏托，托盘的形态变化不大，托杯口沿有外敞、内敛之分，底足多为直圈足；装饰纹样相对少见，仅部分托盘内壁饰以细线划花植物纹（图三八，右）。该形制在北宋早期以后渐趋罕见。

执壶，也称"茶汤瓶"，出现于中唐时期，造型较丰富，除常见的圆唇侈口、束颈较长的鼓腹高曲柄执壶外，还有短束颈溜肩的胆囊形执壶，习称"胆囊壶"。至晚唐时，执壶的束颈渐高，腹部渐瘦长，且多为瓜棱腹，流也有所加长，常呈多棱状（图三九）；一般施满釉，匣钵单件装烧，以泥点间隔，以通体素面为主，少数壶腹刻有荷叶或花卉纹。另外还有一类凤首或兔首壶，这类执壶中的器形较小者通常作砚滴之用，属文房用具。

图三九　宁波天一阁博物馆藏晚唐越窑执壶

五代时期，执壶的质量普遍较高，通体施釉，但已几乎不见装饰纹样。仍可见凤首造型，如杭州市玉皇山后晋天福七年（942）钱元瓘墓出土了一件凤首壶盖[1]，以刻划技法表现出凤的冠、眼、翎羽、喙，可谓是神形兼备。除此以外，还主要包括以下三种器形：

其一为圆唇侈口，长束颈，圆鼓腹，多呈四瓣瓜棱状，肩部对称置长圆流与高曲柄，矮直圈足或圈足稍外斜，如辽祖陵一号陪葬墓出土的青瓷执壶[2]，虽然根据墓主身份推断，该墓的年代当在960年或之后不久，已经入宋，但这件执壶的器形具有明显的五代特征（图四〇）；器形近乎相同的执壶在杭州市施家山后周广顺二年（952）钱元瓘次妃吴汉月墓中也有出土[3]。

①　浙江省文物管理委员会：《杭州、临安五代墓中的天文图和秘色瓷》，《考古》1975年第3期，第186—194页。

②　中国社会科学院考古研究所内蒙古第二工作队、内蒙古文物考古研究所：《内蒙古巴林左旗辽祖陵一号陪葬墓》，《考古》2016年第10期，第3—23页。

③　浙江省文物管理委员会：《杭州、临安五代墓中的天文图和秘色瓷》，《考古》1975年第3期，第186—194页。

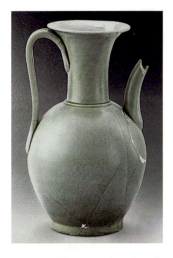

图四〇   辽祖陵一号陪葬
墓出土的越窑执壶（PM1:177）

图四一   康陵出土的越窑执壶（临 M25: 采 14）

其二为圆唇直口，直颈，球形鼓腹，肩部对称置长圆流与曲柄，矮直圈足或圈足稍外斜，通常为子母口，并配有一盖，如康陵出土的青瓷执壶①（图四一）。

其三为方唇小直口，垂腹，多呈六瓣瓜棱状，肩部对称置长流与曲柄，平底微内凹，在上林湖后司岙等窑址、杭州市三台山五代墓皆有出土，但总体而言数量相对较少。

入宋以后，执壶的风格发生了较大变化，细线划花装饰盛行，通常饰于壶肩、壶腹、流的外壁，常见花卉、卷草等植物纹，以及云纹、人物纹等。器形方面，圆唇侈口、长束颈、圆鼓腹、矮直圈足或稍外撇的造型基本延续了五代时的特征，但往往肩颈处界线分明，如古银锭湖寺龙口窑址出土的执壶残件，该器的肩部可见两组细线划花折枝花卉纹②。带盖的直口球形鼓腹执壶也在五代造型的基础上继续发展，瓜棱腹增多，盖的造型也更复杂，比较典型的实例可参见辽统和十一年（993）内蒙古多伦县萧贵妃墓出土的银釦执

---

① 杭州市文物考古研究所、临安市文物馆：《五代吴越国康陵》，第 81 页。

② 浙江省文物考古研究所、北京大学考古文博学院、慈溪市文物管理委员会：《寺龙口越窑址》，第 184 页。

壶，盖为塔式，顶部置纽，盖面及壶肩划流云纹，流上划卷草状纹样，壶腹饰四组细线划花团窠鹦鹉纹（图四二）。

图四二　辽萧贵妃墓出土的越窑银釦执壶（M2:3）

执壶的风格在北宋早期以后又有所改变，腹部多为"屏风式"布局，壶腹装饰以刻划花开光牡丹等花卉纹居多，肩部常置模印花纹的牌形器耳，至南宋初还出现了圈足略小而内束的盘口执壶。

渣斗，造型相对固定。中唐时多见宽沿大盘口、鼓腹、圈足的形制，然沿壁稍坦，整器略显矮扁；之后盘口逐渐加深，圈足略有加高，晚唐时的器形已有所变高。

吴越国时期的渣斗在造型上基本保留了晚唐渣斗的特征，其形制为上下分制的盘口和器身，上部盘口为大口宽沿，沿壁通常斜直微曲，下部器身为球形腹，直圈足或圈足稍外斜，如康陵出土的青釉渣斗，为圆唇微内卷的大盘口，圈足微外斜，整器制作规整，盘口与器身上下两截有明显接痕[①]（图四三）；一般皆通体施釉，以泥条间隔、匣钵单件装烧而成。尽管渣斗的造型变化不大，但其风格在入宋以后的吴越国晚期发生了较大转变，一改五代时期的通体素面风格，转而在其盘口沿面饰精美的细线划花纹样，主要有多组团窠形鸳鸯戏荷纹、缠枝莲荷纹等，外腹也常刻有具浅浮雕效果的莲瓣纹。

图四三　康陵出土的越窑渣斗（临M25: 采72）

此外，越窑产品中的茶器具还有茶碾、茶匙等，但出土数量相对较少。茶碾由碾槽与碾轮组成，碾槽通常外呈方形，内有一"U"形凹槽，碾轮平

---

① 杭州市文物考古研究所、临安市文物馆：《五代吴越国康陵》，第83页。

面呈圆形，中间厚，边缘薄，中心处有一穿孔，内置执木使用（图四四）；《茶经》中对其有如此描述："碾，以橘木为之，次以梨、桑、桐、柘为之。内圆而外方，内圆备于运行也，外方制其倾危也。内容堕而外无余木。堕，形如车轮，不

图四四 茶碾

辐而轴焉。长九寸，阔一寸七分，堕径三寸八分，中厚一寸，边厚半寸，轴中方而执圆。其拂末以鸟羽制之。"[1] 可见古称碾轮为"堕"。茶碾在上林湖后司岙、上虞盘口湾等窑址均有出土，在东钱湖郭家峙窑址还出土了一件比较完整且带有纪年的茶碾，即一侧刻"雍熙一年造此器"、另一侧刻"□茶□"铭文的碾磨器。

茶匙即《茶经》中提到的"则"："则者，量也，准也，度也。凡煮水一升，用末方寸匕，若好薄者减，嗜浓者增，故云则也。"[2] 可见这是量取茶末的用具。上林湖荷花芯窑址出土有数件唐代晚期的茶匙，为曲柄，柄有各种形状，而匙体基本相同，皆通体施釉，外底留有支烧痕迹[3]（图四五）。然而目前暂未发现年代明确在吴

图四五 荷花芯窑址出土的茶匙（T4④:77、121—122）

---

① 吴觉农主编：《茶经述评》，第114页。

② 吴觉农主编：《茶经述评》，第114页。

③ 浙江省文物考古研究所、慈溪市文物管理委员会：《慈溪上林湖荷花芯窑址发掘简报》，《文物》2003年第11期，第4—25页。

越国时期的茶匙产品。

三、文房用具

越窑生产文房用具的历史较为悠久，早期的浙东青瓷窑场在三国两晋时期就已开始批量生产水盂、水注、笔洗、砚台等文具，以迎合当时的文士生活需要，并创造性地采用动物仿生造型，尤其是水盂，常被制成兔形、蟾形或蛙形，由于其在这一时期既可储水，又有小口可注水，故习称"砚滴"。唐代及吴越国时期，越窑生产的文房用具仍以上述四类为主，但风格已迥然不同。从现有材料来看，唐宋越窑砚台的出土资料尚少，钱王陵（即钱镠墓，934 年）曾出土有越窑抄手砚，但总的来说，吴越国时期的越窑青瓷砚台更是鲜见。李肇《国史补》有"内丘白瓷瓯，端溪紫石砚，天下无贵贱通用之。"之记述，可能唐中期以后瓷砚逐渐被石砚所取代，因此在这里暂不多作涉及。

水盂，一种专门盛贮研墨用水的小盂，以供一日研墨之用，亦称"水丞"或"水中丞"。如前所述，水盂的早期造型，即在三国两晋时的器形多为兔、蟾等仿生动物。唐代早中期，越窑水盂的形制演变为圆唇小直口，腹部垂鼓，平底微内凹，盂腹往往压印竖棱线，使之呈瓜棱状。在此基础上，腹部渐趋扁圆化发展，至唐代晚期多见小直口、扁圆腹、平底微内凹的器形，且一般通体光素无纹，上林湖荷花芯窑址曾出土一件腹部划荷纹的晚唐水盂，比较少见；除平底的器形外，还可见底部承接四短足的四足水盂（图四六）。而到了唐末时，似又有整器变高的趋势。

五代时期，水盂的典型器形为圆唇敛口，圆鼓腹，矮直圈足或圈足稍外斜，通常施满釉，通体素面，整器小巧而又雅致。部分较完整的出土品还可见配套的

图四六　唐代晚期的四足水盂

小盖，如康陵出土的青瓷水盂①，盂为敛口、圆鼓腹、圈足外斜，附盖，盖顶平，中心置一瓜蒂形纽，整器光素无纹，通体施莹润的青釉，制作尤为精巧（图四七）。至吴越国晚期，即北宋初期，水盂的造型又有些许变化，均为圆唇，主要有以下三型：小口微敞、鼓腹、平底或平底微内凹，敛口、圆鼓腹、直圈足或圈足外撇较甚，敞口、圆鼓腹、高圈足外撇。皆通体施釉，部分器物腹壁可见当时流行的细线划花装饰。这种风格在北宋早期一直有所延续。此外，动物仿生造型再度出现，例如1983年出土于慈溪市寺龙村、今藏于慈溪市博物馆的三足蟾蜍形水盂②，蟾蜍作欲跃之势，非常灵动，附一托盘，作卷边荷叶形，盘内底饰细线划花荷叶纹③（图四八）。

图四七　康陵出土的越窑水盂（临 M25:采88）　　图四八　慈溪市博物馆藏三足蟾蜍形水盂

水盂在北宋中晚期则逐渐演变为圆唇敛口、曲腹或鼓腹的形制，底足多为高圈足外卷，或为稍外撇的圈足，腹径较前期扩大，腹壁盛行开光牡丹纹等刻划花装饰，风格完全不同于前期。

水注，为研墨时注水于砚的一种文房用具，既能储水，又便于注水，与砚滴的功能相同，二者实为同质器物，但在造型上有所区别，一般来说，砚滴多作仿生造型，如晚唐时的凤首壶砚滴，而水注则多为微缩版执壶的形态。

① 杭州市文物考古研究所、临安市文物馆：《五代吴越国康陵》，第38页。
② 此器既可储水，又可注水，通常被称作"砚滴"，与水盂实则同一性质的文房用具。
③ 曹锦炎主编：《中国出土瓷器全集·浙江卷》，北京：科学出版社2008年版，第158页。

砚滴、水注、水盂实际上也是同一性质的文房用具，如果说砚滴与水注在功能上侧重于注水，那么水盂则侧重于储水，配有小勺的水盂也可实现注水的功能[①]。

与砚滴、水盂相比，水注的器形比较特殊，故有必要单独列之。正所谓执壶的"微缩版"，水注往往与同时期的执壶造型一致，制作得非常小巧而不失精致，通常施满釉，颇具玩赏价值。

洗，作润笔、洗笔之用的文房用具。中晚唐时就已初具雏形，但相对少见，五代时数量增多，器形一般为折平沿，或沿面稍下垂，曲腹，圈足外斜，通常施满釉。北宋早期，洗的造型特征得以延续，且更加流行，部分洗的内底、腹壁乃至圈足外壁可见繁复的细线划花装饰。古银锭湖寺龙口窑址出土了一件外底垫圈支痕内刻"太平"款的洗，可能为越窑常见的"太平戊寅"（978）纪年款的简写，为判断同类型器物的年代提供了参考标尺。北宋中期及以后，洗趋于鲜见。

四、香具

从现有出土资料来看，瓷质香具通常有香盒、香碟、香盘等盛香用具，以及炉等焚香用具，既可用于佛事，也可用于日常香事。

焚香用具，即各式炉，如熏炉、柄炉等。吴越国时期生产的炉主要为熏炉，这类器物出现于中晚唐时期，可分为大型器与小型器。前者器形硕大，一般是由炉盖、炉身、炉座三部分组成的多足熏炉，如水邱氏墓出土的青釉褐彩云纹熏炉，炉身为子口，直口，折平沿，筒腹平底，外缘等距置五个虎首兽足，沿面满饰褐彩莲纹，腹壁上下各饰五组褐彩云纹，炉盖为盔形，顶部有一长颈托盘，上承　中空的莲花苞形纽，表面镂孔，形似花瓣，盖面也有多组镂孔，孔外以褐彩勾勒轮廓，炉盖及纽上均饰有多组褐彩云纹，炉座为环状须

---

① 〔宋〕赵希鹄：《洞天清禄集·水滴辩》："白玉或璋子玉，其色既白，若水稍有泥淀及尘污，立见而换之，此物正堪作水滴。上加绿漆荷叶盖盖之。盖侧作小穴，以小杓柄嵌穴中，永无尘入……如无玉器，用古小磁盂贮水亦佳。"〔清嘉庆四年至十六年（1799—1811）桐川顾氏刻《读画斋丛书》本〕

弥座形，外壁等距分布有一周壶门形镂孔，间饰褐彩云纹①（图三）；整器模仿同时期的金属多足炉制成，通体施釉，装饰繁复，造型典雅宏伟，代表了唐末越窑制瓷的最高水平。后者器形较小，由炉身与炉盖组成，炉身在晚唐、唐末时以盒式为主，均为子口，口沿呈圆唇敛口或直口，有直腹高圈足外撇、斜曲腹高圈足外撇或矮直圈足等形制，炉盖常见顶部置纽的高穹顶形，盖面镂花瓣形孔（图四九），一般皆施满釉，口沿与足端处有泥点支痕。五代时期的炉与晚唐时相比变化不明显，例如上林湖后司岙窑址出土的一件盒式炉，为子口，口微敛，宽沿，深直腹，高圈足外撇，圈足周壁等距分布有一周壶门形镂孔，通体施莹润的青釉，属"秘色瓷"的范畴②（图五〇）。

图四九　唐代晚期的盒式熏炉

图五〇　后司岙窑址出土的五代盒式熏炉（TN06W04②:14）

直至入宋以后，炉的造型有所丰富，且皆通体施釉，以垫圈间隔、匣钵单件装烧为主。早期的小型器主要为盒式熏炉与带底座的香炉。盒式熏炉的炉身与同期的盒形制相似，炉盖通常为圆拱形，盖面以镂空等技法饰有花叶、花卉等纹样，例如台州市黄岩区灵石寺塔出土的青釉熏炉，盖面满饰镂空卷枝花叶纹，炉身为斜曲腹、高圈足外撇的盒式，外腹刻有多重莲瓣纹（图五一，左）。带底座的香炉形似高足杯，一般无盖，底座较高，常分为上下

① 浙江省文物考古研究所、浙江省博物馆、杭州市文物考古研究所等：《晚唐钱宽夫妇墓》，第61—62页。

② 浙江省文物考古研究所、慈溪市文物管理委员会办公室：《秘色越器——上林湖后司岙窑址出土唐五代秘色瓷器》，第108页。

两层装饰，上层常见垂沿或堆贴一周迭山纹，下层较宽大，多呈喇叭形（图五一，右）。此外，器形硕大的虎首兽足炉仍有生产，炉身造型主要为直口，折平沿，沿面较宽，上腹较直而下腹折收，等距置三个虎首兽足，沿面常饰细线划花卷草纹，有的炉腹还饰有细线划花云纹。

图五一　北宋早期的小型炉（左．灵石寺塔出土的越窑熏炉；右．带底座的香炉）

这些炉的种类与造型在北宋中期以后继续演进变化，其中，小型炉以带底座的香炉为大宗，垂沿上常刻划覆莲纹，下层底座多呈阶梯状，或底部堆贴一周迭山纹，炉身外壁也常刻划多重莲瓣纹；北宋末至南宋初，浅腹、折沿较宽的大型多足炉趋于常见，以三足居多，器形较前期略小，沿面通常饰有刻划花开光牡丹、莲荷等植物纹。

值得注意的是，上虞出土了一件越窑青釉柄炉，炉身外腹刻有多重莲瓣纹，下部出一方銎口，当用于装置炉柄[①]（图五二），该器的年代大约在北宋早期，与流行于北朝至宋代的金属柄香炉较为相似，暗示越窑的炉类产品除上述类型外还可能有柄炉。所谓柄炉，即指一种附柄的手持式小型香炉，一般在佛事中使用。

盛香用具通常为金属器，除香碟、香盘、香盒外，还有香宝子、香奁等，在法门寺地宫中出土有数件实物，如银盒、银金花叠子（即平底碟）、银金

---

① 董淑燕：《唐宋时期的香具与佛事》，载浙江省博物馆、法门寺博物馆：《香远益清——唐宋香具览粹》，北京：中国书店 2015 年版，第 8—45 页。

图五二　上虞出土的越窑青釉柄炉

花破罗子（即圈足碟）、鎏金人物画银香宝子、鎏金伎乐纹银香宝子[1]。但瓷质盛香用具的出土实物尚少，例如内蒙古赤峰市辽庆州白塔塔刹相轮橖各室内出土了盛放香料的供养器皿，其中就包括 10 件白瓷碟[2]，年代为 11 世纪。目前暂未辨别出明确用于盛香的浙东青瓷器，但在吴越国佛教尤为兴盛的背景下，生产青瓷盛香用具当不足为怪，其形制应该也不会脱离吴越国时期盘、碟、盒的基本特征。

五、丧葬祭祀用具

早在汉晋时期，伴随厚葬风气的盛行，浙东地区的青瓷窑场便已大量生产专供随葬的明器，主要是堆塑罐和一些仿照现实生活器具制成的模型，如镳斗、火盆、灶、鸡舍、猪圈、狗圈、井、磨、臿、米筛等。发展至唐、吴越国时期，越窑生产的丧葬祭祀用具则以罂、墓志罐、墓志碑等为主，这类器物的出现应与墓志的发展成熟以及当地的丧葬祭祀风俗密切相关。

罂，原本的功能在于贮粮、储酒或盛水，是一种盛贮器，然而南方地区自唐代中晚期开始流行以罂随葬，尤其是越窑生产的青瓷罂是宁绍地区常见的随葬明器。大约成书于公元 6 世纪末的《颜氏家训》就有提到"至如蜡弩牙、玉豚、锡人之属，并须停省，粮罂明器，故不得营，碑志旒旐，弥在言外。"[3]另外，宋人高承编撰的《事物纪原》卷九《吉凶典制部第四十七》记载："今

① 陕西省考古研究院、法门寺博物馆、宝鸡市文物局等：《法门寺考古发掘报告（上）》；董淑燕：《唐宋时期的香具与佛事》，载浙江省博物馆、法门寺博物馆：《香远益清——唐宋香具览粹》，第 8—45 页。

② 德新、张汉君、韩仁信：《内蒙古巴林右旗庆州白塔发现辽代佛教文物》，《文物》1994 年第 12 期，第 4—33 页。

③ 〔南北朝〕颜之推撰，卜宪群编著：《颜氏家训·终制第二十》，北京：北京燕山出版社 1995 年版，第 235 页。

丧家棺敛，枢中必置粮罂者。"① 由此可见，罂（或可称作"粮罂"）作为一种丧葬用具，在唐宋时期已相当流行。

罂的器形与六朝、初唐时习称的盘口壶相似②，可能是由盘口壶演变而来。其在唐代中晚期的基本特征是盘口，喇叭形长颈，肩颈处置系，最大腹径在上腹部，下腹斜收，平底或圈足，口径通常大于腹径，有瘦长发展的趋势，例如嵊州市出土的一件越窑瓷罂，为盘口，喇叭形颈，颈部堆贴蟠龙，肩部置四系，紧贴颈部，腹部圆鼓，下腹斜收，平底微内凹，腹壁刻"元和拾肆年四月一日造此罂，价直一千文"，标明了制造日期、器名与价格，是难得的珍贵器物③（图五三）。其他类似的瓷罂还有嵊州市甘霖镇蛟镇茶场唐墓出土的腹壁刻"大和八年八月"铭文的蟠龙罂④；慈溪市匡堰镇寺龙村面前山出土的瓷罂，所置四系紧贴颈部，腹壁刻"维唐故大中四年岁次庚午八月丙午朔，胡珍妻朱氏四娘于此租地，自立墓在此，以恐于后代无志，故记此罂"铭文⑤；绍兴市上虞区丰惠镇庙后山唐乾符六年（879）墓

图五三　嵊州出土的越窑四系蟠龙罂

① 〔宋〕高承撰，〔明〕李果订，金圆、许沛藻点校：《事物纪原》卷九《吉凶典制部第四十七》"粮罂"条，北京：中华书局1989年版，第478页。

② 中国硅酸盐学会：《中国陶瓷史》，北京：文物出版社1982年版，第194页。

③ 中国硅酸盐学会：《中国陶瓷史》，第194页。

④ 浙江省博物馆编，汤苏婴、王轶凌主编：《青色流年——全国出土浙江纪年瓷图集》，第168页。

⑤ 张德懋：《余姚发现唐大中四年瓷壶上有铭款四十三字》，《文物参考资料》1957年第6期，第92页。

出土的蟠龙罂[1]，其肩颈处四系已增高，蟠龙更加立体。

唐末五代至北宋初期，即吴越国时期，罂的盘口逐渐缩小，肩颈处的系逐渐被錾取代，腹部渐矮，底足多为圈足，例如水邱氏墓（901）出土的盖罂[2]（图四），为盘口，长颈，圆肩鼓腹，下腹斜收，圈足外撇，肩部刻弦纹三周，通体饰褐彩云纹，另附一半球形盖，上置宝珠形纽，盖面也饰有褐彩云纹，整器高大秀美，口径已小于最大腹径；杭州市临安区板桥五代墓也出土了一件褐彩云纹罂[3]（图五四），此墓的墓主为吴越国前二代吴姓王妃的亲属吴随□，年代约为五代早期，这件瓷罂的盘口口径略小于最大腹径，长颈，圆肩，肩颈处置四系，曲腹渐收，

图五四 临安板桥五代墓出土的越窑褐彩云纹罂

圈足，外腹及颈部下端饰褐彩云纹，肩部饰褐彩覆莲纹；又如钱元瓘墓（942）出土的蟠龙纹罂（残）[4]（图五五），口颈部已残失，肩颈处对称置四錾，仅存其一，圆肩深腹，下腹渐收，圈足外斜，肩腹部饰浮雕双龙戏珠纹。由上述年代序列中的器物可见，罂的器形在吴越国时期已渐趋协调、稳重。

在北宋早中期及以后，罂的造型还在不断演变，其器身逐渐变得修长，盘口变浅、变小，肩颈处普遍置錾；至北宋晚期，口径继续缩小，通常明显小于最大腹径，腹部常呈瓜棱状，与吴越国时期罂的形态已有明显差异。

---

[1] 浙江省博物馆编，汤苏婴、王轶凌主编：《青色流年——全国出土浙江纪年瓷图集》，第187页。

[2] 浙江省文物考古研究所、浙江省博物馆、杭州市文物考古研究所等：《晚唐钱宽夫妇墓》，第63页。

[3] 浙江省文物管理委员会：《浙江临安板桥的五代墓》，《文物》1975年第8期，第66—72页。

[4] 浙江省文物管理委员会：《杭州、临安五代墓中的天文图和秘色瓷》，《考古》1975年第3期，第186—194页。

值得一提的是，越窑瓷罂中刻有铭文者可兼具墓志功能，如上述慈溪匡堰镇寺龙村面前山出土的唐大中四年（850）瓷罂。

墓志罐，即墓志的罐形载体，是越窑的独特产品，大约在 9 世纪上半叶出现并逐渐增多，脱胎于墓志在唐代的成熟与繁荣。根据现有资料，越窑墓志罐通常包含罐体、盖、托座三个部分，罐体可分方形（图五六）、筒形（图五七）、八棱形（图五八）、六棱形、多棱形等多种形态，墓志即刻于罐体外壁上，托座与盖的造型也各有千秋，盖上常置一宝珠形纽。墓志罐

图五五　钱元瓘墓出土的越窑蟠龙纹罂（残）

整体器形的发展变化尚无明显规律可循，若从数量占比上看，筒形、八棱形罐体最为常见，且在晚唐、唐末五代时均较为流行；至北宋早期，墓志罐数量骤减，仅可见筒形、八棱形两种形态，之后逐渐消失。

有学者认为，越窑八棱形墓志罐的形制可能是受到佛教经幢的影响。经

图五六　慈溪市博物馆藏唐会昌三年（843）范氏墓志罐

图五七　慈溪市博物馆藏唐光化三年（900）马氏墓志罐，1984 年上林湖焦角湾出土

图五八　慈溪市博物馆藏唐咸通十四年（873）张孚墓志罐

幢的造型一般由幢盖、幢身、幢座三部分组成，幢身多为八棱形石柱，也有少量六棱形和四方碑形，墓志罐不仅在组成部分、罐体形状上与经幢类似，罐盖上的宝珠形纽等装饰造型也可在经幢上找到原型[1]。唐代时就已盛行将佛教经文刻于石质经幢上的风气；至吴越国时期，两浙地区的佛教在崇佛政策下高度繁荣，吴越国辖境内广建佛寺、经幢与造像。综合来看，晚唐、五代时期的越窑墓志罐在造型上模仿佛教经幢、在装饰上融入佛教元素当在情理之中，而筒形罐体极有可能是由八棱形简化而来。

墓志碑，通常呈四方碑形，与普通的砖石墓志形态相似，应该就是仿照砖石墓志烧制而成的瓷墓志，早在 7 世纪末就已出现，是越窑瓷质墓志器的初期形式，在墓志罐出现以后逐渐被取代。目前所见吴越国时期的越窑墓志碑仅 1 件，为北宋开宝七年（974）罗坦墓志碑[2]，整器平面呈长方形，上部稍窄且薄，底部较为宽厚，有一凹槽，可能配有底座（图五九）。

图五九　北宋开宝七年罗坦墓志碑

套盒，吴越国时期新出现的特色产品，属祭祀用具，而非日用器具，流行至北宋早期，之后趋于少见。质量通常较高，皆通体施釉。五代时期，套盒的造型相对固定，为可相互套叠的委角方盒，腹壁较直，足壁多呈须弥座式，周壁常见壶门形镂孔，一般每边各有 2 个，孔外以凸线纹勾勒，如康陵出土的 9 件彼此可相套的方盒[3]（图六〇），苏州七子山一号墓也出土有相似的套

①　厉祖浩：《越窑瓷墓志》，第 11—12 页。

②　其上志文可详见附表一。

③　杭州市文物考古研究所、临安市文物馆：《五代吴越国康陵》，第 70—72 页。

盒[①]；另外也有简化的水滴形镂孔，如钱元瓘墓出土的套盒[②]（图六一）。

入宋以后，套盒的造型与风格稍有改变，以圆盒为主，盒身周壁镂孔及孔外勾勒的凸线纹较五代时更为繁复。河南省巩义市北宋咸平三年（1000）宋太宗元德李后陵出土了一件带盖套盒，每层皆为直腹，圈足较高而外撇，最上两层的外壁细线划云鹤纹，其下一层饰如意云纹，器盖盖面隆起，顶部置一圆形纽[③]（图六二），整器质量上乘，划花纹样丰富而又精美，独具一格。

图六〇 康陵出土的越窑方盒（临 M25: 采 6）　　图六一 钱元瓘墓出土的越窑套盒　　图六二 宋太宗元德李后陵出土的越窑套盒（M1:4）

第三节 技术创新

吴越国瓷业生产的繁荣兴盛，产品质量得以冠绝一时，皆离不开越窑自唐代以来的技术创新。根据多年来的考古调查与发掘成果，越窑的技术创新涉及成型、装饰与装烧等瓷器生产的各个环节。其中，装烧环节的技术创新主要为盛装具的出现和间隔具的变换；成型与装饰环节主要为金银器工艺的借鉴，以及金银平脱与金银釦工艺的运用。

---

① 苏州市文管会、吴县文管会：《苏州七子山五代墓发掘简报》，《文物》1981 年第 2 期，第 37—45 页。

② 浙江省文物管理委员会：《杭州、临安五代墓中的天文图和秘色瓷》，《考古》1975 年第 3 期，第 186—194 页。

③ 河南省文物研究所、巩县文物保管所：《宋太宗元德李后陵发掘报告》，《华夏考古》1988 年第 3 期，第 19—46 页。

一、盛装具的出现

所谓盛装具，即指入窑烧制时盛装器物坯件的匣钵，包括与之配套使用的匣钵盖与匣钵接圈，其中，匣钵接圈通常用于在烧制大型器物时增加匣钵的空间高度。匣钵等盛装具的大量使用是越窑装烧工艺的重要突破，其作用主要有三：其一，扩展了窑炉内的纵向空间，以提高装烧量，同时可以提高热利用率，降低燃料的无谓消耗；其二，减轻了器物坯件的负荷，使之不易出现叠压倒塌的现象，从而提高成品率，也正因器物坯件不再需要过度承重，故其胎壁得以变得轻薄、造型得以趋于纤巧；其三，为器物坯件提供了相对密闭的烧成空间，既可以对瓷坯起到保护作用，避免落渣和烟尘侵袭器表，又有助于还原气氛的形成，以利于青釉发色，从而在釉质、釉色两方面极大程度地提升产品质量。可以说，无论是成品产量，还是产品质量，匣钵装烧工艺的突破为吴越国瓷业的辉煌以及秘色瓷的生产打下了最为根本的技术基础。当然，该工艺的普遍应用并不是一蹴而就的，而是历经了一个摸索、发展的过程，在此过程中，盛装具也在不断地演进变化。

唐代早期是越窑的起步阶段，此时已出现极少量的匣钵，形如圆台，均为由普通夹砂耐火土材料制成的粗陶质匣钵，这是越窑工匠采用匣钵装烧器物的初步尝试。尽管如此，这一时期的产品仍主要用明火叠烧、套烧或对口合烧，质量普遍较差。至唐代中期，越窑逐步走向兴盛，产品的胎釉质量有了质的提升，窑址中所见粗陶质匣钵的数量明显增多，说明此时已有大量产品使用匣钵装烧。这些粗陶质匣钵主要有钵形、筒形与直筒形、M形等形制，需依据所烧器物的器形及大小来选择匣钵的形制，比如筒形与直筒形匣钵通常用于装烧瓶、壶类较高的器形；不同形制的匣钵也可覆置，以充当匣钵盖。

及至唐代晚期，匣钵装烧工艺已被广泛采用，产品的胎釉质量进一步提高，因类冰似玉而名满天下的秘色瓷也正是在这一时期大量生产。这一阶段，匣钵的质地出现了粗、精之分，即在夹砂耐火土制成的粗陶质匣钵之外，还可见一类胎泥细腻的瓷质匣钵，其胎壁坚致轻薄，不似粗陶质匣钵那样粗糙厚重，是装烧秘色瓷的专用匣钵，并且在数量占比上逐渐增多；粗陶质匣钵则用于装烧普通的商品瓷。窑址中所见瓷质匣钵的外壁近口沿处往往留有一圈烧结的釉料，表明其在使用时需以釉浆密封匣钵接口处，目的在于增强匣内的还原气氛，同时防止烧成冷却过程中的二次氧化。根据青瓷釉的呈色机制，铁离子是主要的着色剂，低价铁离子 Fe^{2+} 与高价铁离子 Fe^{3+} 在瓷釉玻璃相中的存在比例决定了釉的发色，而这一存在比例又受到烧制时氧化—还原气氛的影响。具体而言，氧化气氛使氧化亚铁（FeO）被氧化为氧化铁（Fe_2O_3），氧化铁在釉的熔体中溶解度较小，当其含量较高时，釉易呈黄褐色，并且会随氧化铁含量的升高而趋于红褐色；反之，还原气氛有助于氧化铁的解离，其与一氧化碳发生反应生成氧化亚铁，促使釉色发青。使用以釉密封的瓷质匣钵有利于保持还原气氛，这是促成秘色瓷釉色更为青绿的主要原因，不仅是盛装具运用中的重要创新，也是秘色瓷"千峰翠色"的核心技术所在。此外，无论是从肉眼所见，还是科技检测分析结果所示[1]，瓷质匣钵的胎体与秘色瓷胎在原料上相近，故瓷质匣钵可以在烧制时与器物坯件保持同步收缩，以维持器物在匣钵内的稳定，避免坯件倾斜、倒塌而与匣钵粘连，从而又极大程度地提高了成品率。

在古代的瓷业生产中，由耐火土材料制成的粗陶质匣钵是可以被重复使用的。一般来说，为节约成本，匣钵即使破损，也可经修补后继续使用，直至无法使用时方被废弃，在窑址调查与发掘中也常能见到普通的粗陶质匣钵经反复修补后被多次利用的现象。而瓷质匣钵则不然，因其用釉进行了封接，故在烧成后，烧结的釉料使窑工不得不打破匣钵取物；同时，瓷质匣钵与瓷坯在烧制时会同步收缩，如此一来，纵使打破后的瓷质匣钵可被修补，其在经过高温烧制而又冷却收缩之后也无法再被重复利用，因此瓷质匣钵仅供一次性使用，导致生产成本极其高昂。

晚唐时匣钵的形制仍主要包括钵形、筒形与直筒形、M形等，其中瓷质匣钵的形制比中唐时丰富，筒形与直筒形、M形瓷质匣钵的数量均有明显增加，

---

[1] 故宫博物院、浙江省文物考古研究所、慈溪市文物管理委员会办公室：《上林湖后司岙窑址瓷质匣钵的工艺特征研究》，《故宫博物院院刊》2017 年第 6 期，第 142—150 页。

另有少量喇叭形瓷质匣钵，顶部有一气孔，常置一饼状盖，这种喇叭形匣钵
一般用作匣钵盖，与一钵形匣钵以釉封接、配套使用，专门用来装烧净瓶（图
六三）。匣钵接圈也在此阶段出现，整体呈矮直筒形，均中空（图六四）。
这种窑具虽然数量不多，但沿用至五代、北宋初，南宋早期又有少量出现。
粗陶质匣钵内一般为多件叠烧，侧重于提高产量；而瓷质匣钵内以单件装烧
为主，追求的是质量，尽管也有少数为叠烧，但高档产品均被置于最上层。
匣钵之间的组合与叠烧方式也比较多样，常见两件钵形匣钵对扣后再多组叠
烧，或多组直筒形匣钵直接相叠，也有钵形与直筒形叠烧、M 形多组叠烧、
钵形或筒形与 M 形对扣后再叠烧等多种组合方式。

图六三　净瓶的装烧　　　　　　　　　图六四　匣钵接圈

　　综上可见，越窑工匠对匣钵等盛装具的运用在唐代晚期已臻于纯熟，并
且在前期的基础上又对匣钵装烧工艺进行了创新，大量采用以釉封接的瓷质
匣钵装烧，这为晚唐乃至五代吴越国时期瓷业之兴隆、秘色瓷生产之兴盛提
供了最为关键的技术支撑。

　　以此为基础，形制丰富的粗陶质匣钵与瓷质匣钵在五代时期继续得到普
遍应用，其中，以釉封接的瓷质匣钵继续被用来装烧秘色瓷一类的高档越器，
但可以明显观察到这一时期瓷质匣钵的胎壁有所减薄，且含细砂，远不如晚
唐时细腻，因此常称之为"粗瓷质匣钵"（图六五），但明显可以提高抗弯强度。
考虑到瓷质匣钵的成本高昂，采用粗瓷质匣钵的目的可能在于提高高温下的
抗弯强度并节约成本。除此以外，匣钵的形制、匣钵之间的组合及叠烧方式

与晚唐时相比均没有太大变化。

值得一提的是，晚唐五代时期的盛装具上常见一些文字题记，有姓名或姓氏，如"马公受""杨儒""吴""周""曹""柴记""王记"等；纪年款，如"大中""中和三年四月十一日"等；数字与方位字，如"十""七""王上""朱上""左一""子下□"等。在窑业生产规模扩大的背景下，姓名或姓氏刻款当为用来区分不同窑业主的标识，

图六五　粗瓷质匣钵

可能表明当时的窑业生产组织内有明确的分工，即专门制坯的坯户与专门烧窑的窑户，一个窑户可能由几个坯户来搭烧；其中，"记"字款的出现反映出当时可能已有专门从事窑业生产的手工业者，或是专营瓷器贸易的商人。而数字与方位刻款则可能用来表示所装坯件在入窑烧制时的窑位次序或方位。

在吴越国晚期，即入宋以后，盛装具的面貌有了较大改变，基本不见以釉封接的瓷质匣钵，而仅余夹砂耐火土制成的粗陶质匣钵。匣钵形制仍有钵形、筒形与直筒形、M形等，但M形匣钵的数量占比较大，其顶面凹弧较前期加深。从这一时期的产品面貌来看，晚唐五代时期越窑以造型、釉色取胜的审美风尚已然改变，器身盛行纤细婉丽的细线划花装饰。正因如此，为保护器身纹样、使之免遭叠烧痕迹破坏，产品以单件装烧为主，几乎不见多件叠烧或套烧。凹弧加深的M形匣钵由此被大量使用，可以在保证匣钵内单件装烧的情况下提高窑炉内的装烧量，从而提高产量。这也再次说明，盛装具的出现与演变皆是为产品服务的，窑工对盛装具质地与形制的选择或改良完全取决于其对产品的需求。

北宋中晚期，伴随越窑的逐步衰落，匣钵等盛装具的使用也日渐衰微，明火裸烧且叠烧的产品大量出现，质量低劣，制作粗放，已不复昔日盛况。

二、间隔具的变换

间隔具也是装烧环节中不可或缺的重要窑具，用于固定器物坯件，防止其与匣钵等其他窑具粘连，或是坯件之间相互粘连。越窑间隔具的种类多样，主要有泥点、泥条、垫圈、垫饼及形制丰富的各类垫具。

早在唐代早期，越窑工匠就已普遍使用泥点作间隔具，无论是叠烧、套烧，还是对口合烧，都会采用这种泥点间隔的装烧技术来避免因釉料烧结而导致的粘连。泥点一般是用坯泥随手捏成，置于平底器的外底边缘或圈足器的足端处，对口合烧的器物则置于口沿处。在器物烧成、剥下泥点后，会留有泥点支痕。这一时期的泥点较大，形状不规则，故留下的支痕也通常大而不规整。此外，还可见夹砂耐火土制成的垫饼，大多直接置于支具之上，再放置器物坯件，其间用泥点间隔。至于支具，是放置在器物坯件或匣钵与窑床之间的窑具，用于抬高坯件的窑位空间，使之在理想的窑位上烧成，以免出现生烧或过烧的现象。

间隔具的应用，尤其是泥点间隔技术，极大提升了器物坯件的入窑装烧量，从而提高了产量，在整个唐宋时期都得到了广泛运用。泥点在唐代中晚期已变得小而规整，器物内底、外底边缘或足端处留下的支烧痕迹也多呈松子状，一般来说，这些松子状泥点支痕少则5—8枚，多则超过10枚，甚至超过20枚。同时，不同于唐代早期大多数器物皆施半釉的情况，通体施釉的产品在唐代中晚期逐渐增多，并成为主流。因此，有的器物所置泥点处会稍作刮釉处理，以防止泥点在烧成后与器物粘连而难以剥离。可见，泥点间隔技术在唐代中晚期已日益规范、成熟。而正因泥点支垫的位置通常在外底足端处，故这一时期的器物足端往往较为方平，玉璧底相当常见。

此外，晚唐时还常见各式各样的垫具，兼有瓷质和以夹砂耐火土为原料的粗陶质，其中瓷质垫具当为生产秘色瓷这类高档越器的专用间隔具，主要有覆盂形、T字形、束腰形、钵形、喇叭形等，也有少数瓷质垫饼（图六六），另外还有一类平面呈圆角长方形的瓷质垫具，上有多个圆形戳孔，专门用于垫烧瓷枕（图六七）。这些垫具与器物坯件之间也以泥点间隔，故

图六六　唐代晚期的瓷质垫具（左.丁字形；中.束腰形；右.垫饼）

图六七　专用于垫烧瓷枕的圆角长方形瓷质垫具

其顶面和足端常留有一圈泥点支痕，圆角长方形垫具的顶面则一般留有数排支痕。

　　五代时期，间隔具在唐代晚期的基础上变得更加丰富。泥点间隔仍有沿用，部分演变成长条状的泥条，通常在叠烧的器物坯件之间会使用间断的泥条间隔。无论是泥点，还是泥条，仍依照唐代的做法，置于平底器的外底边缘、圈足器的足端处，因此器物内底、外底边缘或足端处往往留有一圈泥点支痕，或不连续的环状泥条支痕。由于泥条近似圈状，承重面比泥点大，故泥条的出现使器物足端得以变窄。这一时期还出现了瓷质垫环，仅极少数器物使用瓷质垫环与匣钵间隔，垫环与器物坯件之间又以泥点间隔，这种垫环应该是垫圈的雏形，且应主要用于装烧高档产品，比如康陵出土的部分秘色瓷器外底就有垫环支垫的痕迹。除上述间隔具外，唐代晚期已有的形制丰富的垫具在此时依然常见，在古银锭湖寺龙口窑址的五代地层中还出土了一种双环形复合垫具[①]（图六八），目的在于加大支撑点，会在器物外底留下两圈支烧痕

---

① 　浙江省文物考古研究所、北京大学考古文博学院、慈溪市文物管理委员会：《寺龙口越窑址》，第316页。

迹，法门寺地宫出土的部分秘色瓷器外底也有两圈泥点支痕①，可能就是用此类复合垫具垫烧而成，据此推测，双环形复合垫具应该在晚唐时就已出现。

图六八　寺龙口窑址出土的五代双环形复合垫具（T8⑤b:42）

入宋以后，由垫环演变而来的垫圈得到普遍应用，多为夹砂瓷质，一般用作器物坯件与匣钵之间的间隔具，使用时置于器物外底圈足内，因而垫圈的大小、高度需根据器物圈足的大小、高矮来制作，与五代时期的垫环相比，垫圈通常更高，直径也更小；垫圈与器物之间往往以泥条间隔，支烧痕迹由原先的器物足端移至外底圈足内，且多呈不连续的长条形。

垫圈的出现是越窑间隔具应用的重要工艺进步：一方面，由于这一阶段纹饰盛行，且几乎不见瓷质匣钵，故一般采用粗陶质匣钵单件装烧，粗陶质匣钵与器物坯件之间因质地不同而导致膨胀、收缩率不同，易发生移位和粘连；垫圈的应用可以使瓷坯被托起，降低了瓷坯与匣钵粘连的可能性，如此一来，原先大量使用的高成本瓷质匣钵基本可被粗陶质匣钵取代，成本的大幅降低在一定程度上提高了越窑的市场竞争力。另一方面，由于仿金银器的流行，器物造型在此时也发生了较大变化，足墙变窄、足缘圆滑的外撇圈足盛行，如果继续使用原先垫烧于足端的方法，那么这种圈足必然会因承受压力过大而塌毁；垫圈的应用将支烧部位自器物足端转移至外底圈足内，改变了器物坯件的承重部位，从而使足端包釉光滑，足墙得以变窄而外撇，器壁也可以做得更加轻薄，器物造型由此更似金银器般轻盈优美。

除垫圈外，仍然可见形制丰富的垫具，有覆盂形、复合型、钵形、僧帽形等。垫圈与垫具在北宋早期之后得到沿用，但有些许变化，如垫圈加高等，

① 陕西省考古研究院、法门寺博物馆、宝鸡市文物局等：《法门寺考古发掘报告（上）》，第226页。

目的在于配合器物造型的改变以便垫烧。总体上，间隔具在北宋中晚期也伴随越窑的衰落而呈现出单调粗放的衰微态势。

综上所述，从直接以泥点垫在器物足端的间隔方法，到以泥条间隔以及垫环的尝试，再到垫圈的广泛应用，这种间隔具的变换主要发生在吴越国时期，是装烧工艺进步的体现，适应了仿金银器之风尚下器物造型的变化。可见，越窑工匠会根据市场对瓷器的需求而不断改良其制瓷技术，这是越窑能够繁荣常青、吴越国瓷业能够鼎盛发展的重要原因。

三、金银器工艺的借鉴

唐代社会长期稳定，经济迅速发展，对外交流频繁，西方金银器由丝绸之路大量涌入，开启了中国金银器制造业的鼎盛发展时代，金银器的使用也蔚然成风。在开放包容的文化态度下，中国本土手工业兼收并蓄地借鉴了这些外来文化，不仅外来金银器逐渐本土化发展并最终被本土化的金银器取代，金银器制造业之外的制瓷业也在瓷器造型、装饰纹样上积极吸收了金银器元素，并随之对相关制瓷工艺产生了影响。

唐开元二年（714），为遏制金银宝物泛滥的浮华奢靡之风气，玄宗颁布《禁珠玉锦绣敕》，令"所有服御金银器物，今付有司，令铸为铤，仍别贮掌，以供军国。"[1]越窑在此时正处于快速发展期，金银器使用的受限为其瓷器生产提供了机遇。中晚唐时期，越窑青瓷对金银器的模仿多体现在造型上，其中受金银器造型影响最明显的当属多曲花口与喇叭形高圈足外斜的器形。为保证效果，窑工创造性地借鉴了金银器成型工艺。

多曲花口器的外壁对应花口处压印有竖棱线，以表现出多曲分瓣的效果，这在金银器造型中是因金银的延展性较强而在捶揲成型时形成于器壁的痕迹，越窑工匠从这种加工成型工艺中汲取了灵感，在制瓷工艺传统的轮制拉坯成型之基础上，利用瓷坯的可塑性旋削出花口，并对应花口在器壁上压印棱线。同样的成型思路与工艺还体现在瓜棱腹以及外卷或外侈的口沿上，后者对于

---

① 〔宋〕宋敏求：《唐大诏令集》卷一〇八，北京：商务印书馆 1959 年版，第 562 页。

瓷器制作来说更为便捷，因为瓷坯具有良好可塑性，故在拉坯成型环节就可以完成。

在盏、高足杯、海棠杯等器类中经常能见到底足为喇叭形高圈足外斜的形制，这是对金银器造型的有意模仿，因为唐代越窑主要采用以泥点支垫于足端的间隔方法，喇叭形高圈足外斜的形制本不利于瓷坯承重与保持稳定。在金银器制作中，外斜的高圈足需要与器身以捶揲工艺分制成型，然后再以焊接工艺组合在一起。纵观越窑的发展历程，底足的传统做法是在拉坯成型后进行挖足修整，如玉璧底，而外斜的高圈足也需要像金银器那样分段制作，再粘接而成，即陶瓷制作中所谓的接胎工艺。很明显，窑工利用接胎工艺制作喇叭形高圈足外斜的器物造型，是对金银器焊接底足技术的灵活借鉴与化用。

五代时期，上述造型在越窑器物中仍相当常见，并一直延续至入宋后，宋代习见的圈足外撇的盘、洗等越窑产品，也均采用了分段制作而后接胎的方式来制作其圈足。可见，吴越国瓷业在前期发展的基础上继续运用取法于金银器工艺的成型思路与技术，以适应彼时的社会风尚与市场需求。此外，执壶的流在这一阶段普遍较前期长而弯曲，应当也是受到金银器造型的影响，在生产时需仿效金银器制作中以金银薄片卷制而成的加工方法，成型后再粘接到壶身之上；入宋以后，执壶的流更趋长曲，这种造型既不易装烧，烧制时又容易变形。据此，长曲流的出现与流行既是吸收借鉴金银器工艺的反映，同时也是制瓷工艺进步的结果。

除造型外，越窑产品对金银器的模仿借鉴还体现在装饰纹样上。吴越国晚期，即入宋后，越窑一改过去以造型、釉色取胜的审美传统，而盛行细线划花装饰，由此步入了在器物造型、成型工艺、装饰纹样等方面对金银器全面模仿的阶段。实际上，这种全面模仿在唐末时就已有萌芽，如水邱氏墓出土的褐彩云纹熏炉，与陕西西安何家村窖藏出土的晚唐镂空五足银熏炉[①]（图

---

① 陕西历史博物馆：《大唐遗宝——何家村窖藏出土文物展》，西安：陕西人民出版社2010年版，第65页。

六九）相比，不仅在造型上有所借鉴，还巧妙地以褐彩技法模仿了其镂空纹样和装饰布局；另外，与法门寺地宫出土的鎏金卧龟莲花纹五足朵带银香炉（图七〇）以及象首金刚铜香炉[1]（图七一）也有相似之处，主要体现在炉身与兽首炉足的造型上。

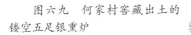

图六九　何家村窖藏出土的镂空五足银熏炉　　图七〇　法门寺地宫出土的鎏金卧龟莲花纹五足朵带银香炉（FD5:002）　　图七一　法门寺地宫出土的象首金刚铜香炉（FD4:018）

整个北宋早期流行的装饰题材主要包括首尾相随的双凤与对称鹦鹉、对蝶、海水摩羯、缠枝花鸟、鸳鸯戏荷、莲花、四曲缠枝或绞枝等，龙纹也相对常见，与之相同的题材、相近的图式几乎均可见于晚唐乃至同时期的金银器（详见表一），足见这一阶段金银器对越窑产品装饰的影响。

---

[1]　陕西省考古研究院、法门寺博物馆、宝鸡市文物局等：《法门寺考古发掘报告（上）》，第121、210页。

表一　越窑青瓷与金银器装饰纹样的对比

题材＼器类	越窑青瓷	金银器
龙	 T6 扩⑨：201 （古银锭湖寺龙口窑址出土）	 唐代葡萄龙凤纹银碗外底纹样 （西安南郊何家村窖藏出土）
双凤	 T6 扩⑨：35 （古银锭湖寺龙口窑址出土）	 唐代鎏金银盖 （杭州临安水邱氏墓出土）
对称鹦鹉	 T6 扩⑨：117 （古银锭湖寺龙口窑址出土）	 唐代鎏金鹦鹉纹银碗内底纹样 （镇江丹徒丁卯桥窖藏出土）
对蝶	 T6 扩⑨：115 （古银锭湖寺龙口窑址出土）	 唐代鎏金蝴蝶形银盒 （镇江丹徒丁卯桥窖藏出土）

续　表

器类 题材	越窑青瓷	金银器
海水摩羯	17 上后 TN02W05 ⑤—1—6 ：12 （上林湖后司岙窑址出土）	一件唐代银碗内底纹样 （美国纳尔逊艺术博物馆藏）
缠枝花鸟	17 上后 TN02W05 ⑥：11 （上林湖后司岙窑址出土）	唐代葡萄花鸟纹银香囊 （西安南郊何家村窖藏出土）
鸳鸯戏荷	T6 扩⑨：9 （古银锭湖寺龙口窑址出土）	唐代鸳鸯莲瓣纹金碗外底纹样 （西安南郊何家村窖藏出土）
莲花	T6 ④a ：12 （古银锭湖寺龙口窑址出土）	唐代鎏金银盏托 （杭州临安水邱氏墓出土）

续　表

题材 ＼ 器类	越窑青瓷	金银器
四曲绞枝	T8④b：7 （古银锭湖寺龙口窑址出土）	唐代绶带纹银碗内底纹样 （洛阳伊川齐国太夫人墓出土）

当然，对装饰题材的模仿仅仅是表层学习，更重要的是金银器工艺对于瓷器装饰技法的借鉴意义。

金银器表面繁复的装饰纹样一般是以錾刻工艺表现的，即工匠通过敲打各式錾刀来刻画不同效果、不同层次的纹饰图案，若要表现浮雕或更为立体的圆雕装饰效果，则还需借助捶揲工艺。吴越国晚期乃至整个北宋早期在越窑产品装饰中频繁运用的细线划花技法显然受到了金银器錾刻工艺的影响。越窑的细线划花属划花工艺的一种，即用针状或签状工具在干湿适宜的坯体上划出线条宽度较窄的花纹，细线划花的线条更加纤细、繁密而又工整，对窑工技术的要求更高。虽然该技法是在中晚唐刻划工艺的基础上发展而来，但其所表现的纹饰风格可谓是骤然出现在青瓷器上。结合这一阶段在装饰题材，甚至是构图布局上对金银器的模仿来看，应当亟需一种更具表现力且便于处理纹饰细节的装饰技法，来模拟金银器錾刻线条的表现效果，以更好地将金银器装饰纹样复刻于瓷器之上，而细线划花技法应该就是在此需求下应运而生的产物。越窑产品装饰中以细线划花表现的花朵、叶片及其筋脉是一比较典型的例证，其与唐代金银器上錾刻的花叶纹风格几乎如出一辙（图七二）。除细线划花装饰外，刻于器物外壁的莲瓣纹以及北宋早期偶见的刻划花、印花装饰往往具有浅浮雕效果，可能受到了金银器捶揲工艺的启发。

镂空亦是一种常见的金银器装饰工艺，通常是用镂镂的方式在器表形成透空纹样。各种制作精巧的银香囊是该工艺的典型代表，其镂空花纹的设计

图七二　美国西雅图艺术博物馆藏唐代银碗外底錾刻花叶纹

主要用于透气并散发香气，是出于实用目的，又兼具装饰作用；同理，法门寺地宫出土的茶具——鎏金飞鸿毬路纹银笼子也采用了通体镂空工艺[①]，应是为了储存茶饼时可以透气风干[②]。此外也有很多镂空设计是单纯追求装饰效果。五代、北宋早期的越窑产品中有不少镂空工艺的运用，常出现在熏炉足壁与炉盖、套盒周壁以及瓷枕周壁处。其中，炉盖满饰镂空花纹的做法与银香囊基本一致，实用与装饰功能兼备；瓷枕由于内部中空密闭，故在烧制前需要在枕身镂孔，防止经高温加热后，内部空气受热膨胀又无法排出而导致破裂变形，枕身周壁镂空花纹的做法在解决这个问题的同时也能保持器物美观，实属越窑工匠的创新之举。上述本不属于浙东制瓷业传统的巧思当源自金银器镂空工艺的影响。

金银器装饰中还盛行鎏金工艺，一般是局部鎏金，以增强色彩对比，表现出富丽堂皇的视觉效果。唐宋时期的陶瓷工艺对这种装饰思路多有借鉴，比如唐代流行的三彩釉陶器、宋代磁州窑等窑口产品上常见的白釉剔花装饰等[③]。唐五代时期越窑的褐彩装饰可能也受到了金银器局部鎏金工艺的影响，但根据现有考古资料，越窑褐彩装饰技法的运用相对少见，且在入宋后基本消失，因此这种影响并不是特别显著。

总而言之，越窑自中晚唐时起就始终对金银器制造秉持着积极学习的态度；吴越国时期，伴随制瓷工艺的进步，越窑产品对于金银器不仅有造型、装饰纹样上的表层模仿，更有成型工艺、装饰技法的深层借鉴，甚至在入宋

① 　陕西省考古研究院、法门寺博物馆、宝鸡市文物局等：《法门寺考古发掘报告（上）》，第 130 页。

② 　齐东方：《唐代金银器研究》，北京：中国社会科学出版社 1999 年版，第 186 页。

③ 　袁泉：《唐宋之际陶瓷工艺对金属器的借鉴》，《华夏考古》2008 年第 4 期，第 115—129 页。

以后步入了一个全面模仿学习的阶段，吴越国越窑青瓷由此才能呈现出绚烂多彩的风格面貌。

四、金银平脱与金银釦工艺的运用

除了对金银器工艺有所借鉴外，越窑制瓷业还创造性地运用金银平脱与金银釦工艺，将金、银等贵金属融入产品装饰。最为瞩目而又典型的实例当属法门寺地宫出土的两件鎏金银棱平脱雀鸟团花纹碗，为五曲花口，外壁每曲平脱一雀鸟团花纹银薄片，中间鎏金，口沿及底部圈足均以银棱包裹，内壁釉色青黄，釉质滋润[①]（图七三）。苏州七子山一号墓中也出土过一件金釦边越窑秘色瓷碗[②]。从这些髹漆平脱、局部鎏金以及金银釦工艺的运用来看，晚唐五代时期的越窑不仅在造型上有意模仿金银器，也参考借鉴了金银器的奢华风格与装饰思路。

官修史料中也多次出现与金、银相结合的越器装饰，可与实物资料互为佐证。如《册府元龟》[③]载：

后唐同光二年（924）"九月，两浙钱镠遣使钱

图七三　法门寺地宫出土的鎏金银棱平脱雀鸟团花纹碗（FD4:004）

询贡方物：银器、越绫、吴绫、越绢……金棱秘色瓷器……"

---

① 陕西省考古研究院、法门寺博物馆、宝鸡市文物局等：《法门寺考古发掘报告（上）》，第223页。

② 苏州市文管会、吴县文管会：《苏州七子山五代墓发掘简报》，《文物》1981年第2期，第37—45页。

③〔宋〕王钦若：《册府元龟》卷一六九《帝王部·纳贡献》，北京：中华书局1982年版，第2035、2037、2040页。

后唐清泰二年（935）"九月甲寅，两浙贡茶、香、绫绢三万六千计。是月，杭州钱元瓘进银绫绢各五千两匹、锦绮五百，连金花食器二千两、金棱秘色瓷器二百事。"

后晋天福六年（941）"十月己丑，吴越王钱元瓘进金带一条、金器三百两……茶三万斤，谢恩加守尚书令。辛卯，又进象牙……金银棱瓷器、细茶、法酒事件万余。"

《十国春秋》内也有相似表述：

吴越宝大元年（924）"王遣使钱询贡唐方物：银器、越绫、吴绫……秘色瓷器……"①

后唐清泰二年"九月，王贡唐锦绮五百，连金花食器二千两、金棱秘色瓷器二百事。"②

另载有：

前蜀永平二年（912）"二月……丁巳，梁遣光禄卿卢玼、阁门副使少府少监李元来聘……别幅云：……银棱秘色　锣二面……又谢信物等曰：……金棱碗、越瓷器并诸色药物等，皆大梁皇帝降使赐贶。雕鞍撼玉，坚甲烁金……金棱含宝碗之光，秘色抱青瓷之响……"③

又如《宋会要辑稿》④载：

北宋开宝六年（973）"二月十二日……两浙节度使钱惟濬进……金棱秘色瓷器百五十事……"

北宋开宝九年（976）"六月四日……明州节度使惟治进涂金银香狮子并台重千两……瓷器万一千事，内千事银棱。"

北宋太平兴国二年（977）"三月三日，俶进金银食夐二、红丝络银榻四、银涂金钿越器二百事……"

---

① 〔清〕吴任臣：《十国春秋》卷七八《吴越二·武肃王世家下》，第 1097 页。
② 〔清〕吴任臣：《十国春秋》卷七九《吴越三·文穆王世家》，第 1122 页。
③ 〔清〕吴任臣：《十国春秋》卷三六《前蜀二·高祖本纪下》，第 514—518 页。
④ 〔清〕徐松辑，刘琳、刁忠民、舒大刚等校点：《宋会要辑稿》"蕃夷七"，上海：上海古籍出版社 2014 年版，第 9935—9939 页。

北宋太平兴国三年（978）"四月二日，俶进银五万两……瓷器五万事……金釦瓷器百五十事……"

可见，金银饰瓷器，尤其是金银釦器，在吴越国时期大量生产，是吴越国向中原王朝进贡的重要方物。上述记载既有明确提及的秘色瓷，也有未说明是否为秘色瓷的产品，其中，瓷器性质指向不明的记录所涉及的数量，多者可达"万事"，远超金银釦秘色瓷的进贡数量，例如"二百事""百五十事"等，考虑到秘色瓷的制作成本相当高昂，故推测多达万件的金银釦贡御瓷器可能只是质量较好的普通越器而非秘色瓷。也就是说，不仅是秘色瓷，高质量的普通越窑青瓷也可能是以金银釦工艺进行装饰加工的贡御品。

相比之下，法门寺地宫出土的平脱雀鸟团花纹秘色瓷碗既在口沿与圈足处以银棱相釦，又在器外壁髹漆平脱五组鎏金银质雀鸟团花，是金银釦与金银平脱工艺两相结合的稀世珍品，史料中也鲜有记载，可能专用于秘色瓷装饰，其所代表的晚唐时期应为越窑青瓷二次装饰的顶峰，其中，将金银平脱工艺运用于瓷胎更是一创新之举。

所谓金银平脱，是指一种髹漆与贵金属镶嵌相结合的装饰工艺。该工艺主要利用金、银良好的延展性，在捶揲至极薄的金银箔片上雕镂出纹样，剪裁至一定形状后，按照设计好的布局，用漆、胶等黏合剂粘贴于器表，再在其上多次髹漆，待干透后打磨推光，使金银花纹于漆地上显露，因金银花纹与漆地平齐，故得名"金银平脱"[1]。

从现有考古资料[2]来看，我国早在商代就可能出现了在漆器上镶贴金箔等装饰件的技术。战国至两汉时期，不仅出现了釦器，漆器上镶贴金银箔的做法也逐渐盛行，金银箔贴花由此成为汉代漆器装饰的重要特点之一，金银平

---

[1]　申永峰、刘中伟：《唐代金银平脱工艺浅析》，《中原文物》2010年第2期，第91—96页。

[2]　杨育彬：《郑州商城初探》，郑州：河南人民出版社1985年版，第39页。书中写道："在郑州商城东北角内侧以狗为牺牲的祭祀坑内，出土了一团极薄的金箔片，展开之后竟是一件罕见的夔龙纹金叶，很可能是镶嵌在某种木漆器上的装饰。"又参见河北省文物管理处台西考古队：《河北藁城台西村商代遗址发掘简报》，《文物》1979年第6期，第33—43页。在该遗址M14的一件圆形漆盒朽痕中发现了一段半圆形金饰片，正面阴刻云雷纹，应是原来贴在漆器上的金箔。

脱工艺的技术雏形大抵可追溯于此。及至唐代，经济文化的空前发展为手工业生产打下了坚实雄厚的物质基础，浮华纤巧而又极尽奢靡之风的金银平脱工艺发展至成熟，并被广泛运用于漆木胎、玉胎、金属胎、玛瑙胎等不同质地的器物之上，同时，以金银平脱工艺进行装饰的器物种类也相当多样，不胜枚举，主要包括食器、酒具、盛装具、陈设器等。在唐代文人的笔记小说中可以充分感受到当时金银平脱装饰的盛况，例如段成式的《酉阳杂俎》描写唐玄宗与杨贵妃赐给安禄山的器物品目有"金平脱犀头匙箸、金银平脱隔馄饨盘……平脱着足叠子……银平脱破觚……八斗金渡银酒瓮、银瓶平脱掏魁织锦筐……银平脱食台盘……又贵妃赐禄山金平脱装具玉合、金平脱铁面碗。"① 姚汝能的《安禄山事迹》也提到玄宗赐安禄山"银平脱破方八角花鸟药屏帐一具，方圆一丈七尺……绣茸毛毯合银平脱帐一具，方一丈三尺……又赐金平脱五斗饭罂二口、银平脱五斗淘饭魁二……"又记："兼赐禄山宝钿镜一面，并金平脱匣、宝钿枕、承露囊、金花盌等……"安禄山生日时，玄宗又赐"……金平脱酒海一，并盖，金平脱杓一，小玛瑙盘二，金平脱大盏四，次盏四，金平脱大玛瑙盘一，玉腰带一，并金鱼袋一，及平脱匣一……太真赐金平脱装一具，内漆半花镜一、玉合子二……金平脱盒子四……金平脱铁面枕一，并平脱锁子一……"② 此外，《资治通鉴》卷二一六《唐纪三十二》也记载："（天宝）十载，春，正月……上命有司为安禄山起第于亲仁坊，敕令但穷壮丽，不限财力。既成，具幄帟器皿，充牣其中，有帖白檀床二，皆长丈，阔六尺；银平脱屏风帐一，方一丈八尺；于厨厩之物皆饰以金银，金饭罂二，银淘盆二，皆受五斗，织银丝筐及笊篱各一；他物称是。虽禁中服御之物，殆不及也。"③

① 〔唐〕段成式著，杜聪校点：《酉阳杂俎》卷一《忠志》，济南：齐鲁书社2007年版，第2—3页。

② 〔唐〕姚汝能撰，曾贻芬校点：《安禄山事迹》卷上，上海：上海古籍出版社1983年版，第6—7，9—11页。

③ 〔宋〕司马光著，〔元〕胡三省音注：《资治通鉴》卷二一六《唐纪三十二》，北京：中华书局1956年版，第6902页。

通过上述记载也可发现，唐代的金银平脱器不仅种类繁多，其规格体量也并不局限于小型器皿，甚至有"方一丈八尺"的银平脱器物。然而，或许是因为长期保存的难易度不同，在目前的传世品以及考古发掘出土的金银平脱器物中，铜镜的数量最多，如陕西历史博物馆藏唐代四鸾衔绥纹金银平脱镜、河南洛阳关林唐墓 70 Ⅲ M109（750 年）出土的金银平脱鸾凤花鸟镜[①]、河南偃师杏园村郑洵墓（778 年）出土的唐代金银平脱对飞鸿雁纹镜[②]等，其次还多见各种平脱漆器，如河南偃师杏园村李景由墓（738 年）出土的银平脱方漆盒[③]、陕西西安南郊曲江池乡唐墓出土的银平脱双鹿纹椭方形漆盒[④]等，而法门寺地宫出土的两件平脱秘色瓷碗是目前仅有的金银平脱瓷器，可谓拓宽了对金银平脱工艺应用于瓷胎的认识。

唐代金银平脱工艺的成熟与兴盛无疑为包括秘色瓷在内的越窑青瓷装饰之创新提供了技术条件。经过对两件平脱秘色瓷碗脱落的髹漆、银钿残块进行的科技检测与分析，大致的工艺流程可还原如下：先在烧造好的瓷碗表面以两层腻子打底，再用胶粘结纤维质材料，粘贴好鎏金雀鸟团花银饰件后，整体髹两层大漆，最后对髹漆层作修整与抛光，直至花纹完全显露[⑤]。

对于越窑工匠将金银平脱工艺运用于产品装饰的用意，有学者认为是为了掩盖秘色瓷等高档产品烧成后釉色、釉质的不足，因为法门寺地宫内的两件髹漆平脱秘色瓷碗内壁釉色皆青黄，似与秘色瓷追求的"类冰似玉"不符，故对其施加金银平脱工艺[⑥]，也就是说，色泽不太理想的精美越器在稍作加工

---

①　洛阳博物馆：《洛阳关林唐墓》，《考古》1980 年第 4 期，第 382—383 页。

②　中国社会科学院考古研究所河南第二工作队：《河南偃师市杏园村唐墓的发掘》，《考古》1996 年第 12 期，第 1—24 页。

③　中国社会科学院考古研究所河南第二工作队：《河南偃师杏园村的六座纪年唐墓》，《考古》1986 年第 5 期，第 429—457 页。

④　师小群、王蔚华：《银平脱双鹿纹漆盒考略》，载陕西历史博物馆编，成建正主编：《陕西历史博物馆馆刊》第 14 辑，西安：三秦出版社 2007 年版，第 226—229 页。

⑤　张勇剑、杨军昌、姜捷：《法门寺地宫出土唐髹漆平脱秘色瓷碗髹漆工艺初探》，《文物保护与考古科学》2020 年第 5 期，第 26—32 页。

⑥　周丽丽：《关于"秘色瓷"两个问题的讨论》，《文博》1995 年第 6 期，第 86—91 页。

和修饰后亦可成为"秘色瓷"。对此，不排除这种再利用思维。然而，上林湖后司岙窑址出土了一件器外壁无釉素烧的瓷碗，使我们对越窑金银平脱器的制作工艺有了更为清晰的认识。这件瓷碗制作得相当精致，内腹底与口沿部分皆施满釉，但外壁仅口沿端一圈有釉，外腹至外底均为无釉素烧，其上还有多道纵横交错的刻划痕迹（图七四），应为制作金银平脱器的半成品。刻划痕迹使器表凹凸不平，有利于髹漆层与瓷碗表面牢固结合，属窑工有意为之。前面提到的对法门寺地宫所出平脱秘色瓷碗的科技检测发现，其髹漆

残块的内表面含有纤维质填充物，且不如外表面平整①，这种做法是为了让金银饰件、髹漆层与瓷胎更稳固地贴合，在本质上与刻划器表以便上漆是相同的。

图七四　器外壁无釉素烧且有刻划痕迹的瓷碗标本

此外，上林湖窑址群还出土过一件口沿内刮釉一周的盘，应是为了包裹金银棱而做的特殊处理。越窑一贯采用正向仰烧法，其碗、盘类产品也均采用叠烧或一匣一器的装烧方式。据此，窑工并不需要为了处理覆烧或对口合烧留下的芒口而用金银釦边。

综合上述考古发现与科技检测成果，可基本判断越窑所用金银平脱及金银釦工艺都是在烧造好产品的基础上，后期由工匠有意施加的，以达到某种装饰效果，并且为方便后期加工金银饰，窑工在器物入窑烧制前就有意识地进行了处理，如外腹至外底不施釉而其余部分均施满釉、外腹刻划多道痕迹、口沿处刮釉等，而后期二次施加金银饰的场所极有可能是宫廷的官作机构。由此看来，将金银平脱等工艺应用于越窑秘色瓷装饰的本意也并非在于掩盖烧成后的瑕疵。

---

① 张勇剑、杨军昌、姜捷：《法门寺地宫出土唐髹漆平脱秘色瓷碗髹漆工艺初探》，《文物保护与考古科学》2020 年第 5 期，第 26—32 页。

　　金银平脱工艺在唐朝国力由盛转衰之时曾遭到两度禁绝①，至五代时期虽已不再辉煌，但也尚未消亡。四川前蜀王建墓出土了朱漆册匣、宝盝等银平脱器物②，纹饰繁复，做工考究，实属佳品；在江苏等地，常州1985年因疏浚开宽运河工程而发现的一座五代墓中出土了一件银平脱漆镜盒。扬州1975年发现的一座杨吴贵族墓、苏州七子山一号墓（五代钱氏贵族墓）中也出土了金银平脱漆器，惜已残破，七子山一号墓中还出土有两件银釦漆盆③。可以推测，金银平脱以及金银釦工艺在五代时可能还在被熟练运用。尽管在考古工作中鲜有发现金银平脱、金银釦工艺在五代越窑产品上应用的实物证据，但根据《册府元龟》《十国春秋》《宋史》《宋会要辑稿》等史料所载吴越国向中原王朝进贡的瓷器品目，至少可知金银釦工艺在五代乃至宋初的吴越国越窑青瓷上仍有频繁使用。

　　总而言之，晚唐五代时期，越窑工匠创造性地将金银平脱、金银釦工艺用于产品的二次加工，既是瓷胎髹漆平脱的大胆尝试，又是产品的装饰创新，反映出当时上层社会对奢豪之风的追求、对金银饰的喜爱以及用瓷器仿金银器的需求。虽然金银平脱工艺因其制作过程过于烦琐严苛而日渐式微，但其仍在越窑制瓷业的发展中留下了辉煌的篇章，为越窑秘色瓷以及釦器在吴越国时期的继续生产奠定了良好的基础。

---

① 唐肃宗于至德二年（757）十二月下诏"禁珠玉、宝钿、平脱、金泥、刺绣"，见〔宋〕欧阳修、宋祁等：《新唐书》卷六《本纪第六·肃宗》，北京：中华书局1975年版，第159页。唐代宗于大历七年（772）六月"诏诫薄葬，不得造假花果及金手脱（"手脱"当为"平脱"之误）、宝钿等物。"见〔后晋〕刘昫等：《旧唐书》卷一一《本纪第十一·代宗》，北京：中华书局1975年版，第300页。
② 杨有润：《王建墓漆器的几片银饰件》，《文物参考资料》1957年第7期，第24—27页。
③ 陈晶：《常州等地出土五代漆器刍议》，《文物》1987年第8期，第73—76页。

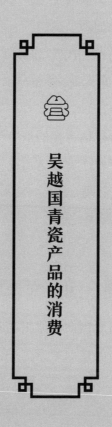

吴越国青瓷产品的消费

在吴越国的瓷业格局中，越窑可谓是一枝独秀，其生产盛况空前，青瓷产品蜚声中外，不仅是备受青睐的贡御方物，还是风行一时的贸易商品，由当时河海交汇、南北相连的水陆通路远播国内外，是吴越国先民开拓"海上陶瓷之路"的重要见证。在今天的浙江、江苏、广东、河南、河北、内蒙古等国内各省、自治区，海外的朝鲜、韩国、日本、印度尼西亚、马来西亚、泰国、印度、斯里兰卡、巴基斯坦、伊朗、伊拉克、阿曼、埃及、肯尼亚等国家，均出土了一定数量的吴越国越窑青瓷，流布范围几乎囊括东亚、东南亚、南亚、西亚、北非、东非等地。

对于以越窑产品为主的吴越国青瓷的消费形式，依照性质可粗分为贡御与贸易两种，其中，除了自青瓷产地以进贡或销售的形式直接向外输出，也包括吴越国青瓷的输入地再以赏赐、赠与、贸易等形式进行二次输出的情况；如若依照地域，则又有域内与域外之分。

第一节　皇室御贡

越窑青瓷是吴越国这一藩属国向中原王朝乃至北方辽国（契丹）进贡的重要品类，因此其在国内流布的主要渠道之一便是皇室御贡，这是不以赢利为目的、政府官方之间的外交往来，往往为政治利益所驱动。《新唐书·地理志》中有越州会稽郡土贡瓷器的记载："越州会稽郡，中都督府。土贡：宝花、花纹等罗，白编、交梭、十样花纹等绫，轻容、生縠、花纱、吴绢、丹沙、石蜜、橘、葛粉、瓷器、纸、笔。"① 这则文献是目前最早的有关越窑向皇室贡御瓷器的记录，王永兴先生认为其土贡的时间应该在元和以后的长庆年间

---

① 〔宋〕欧阳修、宋祁等：《新唐书》卷四一《地理志五》"越州会稽郡"条，北京：中华书局 1975 年版，第 1060 页。

（821—824），即为"长庆贡"[1]，说明至迟于唐穆宗长庆年间，越窑所产青瓷器就已进入皇家视野，成为土贡方物之一。

一、吴越国向中原王朝的瓷器御贡

大约在唐昭宗乾宁四年（897）后，拥有镇海、镇东两镇节钺的钱镠基本控制了两浙，包括越窑在内的浙江地区的瓷业生产由此归入钱氏政权统治之下，并继续发展壮大，尤其是越窑更是逐渐步入鼎盛，窑址分布更加广泛，产品质量也不断提高。从钱镠割据两浙，到唐哀帝天祐四年（907）唐朝覆灭，文献中虽几乎不见越窑贡御的明确记载，然徐夤所作《贡余秘色茶盏》一诗或可作为例证。该诗标题就有"贡余"二字，诗中又写道："陶成先得贡吾君。"[2] 根据《延寿徐氏族谱》卷二收录的《唐状元秘书省正字公传》[3]记载，徐夤约生于唐宣宗大中三年（849），卒于梁末帝龙德元年（921），又据《唐才子传校笺》等文献考证，徐夤于唐昭宗乾宁元年（894）进士及第，即授秘书省正字，唐昭宗光化三年（900）前后"弃职离京，客游汴梁朱全忠幕二年"，之后"返归闽中依王审知，未几又往依泉州刺史王延彬，终老乡里。"[4] 按徐夤的生平，有学者认为，诗中所言"贡吾君"的"君"不太可能指梁王朱全忠，因徐夤仅客游至其幕府两年，"显然不甚称意"；又不太可能指闽王王审知，因闽国国力不及吴越，"断无'陶成先贡'闽王之理"；因此，"君"应指大唐天子，此诗当作于朱全忠改元称帝、篡唐建梁之前[5]。而正因为是"贡余"后的秘色瓷盏，故徐夤在唐昭宗乾宁元年（894）考中进士、入京就职前恐难以见到这件茶盏。综上可推测，徐夤的这首诗可能恰恰反映了唐末吴越钱氏家族控制下越窑继续向中原王朝贡输瓷器的情况。

---

① 王永兴：《唐代土贡资料系年——唐代土贡研究之一》，《北京大学学报（哲学社会科学版）》1982 年第 4 期，第 59—65 页。

② 〔清〕彭定求等：《全唐诗》卷七一〇，第 8174 页。

③ 〔清〕徐临修：《延寿徐氏族谱》卷二，清乾隆二十六年（1761）刻本。

④ 傅璇琮主编：《唐才子传校笺》第四册，北京：中华书局 1990 年版，第 289—294 页。

⑤ 厉祖浩：《唐五代越窑文献资料考索》，《东方博物》2012 年第 2 期，第 89—100 页。

907年，朱全忠改元开平，定国号为梁，国祚将近三百年的大唐王朝灭亡，中国历史上的五代十国时期正式揭幕。史载吴越国"当五代时，常贡奉中国不绝"①正是自这一时期开始，到宋太宗太平兴国三年（978）钱弘俶纳土，吴越国向中原王朝的贡奉在诸多历史文献中皆留有记载，其中瓷器的贡御数量惊人，常数以百计，甚至是千、万计，吴越国青瓷器在贡御方物中的重要地位可见一斑。现不妨对史料中涉及这一阶段吴越国向中原王朝贡御瓷器的记录作简要梳理。

表二　吴越国向中原王朝进贡瓷器的文献记载

序　号	进贡时间	内　容	出　处
1	后唐同光二年（924）九月	两浙钱镠遣使钱询贡方物：银器、越绫、吴绫、越绢、龙凤衣、丝鞋屦子，进万寿节金器、盘龙凤锦织成红罗縠袍袄衫段、五色长连衣段、绫绢、金棱秘色瓷器、银装花桐木厨子、金排方盘龙带御衣、白龙瑙红地龙凤锦被、红藤龙凤箱等。	《册府元龟》卷一六九《帝王部·纳贡献》②
2	吴越宝大元年（924）秋九月	王遣使钱询贡唐方物：银器、越绫、吴绫，及龙凤衣、丝鞯屦子，又进万寿节金器、盘龙凤锦织成红罗縠袍袄衫段、秘色瓷器、银装花桐木厨子、金排方盘龙带御衣、白龙瑙红地龙凤锦被、红藤龙凤箱等。	《十国春秋》卷七八《吴越二·武肃王世家下》③

① 〔宋〕欧阳修撰，〔宋〕徐无党注：《新五代史》卷六七《吴越世家第七》，第843页。
② 〔宋〕王钦若：《册府元龟》卷一六九《帝王部·纳贡献》，第2035页。
③ 〔清〕吴任臣：《十国春秋》卷七八《吴越二·武肃王世家下》，第1097页。

续　表

序　号	进贡时间	内　容	出　处
3	后唐清泰二年（935）九月甲寅	两浙贡茶、香、绫绢三万六千计。是月，杭州钱元瓘进银绫绢各五千两匹、锦绮五百，连金花食器二千两、金棱秘色瓷器二百事。	《册府元龟》卷一六九《帝王部·纳贡献》①
4	后唐清泰二年九月	王贡唐锦绮五百，连金花食器二千两、金棱秘色瓷器二百事。	《十国春秋》卷七九《吴越三·文穆王世家》②
5	后晋天福六年（941）十月己丑	吴越王钱元瓘进金带一条、金器三百两、银八千两、绫三千匹、绢二万匹、金条纱五百匹、绵五万两、茶三万斤，谢恩加守尚书令。辛卯，又进象牙、诸色香药、军器、金装茶床、金银棱瓷器、细茶、法酒事件万余。	《册府元龟》卷一六九《帝王部·纳贡献》③
6	后晋天福七年（942）十一月	少帝以天福七年七月即位。十一月，两浙钱弘佐遣使进铤银五千两、绢五千匹、丝一万两，谢恩封吴越国王。又贡细甲弓弩箭、扇子等；又贡苏木二万斤、干姜三万斤、茶二万五千斤，及秘色瓷器、鞋履、细酒、糟姜、细纸等。	《册府元龟》卷一六九《帝王部·纳贡献》④

---

① 〔宋〕王钦若：《册府元龟》卷一六九《帝王部·纳贡献》，第 2037 页。
② 〔清〕吴任臣：《十国春秋》卷七九《吴越三·文穆王世家》，第 1122 页。
③ 〔宋〕王钦若：《册府元龟》卷一六九《帝王部·纳贡献》，第 2040 页。
④ 〔宋〕王钦若：《册府元龟》卷一六九《帝王部·纳贡献》，第 2044 页。

续 表

序 号	进贡时间	内 容	出 处
7	后晋天福七年（942）十一月	王遣使贡晋铤银五千两、绢五千匹、丝一万两，谢封国王恩；又进细甲弓弩箭、扇子等物；又贡苏木二万斤、干姜三万斤、茶二万五千斤，及秘色瓷器、鞋履、细酒、糟姜、细纸等物。	《十国春秋》卷八〇《吴越四·忠献王世家》①
8	后汉乾祐二年（949）十一月甲寅	王遣判官贡汉御衣、犀带、金银装兵仗、绫绢、茶、香、药物、秘色瓷器、鞍履、海味等物。	《十国春秋》卷八一《吴越五·忠懿王世家上》②
9	后周广顺二年（952）十一月甲寅	两浙钱弘俶遣判官贡奉御衣、犀带、金银装兵仗、金银器、绫绢、茶、香、药物、秘色瓷器、鞍履、海味、酒等。	《册府元龟》卷一六九《帝王部·纳贡献》③
10	后周广顺三年（953）十一月乙亥	两浙钱弘俶贡谢恩绫绢二万八千匹、银器六千两、绵五万两、茶三万五十斤、御衣两袭、通犀带、戏龙金带、香药、瓷器、银装甲仗、法酒、海味等。	《册府元龟》卷一六九《帝王部·纳贡献》④

① 〔清〕吴任臣：《十国春秋》卷八〇《吴越四·忠献王世家》，第 1135 页。
② 〔清〕吴任臣：《十国春秋》卷八一《吴越五·忠懿王世家上》，第 1150 页。
③ 〔宋〕王钦若：《册府元龟》卷一六九《帝王部·纳贡献》，第 2044 页。
④ 〔宋〕王钦若：《册府元龟》卷一六九《帝王部·纳贡献》，第 2044 页。

续 表

序　号	进贡时间	内　容	出　处
11	北宋乾德四年（966）	王师讨江南，惟治从俶率兵下常州，策勋改奉国军节度。俶入朝，命惟治权发遣军国事。俶还，令奉币入贡，抚谕命赐甚厚。惟治又献涂金银香狮子、香鹿凤鹤孔雀、宝装鬃合、钿金瓷器万事，吴缭绫千匹。	《宋史》卷四八○《世家三·吴越钱氏》①
12	北宋开宝二年（969）秋八月	宋遣使至，赐生辰礼物并御衣红袍一副、金锁甲一副，及驰马百头。是时，王贡秘色窑器于宋。	《十国春秋》卷八二《吴越六·忠懿王世家下》②
13	北宋开宝六年（973）二月十二日	两浙节度使钱惟濬进长春节浑金渡银狮子一对一千两、细衣段十匹、乳香二千斤，又进宫池银装花舫二、金酒器一副、金香狮子一、金香合一、金托裹玳瑁碗十、碟子二十、金棱牙茶床子十、金棱红藤盘子一、金渡银果子十、钉龙凤翠花十株、金棱七宝装乌纹木椅子、踏床子、金银棱宝装床子十、银装椅子十、金棱秘色瓷器百五十事、银棱盘子十、银装笼子十。	《宋会要辑稿》"蕃夷七之四"③

① 〔元〕脱脱等：《宋史》卷四八○《世家三·吴越钱氏》，北京：中华书局1977年版，第13910—13911页。
② 〔清〕吴任臣：《十国春秋》卷八二《吴越六·忠懿王世家下》，第1166页。
③ 〔清〕徐松辑，刘琳、刁忠民、舒大刚等校点：《宋会要辑稿》"蕃夷七之四"，上海：上海古籍出版社2014年版，第9935页。

续 表

序 号	进贡时间	内 容	出 处
14	北宋开宝九年 （976） 六月四日	明州节度使惟治进涂金银香狮子并台重千两，金银香鹿一对重千两，涂金银凤、孔雀并鹤三对重三千两，白龙脑十斤金合重二百两，大绫千匹，宝装合盘二十只，瓷器万一千事，内千事银棱。	《宋会要辑稿》"蕃夷七之六"①
15	宋太宗即位于开宝九年十月，同年，钱弘俶来贡，具体时间应在十月或十月后。	太宗即位，加食邑五千户。俶贡御衣，通天犀带，绢万匹，金器、瑇瑁器百余事，金银钑器五百事，涂金银香台、龙脑檀香床、银假果、水晶花凡数千计，价直钜万；又贡犀角象牙三十株、香药万斤、干姜五万斤、茶五万斤。	《宋史》卷四八〇《世家三·吴越钱氏》②
16	北宋太平兴国二年（977）三月三日	俶进金银食奁二、红丝络银樻四、银涂金钑越器二百事、银匣二。	《宋会要辑稿》"蕃夷七之七"③
17	北宋太平兴国三年（978）	俶贡白金五万两、钱万万，绢十万匹、绫二万匹、绵十万屯、茶十万斤、建茶万斤、干姜万斤，越器五万事，锦缘席千，金银画舫三、银饰龙舟四，金饰乌楠木御食案御床各一，	《宋史》卷四八〇《世家三·吴越钱氏》④

① 〔清〕徐松辑，刘琳、刁忠民、舒大刚等校点：《宋会要辑稿》"蕃夷七之六"，第 9936 页。
② 〔元〕脱脱等：《宋史》卷四八〇《世家三·吴越钱氏》，第 13901 页。这则记载仅提到"金银钑器五百事"，未说明钑金银的器物具体是何品类，虽然结合时代背景、进贡数量与同一阶段的其他进贡记录来看，"金银钑器"为瓷器的可能性最大，但也不能完全排除是漆器，甚至是玛瑙、玉器的可能，故此处仍有争议，为尽可能全面，仅作摘录。
③ 〔清〕徐松辑，刘琳、刁忠民、舒大刚等校点：《宋会要辑稿》"蕃夷七之七"，第 9937 页。
④ 〔元〕脱脱等：《宋史》卷四八〇《世家三·吴越钱氏》，第 13901—13902 页。

续 表

序 号	进贡时间	内 容	出 处
17	北宋 太平兴国三年 （978）	金樽罍盏罨各一、金饰瑇瑁器三十事、金釦藤盘二、金釦雕象俎十、银假果树十事、翠毛真珠花三丛、七宝饰食案十、银樽罍十、盏罨副焉，金釦越器百五十事、雕银俎五十，密假果、剪罗花各二十树，银釦大盘十、银装鼓二、七宝饰胡琴五弦筝各四、银饰箜篌方响羯鼓各四、红牙乐器二十二事、乳香万斤、犀角象牙各一百株、香药万斤、苏木万斤。	《宋史》卷四八〇 《世家三·吴越钱氏》
18	北宋 太平兴国三年 （978） 四月二日	俶进银五万两，钱五万贯，绢十万匹，绫二万匹，绵十万两，牙茶十万斤，建茶万斤，干姜万斤，瓷器五万事，锦缘席千，金银饰画舫三，银饰龙舟四，金饰乌樠木御食案、御床各一，金樽、罍、醆、罨各一，金饰玳瑁器三十事，金釦藤盘二，金釦雕象俎十，银假果十株，翠花真珠花三丛，七宝饰食案十，银樽罍十、盏十、盏罨副焉，金釦瓷器百五十事，雕银俎五十，密假果、翦罗花各二十株，银釦大盘十，银装鼓二，七宝饰胡琴、五弦筝各四，银饰箜篌、方响、羯鼓各四，红牙乐器二十二事，乳香万斤，犀、象各百株，香药万斤，苏木万斤。	《宋会要辑稿》 "蕃夷七之一〇"[1]

---

[1] 〔清〕徐松辑，刘琳、刁忠民、舒大刚等校点：《宋会要辑稿》"蕃夷七之一〇"，第9938—9939 页。

尽管同一贡物的名称表述在部分记载中略有不同，但通过比对贡物品类、进贡数量或重量，以及入贡时间，可以发现《册府元龟》所记后唐同光二年的进贡与《十国春秋》所记吴越宝大元年的进贡应为同一次，发生在924年的九月，是钱镠向后唐的进贡，而"宝大"为钱镠私立的年号；后唐清泰二年（935）九月钱元瓘向后唐的进贡，以及后晋天福七年（942）十一月钱弘佐向后晋的进贡，在《册府元龟》与《十国春秋》中均有记载。此外，《宋史》记录了太平兴国三年（978）钱弘俶向北宋的一次进贡，其中所贡品类、数量与《宋会要辑稿》中太平兴国三年四月二日的进贡几乎完全一致，也当为同一次进贡。

据统计，吴越国向中原王朝进贡的次数足达60次有余[①]。去除不同文献中的重复记载后，贡物品类涉及瓷器的进贡至少有13次，所贡瓷器颇为高档，包括"金棱秘色瓷器""秘色瓷器""金银棱瓷器""釦金瓷器""秘色窑器""银涂金釦越器""金釦越器""金釦瓷器"等类别，所贡奉的中原王朝除唐以外，还有五代时期的后唐、后晋、后汉、后周，以及北宋，尤其是入宋以后，吴越国进贡瓷器的次数和频率都明显增加，瓷器单次进贡的数量也常达万件；另据《吴越备史》的记载，自北宋建立到钱弘俶纳土的18年间，吴越国向北宋皇室进贡的瓷器数量高达14万余件，可谓是不遗余力：

"王自国初供奉之数，无复文案，今不得而书，惟太祖、太宗两朝入贡，记之颇备，谓之《贡奉录》。今取其大者，如赭黄犀带、龙凤龟鱼、仙人鳌山、宝树等，通犀带凡七十余条，皆希世之宝也，玉带二十四、紫金狮子带一、黄金九万五千余两、银一百一十万二千余两、绫罗锦绮二十八万余匹、色绢七十九万七千余匹、金饰玳瑁器一千五百余事、水晶玛瑙玉器凡四十余事、珊瑚树一，高三尺五寸，金银饰陶器一十四万余事，金银饰龙凤船舫二百艘，银装器械七十万事，白龙瑙二百余斤。"[②]

① 参见何勇强：《钱氏吴越国史论稿》，杭州：浙江大学出版社2002年版，第279—285页。
② 〔宋〕范坰、林禹：《吴越备史》卷四《今大元帅吴越国王》，载《四部丛刊续编·史部（一五）》，上海：上海书店1984年版，第1139—1140页。

　　而北宋太平兴国三年（978）钱弘俶纳土后，仍有向北宋皇室进贡"金银陶器"的记录，从带有金银饰的规格来看，应为越窑生产的高档青瓷器：

　　北宋太平兴国八年（983）"秋八月二十三日，遣使赐王生辰礼物。翌日，王遣世子惟濬贡上白龙脑香一百斤、金银陶器五百事、银二万两、黄金一千两"。①

　　可惜的是，尽管吴越有国期间向中原王朝贡奉了如此巨额的高档青瓷器，但在现有考古工作中几乎没有明确与之相关的发现。在河北省定州市北宋太平兴国二年（977）静志寺塔基中出土了一件越窑青瓷盒，盒盖为盝形顶，顶部有一宝珠形纽，盒身腹部斜曲，是较为典型的晚唐盖盒，而非入宋后的越窑制品，应是人为将晚唐遗物带入了北宋早期的静志寺塔基地宫之中。这件越窑瓷盒极有可能是晚唐越窑向唐王朝贡御的物证，但由于器物本身缺乏纪年信息，故无从得知其是否为钱氏政权控制两浙后越窑烧制的产品。此外，河南省巩义市北宋咸平三年（1000）宋太宗元德李后陵出土有三件质量极高的越窑青瓷，均施满釉且薄而光洁，分别为一件内底细线划三趾龙纹的盘（M1:3）、一件外壁细线划云鹤纹、外底心刻"千"字款的套盒（M1:4）以及一件外壁划卷云纹的碗（M1:5）②，当属越窑贡瓷无疑，虽然元德皇后李氏于咸平三年祔葬永熙陵，距吴越国纳土归宋已过去22年，但就入宋以后的越窑产品面貌而言应不会相差过大，故元德李后陵出土的越窑青瓷在一定程度上应该也可以反映北宋早期吴越国向宋廷进贡瓷器的情况。

---

① 〔宋〕范坰、林禹：《吴越备史补遗》，清嘉庆十年（1805）虞山张氏照旷阁刻《学津讨原》本。

② 河南省文物研究所、巩县文物保管所：《宋太宗元德李后陵发掘报告》，《华夏考古》1988年第3期，第19—46页。

二、吴越国向辽国（契丹）的瓷器御贡

除中原王朝外,吴越国与北方游牧民族契丹建立的辽国[①]之间也有官方往来。据《辽史》等文献记载,吴越国曾多次"遣使来贡":

表三　吴越国与辽国（契丹）之间官方往来的文献记载

序　号	时　间	内　容	出　处
1	辽太祖九年（915）冬十月戊申	新罗遣使贡方物,高丽遣使进宝剑,吴越王钱镠遣滕彦休来贡。	《辽史》卷一《太祖上》[②]
2	辽神册元年（916）六月庚寅	吴越王遣滕彦休来贡。	《辽史》卷一《太祖上》[③]
3	辽神册三年（918）二月癸亥	城皇都,以礼部尚书康默记充版筑使。梁遣使来聘。晋、吴越、渤海、高丽、回鹘、阻卜、党项及幽、镇、定、魏、潞等州各遣使来贡。	《辽史》卷一《太祖上》[④]
4	辽神册五年（920）夏五月丙寅	吴越王复遣滕彦休贡犀角、珊瑚,授官以遣。	《辽史》卷二《太祖下》[⑤]
5	辽天赞二年（923）夏四月己酉	梁遣使来聘。吴越王遣使来贡。	《辽史》卷二《太祖下》[⑥]

① 有辽一代,曾反复使用"契丹""辽"为国号。后梁贞明二年（916）,耶律阿保机称帝建国,国号"契丹",至后晋开运四年（947）,即辽大同元年,辽太宗灭后晋,改国号为"大辽",北宋太平兴国八年（983）,即辽圣宗统和元年,改"大辽"为"大契丹",北宋治平三年（1066）,即辽道宗咸雍二年,复改国号为"大辽"。参见姜维公、姜维东:《"辽"国号新解》,《吉林大学社会科学学报》2014 年第 1 期, 第 46—58 页。

② 〔元〕脱脱等:《辽史》卷一《本纪第一·太祖上》,北京:中华书局 1974 年版,第 10 页。

③ 〔元〕脱脱等:《辽史》卷一《本纪第一·太祖上》,第 11 页。

④ 〔元〕脱脱等:《辽史》卷一《本纪第一·太祖上》,第 12 页。

⑤ 〔元〕脱脱等:《辽史》卷二《本纪第二·太祖下》,第 16 页。

⑥ 〔元〕脱脱等:《辽史》卷二《本纪第二·太祖下》,第 18 页。

续 表

序　号	时　间	内　容	出　处
6	辽天显七年（932）二月壬申	拽刺迪德使吴越还，吴越王遣使从，献宝器。复遣使持币往报之。	《辽史》卷三《太宗上》①
7	后晋天福四年（939）十一月戊子	契丹遣遥折来使，因聘吴越。	《册府元龟》卷九八〇《外臣部·通好》②
8	辽会同三年（940）春正月戊子	吴越王遣使来贡。	《辽史》卷四《太宗下》③
9	辽会同三年九月戊子	女直及吴越王遣使来贡。	《辽史》卷四《太宗下》④
10	辽会同三年冬十月辛丑	遣剋郎使吴越，略姑使南唐。	《辽史》卷四《太宗下》⑤
11	辽会同四年（941）八月庚子	晋遣使进犀弓、竹矢。吴越王遣使奉蜡丸书。	《辽史》卷四《太宗下》⑥
12	辽会同四年冬十月癸卯	吴越王遣使来贡。	《辽史》卷四《太宗下》⑦
13	辽会同六年（943）三月己卯朔	吴越王遣使来贡。	《辽史》卷四《太宗下》⑧

通过对历史文献记载的梳理，我们可以发现吴越国向辽国（契丹）遣使贡奉约有 11 次，其中辽会同三年（940）的正月和九月、辽会同四年（941）的八月和十月皆各有一次进贡，而辽向吴越遣使仅 2 次；辽会同六年（943）

① 〔元〕脱脱等：《辽史》卷三《本纪第三·太宗上》，第 33 页。
② 〔宋〕王钦若：《册府元龟》卷九八〇《外臣部·通好》，第 11521 页。
③ 〔元〕脱脱等：《辽史》卷四《本纪第四·太宗下》，第 47 页。
④ 〔元〕脱脱等：《辽史》卷四《本纪第四·太宗下》，第 48 页。
⑤ 〔元〕脱脱等：《辽史》卷四《本纪第四·太宗下》，第 49 页。
⑥ 〔元〕脱脱等：《辽史》卷四《本纪第四·太宗下》，第 50 页。
⑦ 〔元〕脱脱等：《辽史》卷四《本纪第四·太宗下》，第 50 页。
⑧ 〔元〕脱脱等：《辽史》卷四《本纪第四·太宗下》，第 53 页。

以后，至978年钱弘俶纳土，吴越国再未派遣使者向辽国进贡。

吴越向辽的贡奉次数远不及吴越向中原王朝，原因在于吴越国与辽国（契丹）的官方往来始终受到中原王朝与辽国（契丹）之间关系的掣肘。从辽太祖九年（915）十月到天赞二年（923）四月，八年间吴越国向契丹遣使进贡5次，相当频繁。中原王朝在这期间正处于朱梁政权的统治下，其与契丹在地缘关系的影响下并未产生直接冲突，并且彼时正值汴、晋两大势力——定基于汴州而后建立后梁王朝的朱全忠与晋王李克用及其子李存勖之间争衡交锋、逐鹿中原的阶段，契丹远交近攻，与梁结好，后梁开平二年（908）正月，李克用病故，李存勖袭位，同年五月己丑，契丹入贡于梁，请求梁的册封，梁与之约定"共灭沙陀"，遂行封册[1]。在梁与契丹交好的背景下，素来尊奉中原王朝为正朔的吴越国在外交关系上也应与中原王朝保持一致，据此，吴越国与契丹在915—923年间互通使节、往来密切便不足为怪。后梁龙德三年（923）四月，李存勖在魏州称帝，以"唐"为国号，同年十月灭后梁。由于此前契丹王背弃与晋王连和的盟约并归附于梁，后唐与契丹交恶，之后契丹又屡次南犯，并于幽州爆发了激烈的武装冲突，双方关系更加恶化，故吴越国在后唐取代后梁并且自己向后唐称臣后，没有向契丹主动派遣过使者，仅后唐长兴三年（932），即辽天显七年，在契丹先遣使至吴越后才派遣使者跟从，并且献上宝器等贡物。后唐清泰三年（936），河东节度使石敬瑭以割地称臣为条件，与契丹勾结，在契丹的武装支持下灭唐建晋，受契丹册封为帝，改元天福，不仅将幽云十六州割让予契丹，还尊奉辽太宗耶律德光为"父皇帝"，以"玩好珍异"贡奉契丹不绝[2]，此时由于中原王朝与契丹的友好关系再度恢复，甚至称臣于契丹，所以吴越国也恢复了与契丹的外交往来，于后晋天福

---

① 〔宋〕司马光《资治通鉴》卷二六六《后梁纪一》："（开平二年五月）己丑，契丹王阿保机遣使随高颀入贡，且求册命。帝复遣司农卿浑特赐以手诏，约共灭沙陀，乃行封册。"（第8700页）

② 〔宋〕司马光《资治通鉴》卷二八一《后晋纪二》："（天福三年八月）帝事契丹甚谨，奉表称臣，谓契丹主为'父皇帝'。每契丹使至，帝于别殿拜受诏敕。岁输金帛三十万之外，吉凶庆弔，岁时赠遗，玩好珍异，相继于道。"（第9188页）

四年（939）至天福八年（943）多次遣使贡契丹，也正是在天福八年年末，因新即位的石重贵罔顾两国实力而拒绝向契丹称臣，且又屡次挑衅，契丹欲发兵南下，中原王朝与契丹的关系再一次恶化。后晋开运四年（947），后晋为契丹所灭，刘知远在山西太原称帝，后汉由此建立。自此以后，无论是后汉，还是之后的后周，中原王朝与辽国（契丹）之间虽然也有使节来往，但依然战端屡生，外交关系算不上友好。入宋以后，宋辽关系仍处于一种对峙状态，直至北宋开宝七年（974）双方才开始寻求议和①；在吴越国纳土归宋后的次年（979），宋太宗北伐北汉，并借此机会对辽发动战争②，宋辽之间短暂的通好局面随即破裂。在后汉、后周及北宋等中原政权与辽不甚和睦的情况下，吴越与辽的官方往来便就此终止。

就吴越国向辽国（契丹）的进贡内容而言，仅个别文献有简要提及，但并没有关于贡物品类的详细记载，然而随着考古工作的推进，在辽境内一些皇室宗亲、贵族及官吏墓葬中发掘出土了精美的越窑青瓷，应属于越窑用以贡御的高档产品，可能是吴越国向辽国（契丹）贡瓷的实物证据。当然，也不排除这些辽墓中随葬的越窑青瓷是经由中原王朝转赠所得或贸易流通输入的可能，尤其是部分胎釉质量较粗糙的普通越器，极有可能是通过贸易输入的。

吴越国越窑青瓷在辽墓中的出土情况可统计、归纳至下表：

---

① 〔元〕脱脱等《辽史》卷八《本纪第八·景宗上》：保宁六年（974）"三月，宋遣使请和，以涿州刺史耶律昌术加侍中与宋议和"。（第94页）

② 〔元〕脱脱等《宋史》卷四《本纪第四·太宗一》：太平兴国四年（979）"六月甲寅，以将伐幽蓟，遣发京东、河北诸州军储赴北面行营。庚申，帝复自将伐契丹"。（第62页）

表四　辽墓中出土的吴越国越窑青瓷

序　号	年　代	出土地点	墓　主	出土越窑青瓷
1	辽会同五年（942）	内蒙古赤峰市阿鲁科尔沁旗辽耶律羽之墓[①]	辽东丹国左相耶律羽之	碗2件，其中一件为五曲花口，一件为圆口，皆通体施釉，釉面莹润光洁。夹耳盖罐2件，仅一件有盖，另一件盖佚，通体施釉，釉色呈浅青泛绿色。其余不详。
2	辽应历八年（958）	北京南郊辽赵德钧夫妇合葬墓[②]	辽故卢龙军节度使、太师中书令、北平王赠齐王赵德钧	碗1件，外壁刻有莲瓣纹。其余不详。
3	辽应历九年（959）	内蒙古赤峰市大营子第一号辽墓[③]	辽驸马赠卫国王萧沙姑	碗、盘等若干。
4	10世纪后期	内蒙古赤峰市巴林左旗辽祖陵一号陪葬墓（2007MBZZPM1）[④]	推测为辽太祖第三子、辽太宗的皇太弟、天下兵马大元帅耶律李胡	共计12件：碗1件，执壶2件，皆为灰白胎，胎质较细，通体施釉均匀，其中一件碗为花口。

① 内蒙古文物考古研究所、赤峰市博物馆、阿鲁科尔沁旗文物管理所：《辽耶律羽之墓发掘简报》，《文物》1996年第1期，第4—32页。

② 北京市文物工作队：《北京南郊辽赵德钧墓》，《考古》1962年第5期，第246—253页。

③ 前热河省博物馆筹备组：《赤峰县大营子辽墓发掘报告》，《考古学报》1956年第3期，第1—26页。

④ 中国社会科学院考古研究所内蒙古第二工作队、内蒙古文物考古研究所：《内蒙古巴林左旗辽祖陵一号陪葬墓》，《考古》2016年第10期，第3—23页。董新林、汪盈、陈泽宇：《辽祖陵遗址出土瓷器初步研究》，《南方文物》2022年第4期，第191—199页。

续　表

序　号	年　代	出土地点	墓　主	出土越窑青瓷
4	10世纪后期	内蒙古赤峰市巴林左旗辽祖陵一号陪葬墓（2007MBZZPM1）	推测为辽太祖第三子、辽太宗的皇太弟、天下兵马大元帅耶律李胡	大盘2件，皆为灰白胎，胎质较细，通体施釉，釉色青绿，内底均有细线划花装饰，一件饰龙纹，另一件饰双凤纹。器盖2件，其中一件上有莲瓣纹，通体施釉，釉色青中泛灰；另一件为残片，胎质粗，釉色青黄。器座1件，夹耳罐残片3件，通体施青灰色釉。盒盖1件，已残，胎质粗，釉色青黄。

　　上述表格中，辽祖陵一号陪葬墓出土的越窑青瓷明显分属五代、北宋早期两个阶段。具有五代产品特征的器物包括素面碗、执壶、夹耳罐残片等，其中执壶与碗的胎釉质量颇高，与上林湖后司岙等窑址出土的五代秘色瓷非常相近，这些器物当为吴越国越窑烧造的包括秘色瓷在内的高档产品。该墓的墓主推测为耶律李胡，根据《辽史》记载，耶律李胡死于辽应历十年（960）[①]，据此推测，该墓的年代应该在960年或之后不久，属北宋早期，墓中随葬的五代越窑制品可能是辽早期宫廷中传承下来的瓷器。而两件细线划花大盘、莲瓣纹器盖等则具有比较显著的北宋早期产品特征。

　　此外，辽统和十一年（993）的内蒙古多伦县小王力沟辽墓M2（辽圣宗

[①]　中国社会科学院考古研究所内蒙古第二工作队、内蒙古文物考古研究所：《内蒙古巴林左旗辽祖陵一号陪葬墓》，《考古》2016年第10期，第3—23页。〔元〕脱脱等《辽史》卷六《本纪第六·穆宗上》：应历十年"冬十月丙子，李胡子喜隐谋反，辞连李胡，下狱死"。（第76页）

贵妃萧氏墓）、辽统和二十九年（1011）的北京八宝山韩佚夫妇合葬墓、辽开泰七年（1018）的内蒙古通辽市（原哲里木盟）奈曼旗陈国公主与驸马合葬墓虽在纪年上均迟于吴越国纳土归宋（978年），但墓中出土的越窑青瓷应该就是吴越国越窑的产品。

萧贵妃墓：五曲花口碗1件，通体施釉均匀；银盖瓷釜1件，胎质较细，通体施青灰色釉；洗1件，胎质较细，通体施青绿色釉，外壁刻莲瓣纹，内底细线划双凤纹，内壁口沿下划三叶纹带饰，口沿处有附加金属釦痕迹；盆1件，胎质较细，通体施青绿色釉，内底细线划双摩羯纹，内壁口沿下划卷草纹带饰；银釦执壶1件，胎质较细，通体施釉匀净，釉色青绿，整器纹饰繁复，壶腹细线划四组团窠鹦鹉纹；盏托2件，一件内置托杯，杯口、托盘口、圈足底缘均包有银釦，托盘内壁细线划缠枝菊纹，另一件内置矮托圈，托盘口及圈足底缘包有鎏金银釦，通体素面。[①]

韩佚夫妇合葬墓：执壶1件，胎薄而坚致，通体施釉，整器纹饰繁复，壶腹细线划人物宴乐纹，外底刻"永"字款；温碗1件，通体施莹润的青绿色釉，内底细线划对称鹦鹉纹，内壁口沿下划卷草纹带饰；盏及盏托1套，胎薄而坚致，通体施青绿色釉，盏内底细线划四曲缠枝纹，托盘内壁细线划三组相间的蜂纹与花草纹；碟4件，胎薄而坚致，通体施釉；碗2件，灰白胎，通体施光润的青釉。[②]

陈国公主与驸马合葬墓：盘4件，均为六曲花口，通体施釉，其中三件内底细线划对蝶纹，另一件内底细线划缠枝菊纹，且外底刻"官"字款；碗3件，釉色青中泛灰。[③]

---

① 内蒙古文物考古研究所、锡林郭勒盟文物保护管理站、多伦县文物局：《内蒙古多伦县小王力沟辽代墓葬》，《考古》2016年第10期，第55—80页。

② 北京市文物工作队：《辽韩佚墓发掘报告》，《考古学报》1984年第3期，第361—381页；黄秀纯：《辽韩佚墓出土越窑青瓷》，《收藏家》2006年第9期，第25—28页。

③ 内蒙古自治区文物考古研究所，哲里木盟博物馆：《辽陈国公主墓》，北京：文物出版社1993年版；内蒙古文物考古研究所：《辽陈国公主驸马合葬墓发掘简报》，《文物》1987年第11期，第4—24页。

这些器物大多带有工整婉丽的细线划花装饰，个别器物外底刻有"永""官"等单字款。其中，与韩佚夫妇合葬墓所出人物宴乐纹执壶几乎相同的器物可见于上林湖后司岙等窑址，在与吴越国晚期越窑产品外销密切相关的井里汶沉船中也出水了纹样相似但构图布局不同的人物纹执壶。人物纹本不属于越窑装饰的传统，从窑址发掘情况来看，极具表现力的细线划花人物纹似乎是在入宋以后骤然出现在越窑产品装饰之中的，且数量较少，北宋早期之后消失。由此推测，韩佚夫妇合葬墓中的人物纹执壶以及与之同出的高档越器可能是尚未归宋的吴越国晚期产品。韩佚是辽之汉人官吏，其祖父韩延徽是辽开国勋臣，这些高质量越窑青瓷可能是韩延徽从契丹皇室获得的赏赐品，并在韩佚死后（死于 995 年，葬于 997 年）作为随葬品[①]。萧贵妃墓出土了四件越窑钿器，在史料所载吴越国向中原王朝进贡的清单中常能见到"金棱秘色瓷器""金银棱瓷器""钿金瓷器""银涂金钿越器""金钿瓷器""金钿越器"等钿器类别，这些记录在册的贡御钿器出现频率较高，数量也不少，甚至可高达"万事"[②]，说明金银钿越器在吴越国时期的产量相当可观，是吴越国重要的贡御方物。萧贵妃墓中的越窑钿器均制作得精细端巧，可能就是吴越国越窑生产的用于贡御的高档产品，它们出现在 993 年的萧贵妃墓中，应该也是自宫廷传承下来并最终随葬入墓的。

三、其他

除贡御中原王朝与北方的契丹皇室外，越窑生产的青瓷器还被贡奉给吴越国的王公贵族们使用，即所谓的"自用贡瓷"[③]。晚唐五代时期的钱氏家族墓，如武肃王钱镠之母水邱氏墓（临 M24）、康陵（文穆王钱元瓘之王后马氏墓，

---

① 北京市文物工作队：《辽韩佚墓发掘报告》，《考古学报》1984 年第 3 期，第 361—381 页。

② 〔元〕脱脱等《宋史》卷四八〇《世家三·吴越钱氏》：乾德四年（966）"王师讨江南，惟治从偓率兵下常州，策勋改奉国军节度……惟治又献……钿金瓷器万事……"（第 13910—13911 页）

③ 郑建华：《越窑贡瓷与相关问题》，载浙江省文物考古研究所：《纪念浙江省文物考古研究所建所二十周年论文集》，杭州：西泠印社出版社 1999 年版，第 174—201 页。

临 M25）、钱元瓘次妃吴汉月墓（杭 M26）等，皆出土了为数不少的高质量越窑青瓷，世人常以"秘色瓷"视之，尽管没有发现明确的证据指示这些越器就是"秘色瓷"，但大部分器物制作规整，瓷胎细腻坚致，通体施釉且釉面滋润，甚至也有涂金器、金釦器，而《十国春秋》《册府元龟》等史料中数次提到的金棱秘色瓷器实际上就是金釦器，金釦越器的出土可与这些文献记载相对应。凡此种种，可基本判断钱氏家族墓中随葬的高质量越器属于"秘色瓷"的范畴，说明越窑的"秘色瓷"不仅如文献记载的那样被用作贡御中原皇室的土产方物，也是上贡给吴越国王族及贵族的贡御品。

表五　吴越国钱氏家族及贵族墓中出土的越窑青瓷

序　号	年　代	出土地点	墓　主	出土越窑青瓷
1	唐光化三年（900）	浙江杭州临安区钱宽墓（临 M23）①	武肃王钱镠之父钱宽	共计 3 件：盆 1 件，胎色灰白，胎质细腻致密，通体施釉，釉色青中微微闪灰，釉面洁净莹润，釉层薄而均匀。四系罐 1 件，盏 1 件，质地较粗。
2	唐天复元年（901）	浙江杭州临安区水邱氏墓（临 M24）②	钱镠之母、钱宽夫人水邱氏	共计 25 件：褐彩云纹熏炉、盖罂、油灯各 1 件，器形皆硕大，饰有釉下褐彩云纹，均通体施釉，釉面匀净莹润，釉色各呈青绿、青黄不一、青中闪黄。

---

① 浙江省文物考古研究所、浙江省博物馆、杭州市文物考古研究所等：《晚唐钱宽夫妇墓》，北京：文物出版社 2012 年版。

② 浙江省文物考古研究所、浙江省博物馆、杭州市文物考古研究所等：《晚唐钱宽夫妇墓》。

续　表

序　号	年　代	出土地点	墓　主	出土越窑青瓷
2	唐 天复元年 （901）	浙江杭州临安区 水邱氏墓 （临 M24）	钱镠之母、钱 宽夫人水邱氏	花口碗 1 件，圈足，通体施釉，釉色呈豆青色，釉面润泽匀净。 四系罐 2 件，内外施釉，外壁施釉及底，但下腹釉层较薄，釉色各为青中泛灰白、豆青色，前者一侧肩部刻一"东"字。 双系小罐 15 件，均内外施釉，釉色多为青中泛黄或泛灰，部分为豆青色，釉面皆滋润光洁。 粉盒 2 件，灰白胎，皆通体施釉，釉色呈淡青绿色。 粉盒盖 1 件，通体施釉，釉色偏黄。 油盒 1 件，通体施釉，釉色青中泛黄。
3	五代早期	浙江杭州临安区 板桥五代墓 （临 M21）[①]	王国功臣、吴 越国前二代吴 姓王妃的亲属 吴随□	共计 11 件： 褐彩云纹罍 1 件，器形硕大，外腹及颈部下端饰褐彩云纹，肩部饰褐彩覆莲纹，釉色青黄，釉面莹润。 钵 1 件，釉色青绿，釉面匀净。 双耳釜形器 1 件，仅内壁施釉，釉色青绿，外壁无釉。

① 浙江省文物管理委员会：《浙江临安板桥的五代墓》，《文物》1975年第8期，第66—72页。

续　表

序　号	年　代	出土地点	墓　主	出土越窑青瓷
3	五代早期	浙江杭州临安区板桥五代墓（临 M21）	王国功臣、吴越国前二代吴姓王妃的亲属吴随□	罐 5 件，釉色青黄不一，其中 4 件为瓜棱腹盖罐，仅其一有盖；另 1 件为下腹斜收的双系罐，肩部所置横桥形系下刻一"官"字。 碗 1 件，玉璧底，通体施釉，釉色青灰。 器盖 1 件，顶置一莲花苞形纽，上有褐彩纹饰，釉色青黄。 盆 1 件，通体施釉，釉色青灰，釉面匀净。
4	五代早期	浙江杭州临安区余村五代墓（临 M77）[①]	推测为钱镠第二子钱元玑	共计 6 件： 菱口碗 3 件，圈足稍外斜，胎质较细，通体施釉，釉色青中泛灰，釉面润泽。 粉盒 1 件，附盖，胎质较细，通体施釉，釉色青中微泛黄，釉面光泽滋润。 水盂 1 件，扁鼓腹，作四瓣瓜棱状，胎质较细，通体施釉，釉色青中泛黄，泥锈沉积斑痕较多。 双系罐 1 件，质量较粗，胎质不甚坚硬，施半釉，釉色青黄。

---

① 倪亚清、张惠敏：《浙江临安余村五代墓发掘报告》，《东南文化》2016 年第 4 期，第 38—42 页。

续　表

序　号	年　代	出土地点	墓　主	出土越窑青瓷
5	后晋天福四年（940）①	浙江杭州临安区康陵（临 M25）②	文穆王钱元瓘之王后马氏	共计 45 件： 套盒 9 件，均为委角浅盘，外壁四边各有两个壶门形镂孔，孔外以凸线纹勾勒，釉色青黄不一，盘面及器体局部常见泥锈沉积斑痕。 罐 10 件，均为瓜棱腹盖罐，腹部作四瓣瓜棱状，盖的形制不一，通体施釉，釉色多青中泛灰，釉层滋润有光泽，器身常见泥锈沉积斑痕。 碗 4 件，皆胎质较细，通体施釉，釉色青中泛灰，器身常见泥锈沉积斑痕；器形有所不同，均为敞口，其中一件为圆口，玉环底，另三件为六曲花口，圈足外斜。 小钵 1 件，胎质细腻，通体施釉，釉色青灰，釉面有光泽，内壁釉面略有褐斑，外壁局部有泥锈沉积斑痕。 盘 9 件，胎质细腻，通体施釉，釉色多呈青灰色，器体局部可见泥锈沉积斑痕。

① 据出土墓志记载，马氏王后的下葬时间为（后晋）天福四年十二月二十五日，夏历为己亥年，通常定为939年，然而据杭州市文物考古研究所与临安市文物馆编著的《五代吴越国康陵》考证，939 年 12 月 31 日是己亥年的十一月十八日，马氏下葬于己亥年的十二月，故已进入 940 年的纪年，墓葬年代当为 940 年。

② 杭州市文物考古研究所、临安市文物馆：《五代吴越国康陵》，北京：文物出版社 2014 年版。

续 表

序 号	年 代	出土地点	墓 主	出土越窑青瓷
5	后晋天福四年（940）	浙江杭州临安区康陵（临M25）①	文穆王钱元瓘之王后马氏	盆1件，执壶1件，渣斗1件，均胎质细腻，通体施釉，釉色青中泛灰，釉面滋润有光泽。盏托2件，其中一件托盘内不置托圈或托座，浅折腹，圈足稍外斜，另一件内置托杯，托盘浅腹斜曲，高圈足外撇；均胎质细腻，通体施釉，釉色青黄不一。水盂2件，均胎质细腻，通体施釉，釉面滋润有光泽，釉色各呈青绿、青中微泛黄，前者局部有铜、铁锈迹。粉盒2件，均胎质细腻，通体施釉，釉面滋润有光泽，釉色青绿。花口盏1件，通体施釉，釉色青灰微泛黄，釉面滋润有光泽。四系罐2件，皆通体施釉，釉色青灰，外底粘有砂粒，制作略显粗糙。

① 杭州市文物考古研究所、临安市文物馆：《五代吴越国康陵》，北京：文物出版社2014年版。

续　表

序　号	年　代	出土地点	墓　主	出土越窑青瓷
6	后晋 天福七年 （942）	浙江杭州玉皇山 钱元瓘墓 （杭 M27）[①]	钱元瓘	共计 9 件： 罍 1 件，肩腹饰浮雕双龙戏珠，旁缀云纹，出土时龙身残附三小片涂金。 执壶 1 件，腹壁划四组花草纹，通体施釉，釉面匀净但色泽青黄不一。 套盒 4 件，均为委角浅盘，外壁四边各有镂孔，孔外以凸线纹勾勒。 器盖 3 件，器形各不相同，有凤首形、顶部置一宝珠形纽的宽边半圆形、口缘有两个榫纽的盖面微鼓形，其中，宽边半圆形器盖上有精美划花装饰。 其余不详。
7	后周 广顺二年 （952）	浙江杭州施家山 吴汉月墓 （杭 M26）[②]	钱元瓘次妃吴汉月	共计 11 件： 执壶 1 件，壶腹作四瓣瓜棱状，胎质较细，釉面滋润匀净。 器盖 1 件，作宽边扁圆形，上划流云纹，顶纽已佚。

[①]　浙江省文物管理委员会：《杭州、临安五代墓中的天文图和秘色瓷》，《考古》1975 年第 3 期，第 186—194 页。

[②]　浙江省文物管理委员会、杭州师范学院考古组：《杭州郊区施家山古墓发掘报告》，《杭州师范学院学报（社会科学版）》1960 年第 1 期，第 103—114 页。

续　表

序　号	年　代	出土地点	墓　主	出土越窑青瓷
7	后周广顺二年（952）	浙江杭州施家山吴汉月墓（杭 M26）	钱元瓘次妃吴汉月	碗 5 件，洗 2 件，盏托 1 件，盒 1 件，皆制作精细，胎釉质量俱佳。其余不详。
8	五代	浙江杭州临安区功臣山钱元玩墓（临 M20）①	钱元瓘之弟钱元玩	四系缸 1 件，器形较大，施青黄色釉，器壁上部釉层较薄，下部逐渐转厚。其余不详。
9	五代	浙江杭州临安区太庙山五代墓（临 M22）②	推测为吴越国某一显贵的宠臣或钱氏家族成员	四系缸 1 件，器形较大，施釉不均，釉色青黄。其余不详。
10	五代	浙江杭州三台山五代墓（杭 M32）③	推测为吴越国某一官僚或钱氏家族中的一般成员	共计 10 件：碗 5 件，洗 2 件，均胎质较细，通体施青釉。盏托 1 件，内置托杯，托盘浅腹斜曲，高圈足外撇，通体施青绿色釉。粉盒 1 件，盖已佚，通体施青釉。执壶 1 件，壶腹作六瓣瓜棱状，平底，通体施青釉。

① 浙江省文物管理委员会：《杭州、临安五代墓中的天文图和秘色瓷》，《考古》1975 年第 3 期：第 186—194 页。

② 浙江省文物管理委员会：《杭州、临安五代墓中的天文图和秘色瓷》，《考古》1975 年第 3 期：第 186—194 页。

③ 浙江省文物考古所：《杭州三台山五代墓》，《考古》1984 年第 11 期，第 1045—1048 页。

续 表

序 号	年 代	出土地点	墓 主	出土越窑青瓷
11	五代	江苏苏州七子山一号墓[①]	广陵郡王钱元璙系贵族	共计12件： 金釦碗1件，通体施橄榄色青釉，釉质晶莹滋润如碧玉。 套盒9件，均为委角浅盘，外壁四边各有两个壶门形镂孔，孔外以凸线纹勾勒，通体施釉，釉色青中泛黄。 盖罐1件，通体施釉，釉色青中微泛黄，釉面光洁均匀。 盆1件，通体施青釉，釉面光洁均匀。

除上述钱氏家族及贵族墓外，钱王陵（934年）也出土了百余件秘色瓷器，包括瓷枕、套盒、皮囊壶、盘口长颈瓶等。

此外，始建于后周显德六年（959）、落成于北宋建隆二年（961）的苏州市虎丘云岩寺塔出土了越窑青瓷碗两件、越窑青瓷灯一件[②]。其中，青瓷灯由一套灯盏和托组成，灯盏托口沿外翻，上刻莲瓣纹，作仰莲状，内底心刻"项记"款，底足高而外撇，呈喇叭形，上刻二重覆莲纹，灯盏外壁也刻有工整秀丽的多重莲瓣纹，整器皆通体施釉，釉色青绿，釉面匀净，光泽如玉，造型及纹饰也均规整端巧，实属罕见的越窑佳品（图七五）。当时建造云岩寺塔的目的在于供奉迦叶如来舍利[③]，且吴越国诸王也多推行崇佛政策，大力扶持佛教发展，据此，出现在云岩寺塔中的这套高质量越窑青瓷便很有可能

① 苏州市文管会、吴县文管会：《苏州七子山五代墓发掘简报》，《文物》1981年第2期，第37—45页。
② 发掘报告中将其视作碗及碗托。
③ 苏州市文物保管委员会：《苏州虎丘云岩寺塔发现文物内容简报》，《文物参考资料》1957年第11期，第38—45页。

与吴越国的青瓷御贡相关。

在五代时期南方诸国中的南汉国辖境内也出土有越窑秘色瓷。广州市南越国宫署遗址不仅是西汉南越国的都城王宫所在地，也是南汉国宫城的核心区，在该遗址发现的南汉国时期的宫殿、池苑等遗迹中出土了不少吴越国越窑青瓷，其中就包括釉色青绿、釉质莹润的高档产品，应属于秘色瓷，但相对而言数量稀少，

图七五　苏州虎丘云岩寺塔出土的越窑青瓷灯

少数器物的外底刻有"女""卢"等字款，可能是南汉国某些重要人物的专用之器，考虑到文献记载吴越与南汉之间有外交往来，故推测这些秘色瓷有可能是在两国交往过程中由吴越国赠予南汉国的[①]。

最后，还有一种越窑贡瓷的消费情况值得注意。据《十国春秋》记载，后梁曾将越窑青瓷赏赐给前蜀：

前蜀永平二年（912）"二月……丁巳，梁遣光禄卿卢玭、阁门副使少府少监李元来聘……别幅云：马一十匹，计红耳叱拨马一匹，金玉闹装四垂，鞍辔一副，紫叱拨马一匹，白玉装鞍辔一副……金棱琉璃碗十只，银棱秘色锣二面，金花银装厨子一对……羚羊角五对，牛黄一百株。右件药物等，或来从燕市，或贡自炎方。或馨香能助于熏炉，或华妙可资于宝玩。光涵星斗，药有君臣。愿申两国之情，重固千年之约。愧非缛礼，粗达深衷；特希检留，幸甚。谨白"。

"……（前蜀王建）又谢信物等曰：……金棱碗、越瓷器并诸色药物等，皆大梁皇帝降使赐贶。雕鞍撼玉，坚甲烁金……金棱含宝碗之光，秘色抱青瓷之响"[②]。

又按《锦里耆旧传》记载：

---

① 李灶新：《广州南越国宫署遗址出土五代十国刻款瓷器研究》，《华夏考古》2020年第2期，第114—123页。

② 〔清〕吴任臣：《十国春秋》卷三六《前蜀二·高祖本纪下》，第514—518页。

前蜀武成三年（910）"大梁遣使通聘书……（答书）大蜀皇帝谨致书于大梁皇帝阁下：……谢信物等：右件鞍马及腰带、甲胄、枪剑、麝脐、琥珀、玳瑁、金棱碗、越瓷器并诸色药物等，皆大梁皇帝降使赐贶……金棱含宝碗之光，秘色抱青瓷之响……"①。

前蜀谢后梁信物，提到"金棱含宝碗之光，秘色抱青瓷之响"，可见这批由后梁赏赐给前蜀的越窑青瓷面貌，与文献中所载吴越国进贡给中原王朝的金银棱越器及秘色瓷器基本一致，说明"大梁皇帝降使赐贶"给前蜀的越窑青瓷应该是来自吴越国向中原皇室贡御的瓷器，也就是说，在吴越国遣使向中原进贡瓷器后，中原王朝出于政治目的或外交需求，再将这些瓷器赏赐或转赠他人。尽管目前在五代前蜀境内还未见越窑青瓷的出土，但这类见诸文献记载的越窑贡瓷二次消费的情况是不应被忽视的。

第二节　境内销售

包括越窑在内，吴越国境内的诸多瓷窑皆属"民窑"性质，即主要以盈利为目的、面向民众进行商品性生产。因此，除去越窑产品中用于贡御的器物，余下的吴越国青瓷产品几乎都要流入市场，以供销售。

一、行销国内的背景

两浙地区的青瓷产品，尤其是越窑青瓷，自唐代中晚期开始便逐步拥有广阔的国内市场，其所受到的社会环境推动因素主要有二：首先，唐开元二年（714），玄宗颁布《禁珠玉锦绣敕》，令"所有服御金银器物，今付有司，令铸为铤，仍别贮掌，以供军国"②，以强调戒奢节欲，限制珠玉锦绣、金银器物的使用，瓷器作为金银器皿的良好替代品，由此获得了发展机遇。其次，饮茶之风在中晚唐时迅速风靡全国，不仅流行于上层社会，还普及至

---

① 〔宋〕句延庆：《锦里耆旧传》卷六，清文渊阁《四库全书》本。
② 〔宋〕宋敏求：《唐大诏令集》卷一〇八，北京：商务印书馆 1959 年版，第 562 页。

平民百姓，陆羽著成《茶经》后，更是将普通的饮茶行为提高至茶艺的境界，《茶经》卷中《四之器》自茶器角度肯定了青瓷器的地位，并以越窑青瓷为上："碗，越州上，鼎州次，婺州次……若邢瓷类银，越瓷类玉，邢不如越一也；若邢瓷类雪，则越瓷类冰，邢不如越二也；邢瓷白而茶色丹，越瓷青而茶色绿，邢不如越三也……瓯，越州上……越州瓷、岳瓷皆青，青则益茶。"[①] 这段文字无疑具有广告的作用，而晚唐五代文人对越瓷的不吝赞美，也为越窑青瓷积累了好口碑，促进了其在全国市场的流行。

除了社会环境的推动，广阔国内市场的形成也离不开两个硬件条件——越窑制瓷技术的成熟与漕运的发展。越窑的制瓷技术自中唐以来不断发展创新，到晚唐五代时日臻成熟，能够烧制出"秘色瓷"这样的高质量产品。产品质量的高低与市场广阔与否是直接相关的，市场的扩大又可反过来刺激窑业生产规模的扩张。

至于漕运，以洛阳为中心、北抵涿郡（辖境约为现今北京市西南隅，河北省易县以东、霸州市以西地区）、南达余杭（今浙江杭州）的大运河于隋唐时期凿成、疏浚并整修，成为纵贯南北的重要交通运输干线，其与黄河、长江、淮河等大大小小的河流相连，形成了一张通达的内河航运网；在两浙地区还有一条浙东运河，西起杭州市，跨过曹娥江，经绍兴市向东汇入宁波市甬江入海，将大运河的内河航道与外海连接在一起，同时也是沟通串联越窑主要窑场与大运河的重要纽带。另外，唐玄宗开元年间，裴耀卿对漕运进行了改革[②]，采取节级转运、变长运为短运的策略，一来可以避免因船夫不熟悉水道而造成的损失，二来可以做到"水通则随近运转，不通即且纳在仓，

---

① 吴觉农主编：《茶经述评》，第 115 页。

② 〔宋〕欧阳修、宋祁等《新唐书》卷五三《食货志三》："（开元）二十一年，耀卿为京兆尹，京师雨水，谷踊贵。玄宗将幸东都，复问耀卿漕事，耀卿因请罢陕陆运，而置仓河口……玄宗以为然。乃于河阴置河阴仓……自江、淮漕者，皆输河阴仓，自河阴西至太原仓，谓之北运，自太原仓浮渭以实关中。玄宗大悦，拜耀卿为黄门侍郎、同中书门下平章事，兼江淮都转运使……"（第 1366 页）

不滞远船，不忧久耗，比于旷年长运，利便一倍有余"①，又通过加强黄河漕运、最大限度地变陆运为水运、加大力度建设水次仓（用以接运漕粮）和输场（用以转运货物）等举措，提高了向关中运输的效率，具体做法是："罢陕陆运，而置仓河口，使江南漕舟至河口者，输粟于仓而去，县官雇舟以分入河、洛。"②另在三门峡置东、西二仓，"自东至者，东仓受之；三门迫险，则旁河凿山，以开车道，运数十里，西仓受之。度宜徐运抵太原仓，趋河入渭"③，以此避开三门峡水险，通过渭水等水道运输至关中地区。安史之乱后，运河漕运近乎瘫痪，刘晏在裴氏改革的基础上改进了诸如漕路分段、漕船航行等漕运方式，推动运河漕运再度恢复。瓷器易碎，不便陆上长距离运输，而贯通南北、发达便捷的水运交通为两浙青瓷产品得以行销国内创造了条件，也为越窑青瓷得以贡御中原皇室提供了交通便利。

　　当然，在唐末王仙芝、黄巢起义之后，江淮地区陷入毕师铎、秦彦、孙儒、杨行密等人的割据混战之中，江淮漕运几乎被切断。钱镠统治两浙后，强大的淮南杨氏政权横亘于两浙与中原之间，大运河由是在很长一段时间内都难以为吴越国所用。因此在这期间，吴越国青瓷无论是销往北方，还是向中原王朝与辽国（契丹）进贡，除了依靠浙东运河与辖内畅通的水路网，还需借助陆路、海路等其他交通线。

　　二、国内发现的吴越国青瓷

　　吴越国青瓷在国内的销售情况几乎不见于文献记载，仅能以现有考古出土材料大致反映吴越国青瓷的境内销售范围与特征：

① 〔后晋〕刘昫等：《旧唐书》卷四九《志第二十九·食货下》，北京：中华书局1975年版，第2114—2115页。

② 〔宋〕欧阳修、宋祁等：《新唐书》卷五三《食货志三》，第1366页。

③ 〔宋〕欧阳修、宋祁等：《新唐书》卷一二七《列传第五十二·裴耀卿传》，第4453页。

表六 吴越国商品瓷在国内的出土情况

序 号	年 代	出土地点	出土青瓷	产 地	来 源
1	唐 光化三年 （900）	浙江慈溪 上林湖 焦角湾	墓志罐1件,为筒形罐,上有"唐故扶风郡马氏夫人墓铭并序""明州慈溪县上林乡石仁里三渎保……光化三年八月中忽染疾,百药不疗,至九月廿六日终乎私第。当年十一月初一日,择吉日葬于当乡湖内山北保"等志文。	越窑	中国出土瓷器全集浙江卷[①]
2	五代	浙江金华武义县	四系盘口壶1件,通体施青黄釉,有剥釉现象。	婺州窑系	
3	五代	浙江温州永嘉县北清水埠	执壶1件,通体施淡青绿釉,釉面布满开片。	瓯窑	
4	后梁 龙德二年 （922）	浙江慈溪 上林湖 出网山	墓志罐1件,为筒形罐,上有"至龙德二年十月初三己酉日安葬,其坟作丙向……"等志文。	越窑	越窑瓷墓志[②]

---

① 曹锦炎主编:《中国出土瓷器全集·浙江卷》,北京:科学出版社 2008 年版,第 104、150、151 页。

② 厉祖浩:《越窑瓷墓志》,第 170、187 页。

续　表

序　号	年　代	出土地点	出土青瓷	产　地	来　源
5	五代	浙江慈溪上林湖隆庆寺遗址旁	墓志罐残片1件，为八棱形罐，其上志文残存六列："……向。孝男孝女……焉。呜呼！秀巇平云……萝蔽日。奉命刊……天胡茫茫兮……青松蔚蔚兮……骆氏夫……"	越窑	越窑瓷墓志①
6	唐光化三年	浙江慈溪上林湖	食瓶1件，肩部刻"食瓶一口光化三年十月十一日造""平十六郎"等字。	越窑	青色流年——全国出土浙江纪年瓷图集②
7	后晋开运三年（946）	浙江宁波火车站袁从章墓M24	碗1件，通体施釉，釉色青绿，外底足端与内底均留有支烧痕迹。四系罐1件，系为横桥形，釉色青黄，器底无釉露胎。	越窑	
8	北宋开宝三年（970）	浙江温州西廓大桥头河床下	青瓷铭文碑残片1件，釉色青中泛黄，碑正面刻"开宝三年太岁庚……□道僧徒……"等铭文，背面刻"南无……苏噜跋罗……卢遮那心乳海真言……那谟三曼哆……"	瓯窑	

① 厉祖浩：《越窑瓷墓志》，第 170、187 页。

② 浙江省博物馆编，汤苏婴、王轶凌主编：《青色流年——全国出土浙江纪年瓷图集》，第
189、218—219、230 页。

续 表

序 号	年 代	出土地点	出土青瓷	产 地	来 源
8	北宋开宝三年（970）	浙江温州西廓大桥头河床下	秽迹金刚说神通大满……水得清净□奄□佛□舌……微吉微么那栖鸣……"等铭文。	瓯窑	青色流年——全国出土浙江纪年瓷图集①
9	五代至宋初	浙江宁波和义路遗址	碗、盘、碟、盒、杯、灯盏等若干。	越窑	浙江宁波和义路遗址发掘报告②
10	五代	浙江宁波唐宋子城遗址	以碗为主，数量若干。	越窑	浙江宁波市唐宋子城遗址③
11	五代	浙江宁波东门口码头遗址	以碗为主，数量若干。	越窑	宁波东门口码头遗址发掘报告④
12	五代	浙江宁波市舶司遗址	碗、盏、盘、钵等若干。	越窑	浙江宁波市舶司遗址发掘简报⑤

---

① 浙江省博物馆编，汤苏婴、王轶凌主编：《青色流年——全国出土浙江纪年瓷图集》，第189、218—219、230 页。

② 宁波市文物考古研究所：《浙江宁波和义路遗址发掘报告》，载林士民：《再现昔日的文明——东方大港宁波考古研究》，上海：上海三联书店 2005 年版，第111—147 页。

③ 宁波市文物考古研究所：《浙江宁波市唐宋子城遗址》，《考古》2002 年第 3 期，第46—62 页。

④ 宁波市文物管理委员会：《宁波东门口码头遗址发掘报告》，载林士民：《再现昔日的文明——东方大港宁波考古研究》，第172—198 页。

⑤ 宁波市文物考古研究所：《浙江宁波市舶司遗址发掘简报》，载林士民：《再现昔日的文明——东方大港宁波考古研究》，第261—268 页。

续 表

序 号	年 代	出土地点	出土青瓷	产 地	来 源
13	五代	浙江宁波永丰库遗址	碗2件，通体施釉，釉色青灰。盘7件，器形不一，皆通体施釉，釉色多青中泛灰。	越窑	永丰库——元代仓储遗址发掘报告①
14	五代	浙江宁波药行街境清禅寺遗址	执壶1件，通体施釉，釉色青中泛黄。盏托1件，托盘内不置托圈或托座，内底有凸起重弦纹，通体施釉，釉色青中泛黄。花口盘1件，通体施釉，釉色青灰。	越窑	宁波古陶瓷拾遗②
15	五代	浙江丽水城关镇塔头村墓葬	钵1件，通体施釉，釉色青灰。	越窑	吴越胜览——唐宋之间的东南乐国③
16	推测为后唐同光四年（926）前后	浙江杭州临安区青柯村M1	四系罐1件，系为横桥形，仅上腹施釉，釉色青黄。碗1件，外腹施釉不及底，釉色青中泛黄，内外底均留有支烧痕迹。	越窑	临安青柯五代墓葬发掘报告④

① 宁波市文物考古研究所：《永丰库——元代仓储遗址发掘报告》，北京：科学出版社2013年版，第44—45页。

② 朱勇伟、陈钢：《宁波古陶瓷拾遗》，宁波：宁波出版社2007年版，第21、35、38页。

③ 黎毓馨：《吴越胜览——唐宋之间的东南乐国》，北京：中国书店2011年版，第110页。

④ 浙江省文物考古研究所、杭州市文物考古研究所、临安市文物馆：《临安青柯五代墓葬发掘报告》，载浙江省文物考古研究所、浙江省博物馆、杭州市文物考古研究所等：《晚唐钱宽夫妇墓》，第118—127页。

续 表

序 号	年 代	出土地点	出土青瓷	产 地	来 源
17	推测为后唐同光四年（926）前后	浙江杭州临安区青柯村 M2	碗2件，一件为五曲花口，通体施青釉；一件为敞口微外侈，通体施青黄釉。外底足端与内底均留有支烧痕迹。水盂1件，通体施釉，釉色青灰。粉盒1件，附盖，通体施釉，釉色青黄。	越窑	临安青柯五代墓葬发掘报告①
18	五代	浙江杭州临安区集贤村墓地	水盂1件，施釉不及底，釉色青中泛黄。	越窑	最忆是杭州——新中国成立70周年杭州出土文物选编②
19	五代	浙江杭州临安区吴越国衣锦城遗址	花口碗1件，通体施釉，釉色青中泛灰。	越窑	
20	五代	浙江杭州上城区吴山广场	摩羯鱼形器1件，整器作摩羯形，通体施青釉，造型栩栩如生。	越窑	
21	五代	江苏扬州西湖乡工地墓葬	执壶1件，附盖，腹部垂鼓，作瓜棱状，流上镶铜包嘴，通体施釉，釉色青中泛灰。	越窑	中国出土瓷器全集江苏上海卷③

① 浙江省文物考古研究所、杭州市文物考古研究所、临安市文物馆：《临安青柯五代墓葬发掘报告》，载浙江省文物考古研究所、浙江省博物馆、杭州市文物考古研究所等：《晚唐钱宽夫妇墓》，第118—127页。

② 杭州市园林文物局、杭州市文物考古研究所：《最忆是杭州——新中国成立70周年杭州出土文物选编》，杭州：浙江人民美术出版社2021年版，第136—138页。

③ 张敏、宋建主编：《中国出土瓷器全集·江苏、上海卷》，北京：科学出版社2008年版，第85、88—90页。

续 表

序 号	年 代	出土地点	出土青瓷	产 地	来 源
22	五代	江苏连云港海州锦屏山南唐刘顶墓	执壶1件，长圆腹，作瓜棱状，通体施釉，釉色青中泛灰。	越窑	中国出土瓷器全集江苏上海卷①
23	五代	江苏连云港海州园林寺果园生产队	海棠杯1件，喇叭形高圈足外撇，通体施釉，釉色青中微泛灰。	越窑	
24	五代	江苏南通市区人防工地	皮囊壶1件，腹部呈上扁下圆的皮囊造型，短直流，龙首柄，圈足，通体施莹润的青釉。	越窑	
25	北宋初期（南汉国晚期）	广东广州南越国宫署遗址内南汉国时期的宫殿、池苑等遗迹	碗、盘等若干。	越窑	南越国宫署遗址——岭南两千年中心地②；广州南越国宫署遗址2000年发掘报告③；南越宫苑遗址：1995、1997年考古发掘报告（下）④

---

① 张敏、宋建主编：《中国出土瓷器全集·江苏、上海卷》，北京：科学出版社2008年版，第85、88—90页。

② 南越王官博物馆：《南越国宫署遗址——岭南两千年中心地》，广州：广东人民出版社2010年版。

③ 中国社会科学院考古研究所、广州市文物考古研究所、南越王官博物馆筹建处：《广州南越国宫署遗址2000年发掘报告》，《考古学报》2002年第2期，第235—260页。

④ 南越王官博物馆筹建处、广州市文物考古研究所：《南越宫苑遗址：1995、1997年考古发掘报告（下）》，北京：文物出版社2008年版。

续 表

序 号	年 代	出土地点	出土青瓷	产 地	来 源
26	五代	河南三门峡电业局住宅小区三期工程 M35	花口碗1件，通体施釉，釉色青中微泛灰。	越窑	中国出土瓷器全集·河南卷①
27	后梁开平三年（909）	河南洛阳高继蟾墓	盆1件，通体施釉，釉色青灰。花口碗1件，口沿有银釦，多已脱落，通体施釉，釉色青灰。	越窑	洛阳后梁高继蟾墓发掘简报②

注：仅针对与商品销售相关，且明确是吴越国时期的两浙青瓷产品。此处的"吴越国时期"指钱氏政权统治时期，启自唐末钱镠割据两浙，终于北宋初钱弘俶纳土。性质、所属时代、产地不明确者均不包含在内。

此外还有部分北宋早期的材料，由于没有纪年信息，无法确定是否处于纳土归宋前的吴越国时期，故并未统计至上表，如《中国出土瓷器全集·北京卷》中收录了一件出土于北京市丰台区永定路的越窑青釉划花葵口盘③，内底细线划繁密工整的对蝶纹。尽管书中所注年代为五代，但这件器物的器形、装烧方式乃至内底纹饰，都与内蒙古通辽市奈曼旗青龙山镇辽开泰七年（1018）陈国公主与驸马合葬墓中出土的越窑青釉对蝶纹盘相一致，同类器物以及相同的细线划花对蝶纹样也均可在寺龙口等越窑窑址的北宋早期地层中找到，应当是典型的北宋越窑产品。

前述辽墓出土的吴越国越窑青瓷中有一些质量一般的产品，如内蒙古赤峰市巴林左旗辽祖陵一号陪葬墓出土了胎质较粗、釉色青黄的越窑器盖与盒盖，皆为常见的普通越窑产品，应是通过贸易这一非官方途径输入辽国的，

---

① 孙新民主编：《中国出土瓷器全集·河南卷》，北京：科学出版社2008年版，第51页。
② 洛阳市文物工作队：《洛阳后梁高继蟾墓发掘简报》，《文物》1995年第8期，第52—60页。
③ 于平主编：《中国出土瓷器全集·北京卷》，北京：科学出版社2008年版，第12页。

可作为吴越国青瓷远销至内蒙古的可能例证。

　　惜五代存续时间甚短，所见材料并不丰富。通过上表的大致梳理，可以看到吴越国辖内生产的商品瓷主要出土于浙江的慈溪、宁波、杭州、武义、温州、丽水等地。其中，慈溪、宁波分别是越窑生产中心与次中心的所在地，出土青瓷以越窑产品为大宗；金华市武义县所出土器物为一件婺州窑系盘口壶，温州市与其下辖的永嘉县出土有瓯窑的执壶与青瓷铭文碑，而婺州窑、瓯窑又恰好主要位于现今的金华与温州一带，说明吴越国商品瓷的市场皆是自产地及其周边地区向外辐射的，这些青瓷产品在当地百姓的生活中应扮演着重要角色。宁波在唐宋时称"明州"，是东南沿海的一处通商大埠，宁波出土的吴越国青瓷（主要是越窑青瓷）多集中于东门口码头遗址、子城遗址与邻近的永丰库、和义路、市舶司、药行街等遗址。东门口码头地处余姚江、甬江、奉化江交汇的"三江口"南侧，为唐宋时期的海运码头；子城遗址位于现今宁波市中山西路与中山东路交汇处的北侧，唐长庆元年（821）在今宁波市中心建明州城，正所谓"罗城，外大城也。子城，内小城也"①，后因另建罗城，故称之为"子城"。"子城"是明州的政治、经济、文化与交通中心，"三江口"在其东侧，药行街以及永丰库、市舶司等遗址在其东南部，和义路遗址在其东北部，数量较多的吴越国越窑青瓷在这一区域出土，应当与瓷器贸易运输有关。换言之，明州港当为吴越国经海路出运青瓷器的重要港口。

　　全国范围内出土的吴越国商品瓷也以越窑青瓷为主，内销范围可达邻近的江苏、南海之滨的广东与淮河以北的河南等地，或可远抵北京、内蒙古，如此广阔的内销市场与越窑在钱氏政权统治下空前兴盛是直接相关的。与浙江宁波相似，江苏的扬州、连云港也是唐宋时期的重要港口。扬州既是长江入海口的所在地，也是大运河与长江的交汇口，因其江河交汇、江海相通的独特地理优势，成为南北水陆交通运输的枢纽与对外贸易交流的重要口岸；连云港古称"海州"，东滨黄海，唐宋时期依托于盐运，发展为河海通达的

---

① 〔明〕严衍：《资治通鉴补》卷二五一《唐纪六十七》，清光绪二年（1876）盛氏思补楼活字印本。

贸易集散港口。五代时期的扬州与连云港曾先后隶属于南吴、南唐、后周，并非吴越国所辖，因此这两个地区所出吴越国青瓷产品的数量并不多，而尽管数量不多但仍有出土的原因可能在于曾有商船在此停靠。在广州南越国宫署遗址，南汉国时期的宫殿、池苑等遗迹中除了五代越窑生产的秘色瓷等高档器物，还出土有质量平平的普通越窑产品，可能是吴越与南汉互通贸易的实物证明。今天的河南省地区是五代中原王朝的政治中心所在地，越窑商品瓷在河南出现，暗示吴越国与中原王朝之间确有贸易往来。另外，瓯窑、婺州窑的产品鲜有在淮河以北地区出土，说明这两个青瓷窑口在吴越国时期的国内市场可能主要集中在其产地辐射区域。

就内销的器物类型与功能而言，主要包括碗、盘、碟、盏、杯、执壶等饮食器，罐、盆、钵等盛贮器，粉盒、灯盏等日常生活用器，水盂等文房用具，以及食瓶、墓志罐等丧葬用具；而饮食器中的碗、盏、执壶等可兼作茶器与酒器。

丧葬用具中，食瓶为器物自名，即依照其自身所刻铭文中的称谓来命名，上表中的食瓶与越窑丧葬用具中的罂非常近似，二者可能是同一器类的不同名称[1]。罂在唐宋时期是南方地区常见的随葬明器，甚至到了"今丧家棺敛，柩中必置粮罂者"[2]的程度，足见其流行；同时，罂也可作为墓志的载体。除此以外，墓志罐也是一种特殊的墓志形式，为越窑青瓷产品中的独特品类，在出土的丧葬用具中极具特色。不同于碗、盘、碟、盏等可以量产的越窑商品瓷，墓志罐因其上需镌刻记死者姓名、家世、生平的文字，故只能特别定制。根据《越窑瓷墓志》一书的收录情况，吴越国时期越窑墓志器的出土数量较少，但因墓志自铭有埋藏地点，故仍可为探索这类产品的销售范围提供线索。经过甄别与统一梳理（详见附表），无论是出土地点，还是志文所记的埋葬地与居住地，皆以"上林乡"为主，此外还多见"鸣鹤乡""梅川乡"等。其中，

---

① 王莲瑛：《介绍一件自铭"食瓶"的唐越窑青瓷》，《文物》1993年第2期，第93—94页。
② 〔宋〕高承撰，〔明〕李果订，金圆、许沛藻点校：《事物纪原》卷九《吉凶典制部第四十七》"粮罂"条，北京：中华书局1989年版，第478页。

上林乡的辖域范围大约包括今桥头镇南部、匡堰镇、观海卫镇白洋村，鸣鹤乡大约包括今观海卫镇南部、掌起镇西南部，梅川乡大约包括今横河镇东北部、白沙路街道南部、浒山街道东南部①。结合越窑窑址的分布区域来看，吴越国时期越窑的核心窑场基本都位于上林乡与鸣鹤乡境内，而这些以墓志罐为大宗的越窑墓志器集中出现在越窑的核心产区——上林湖地区，说明使用墓志罐作随葬明器的风俗传统可能仅仅为上林湖一带所特有。本身就是定制类产品的性质，需在死者下葬前烧制完成的时间限制，再加上使用人群与范围的局限性，使得墓志罐这类越窑丧葬用具的市场不会很广，应当是在以上林湖窑场为中心的小范围辐射区域。

相比之下，在吴越国时期，茶器、日用器具、文房用具等量产类越窑产品的内销市场则相对广阔，但因现有公开材料有限，不同类别产品的内销分布特征、不同地区对不同产品的市场偏好尚无明显的规律可循，有待日后进一步探索。

三、国内传播的交通路线

隋唐时期疆域辽阔，不仅在秦汉以来所修驰道之基础上进行了大规模的扩建增修，还开凿疏浚了纵贯南北、横连诸多内河水系的大运河，境内水陆交通便捷通达。唐代以长安（今陕西西安）为上都，境内各方陆路干线皆自长安向外辐射，且各交通要道设置有驿站，按《大唐六典》记载，"凡三十里一驿"，盛唐时共有驿站"一千六百三十有九所"，其中"二百六十所水驿，一千二百九十七所陆驿，八十六所水陆相兼。"②入宋以后，境内水陆交通较唐代没有太大变化，但交通干线的辐射中心自长安改至汴京（今河南开封）。唐宋之间的五代时期，即吴越国所处的主要历史阶段，由晚唐藩镇割据的局势发展形成，水陆交通干线本身与唐代时相比也应变化不大，仅被不同的割

---

① 厉祖浩：《越窑瓷墓志》，第 22 页。

② 〔唐〕李隆基撰，〔唐〕李林甫注：《大唐六典》卷五《尚书兵部》，西安：三秦出版社 1991 年版，第 127 页。

据政权分割成许多相对独立的区域①。因此，虽然有关五代时期国内交通路线的记载非常少，但仍可从唐代的相关记载中获取一些线索。

根据《元和郡县图志》等文献资料，与越窑青瓷国内传播相关的交通路线可能有以下几条②：

（1）自上都长安的东行线

长安向东行，经华州（治所在今陕西渭南市华州区）、虢州（治所在今河南灵宝市），至东都洛阳（今河南洛阳市）。

自东都洛阳再向东行，经郑州（治所在今河南郑州市），至汴州（治所在今河南开封市），自此分化出两条路线，其中一条继续东行，依次取道曹州（治所在今山东菏泽市曹县）、兖州（治所在今山东济宁市兖州区）、淄州（治所在今山东淄博市淄川区）、青州（治所在今山东青州市），至莱（治所在今山东莱州市）、登（治所在今山东烟台市蓬莱区）二州。

（2）自上都长安的东南线

长安向东行至汴州，路线同上，自汴州转向东南，即上述分化出的另一条路线，依次取道宿州（治所在今安徽宿州市）、泗州（治所在今江苏宿迁市泗洪县东南）、楚州（治所在今江苏淮安市），抵达扬州（治所在今江苏扬州市）。

自扬州向南，经润州（治所在今江苏镇江市）、常州（治所在今江苏常州市）、苏州（治所在今江苏苏州市），至杭州；自杭州继续向东南可行至越州（治所在今浙江绍兴市）、明州（治所在今浙江宁波市）；自杭州向南可经睦州（治所在今浙江建德市）、婺州（治所在今浙江金华市）、处州（治所在今浙江丽水市），至温州（治所在今浙江温州市）。自睦州向西南又可经衢州（治所在今浙江衢州市）、建州（治所在今福建建瓯市）、福州（治所在今福建福州市），终抵泉州（治所在今福建泉州市）。

① 白寿彝：《中国交通史》，北京：团结出版社 2007 年版，第 111 页。

② 白寿彝：《中国交通史》，第 110—111 页；周成：《中国古代交通图典》，北京：中国世界语出版社 1995 年版，第 9—10 页。

（3）自上都长安的东北线

长安以东北的路线较多，其中一条途经同州（治所在今陕西渭南市大荔县）、绛州（治所在今山西运城市新绛县）、晋州（治所在今山西临汾市）、汾州（治所在今山西汾阳市）、忻州（治所在今山西忻州市），至代州（治所在今山西忻州市代县），由代州继续向东北可达蔚州（治所在今河北张家口市蔚县）；由代州转向西北，可至朔州（治所在今山西朔州市），远抵单于都护府（治所在今内蒙古呼和浩特市和林格尔县西北土城子）。

由上述路线可见，在唐代就已有数道从两浙至中原以及北方地区的陆上通途，但陆运对于如此长距离的运输来说效率颇低、成本较高，并且与之相比，水运更适合瓷器这类运输量较大而又易碎的货品。前文提到的大运河与浙东运河的开凿疏浚，使内河航运在浙东青瓷的境内传播中发挥起巨大作用。

隋唐时的大运河自北向南包含永济渠、通济渠、山阳渎、江南运河四部分：

永济渠的开凿始于隋大业四年（608），炀帝"诏发河北诸郡男女百余万，开永济渠，引沁水南达于河，北通涿郡"①，该渠自沁水入黄河口，利用自然水道与前朝开凿的人工河渠，向北经河南新乡至卫辉，途中引入清水并与淇水沟通，自卫辉继续北上，依次经河南内黄县，河北魏县、馆陶县、临西县、清河县，山东德州，河北东光县、沧县、青县等，至天津入海河，再折向西北抵达涿郡。然沁水易泥沙淤塞，难以通航，故唐代弃用沁水而改以清水、淇水为水源，渠首由是东移至卫辉一带，另又增开了通利渠（在今河北南宫市）、堂阳渠（在今河北邢台市新河县）、沣水渠（在今河北邢台市隆尧县）、长丰渠（在今河北河间市）、平卢渠（在今天津蓟州区）等众多支渠，以丰富水源，增加水路运输通道。

通济渠开凿于隋大业元年（605）②，唐时称广济渠，是沟通中原与江淮地区的运河水道，分东、西两段，西段习称漕渠，"自洛阳西苑引谷、洛水

---

① 〔唐〕魏徵等：《隋书》卷三《帝纪第三·炀帝上》，清乾隆四年（1739）武英殿刻本。

② 〔唐〕魏徵等：《隋书》卷三《帝纪第三·炀帝上》："辛亥，发河南诸郡男女百余万，开通济渠，自西苑引谷、洛水达于河，自板渚引河通于淮。"清乾隆四年（1739）武英殿刻本。

达于河"①，东段习称汴渠，"自板渚（今河南荥阳市北）引河入汴口，又从大梁（今河南开封市）之东引汴水入于泗，达于淮，自江都宫（今江苏扬州市西北）入于海"②，疏通了洛阳至黄河、黄河入淮河的水路运输通道，依次流经河南开封东南的陈留镇、杞县、睢县、宁陵县、商丘、永城，安徽宿州、灵璧县、泗县以及江苏泗洪县，至盱眙县入淮河。

山阳渎，古称邗沟，隋大业元年重新开凿疏浚，"自山阳（今江苏淮安市）至扬子（今江苏仪征市）入江"③，连接了淮河与长江，是大运河水道中上承通济渠、下连江南运河的重要航道，唐时习称扬州漕渠。受自然因素与泥沙淤积的影响，长江水道逐渐南移，唐初扬子以南的江面被江心瓜洲阻隔，因而无法直渡，漕船只能绕过瓜洲，迂回数十里。唐玄宗开元二十六年（738），润州刺史齐澣于今天的扬子桥至瓜洲镇之间开凿伊娄河，经此可"即达扬子县。自是免漂损之灾，岁减脚钱数十万。"④此后，这段运河水道又历经数次修浚，如唐德宗贞元四年（788），扬州长史杜亚"自江都西循蜀冈（今扬州市西北）之右，引陂趋城隅以通漕"⑤；宪宗元和年间，李吉甫出任淮南节度使期间（808—811年），因"漕渠庳下不能居水"，于高邮、邵伯二湖东侧，即扬州漕渠西侧，"乃筑堤阏以防不足，泄有余，名曰平津堰"⑥；唐敬宗宝历二年（826），又因"漕渠浅，输不及期，盐铁使王播自七里港引渠东注官河，以便漕运。"⑦这些举措均在一定程度上改善了江淮之间的漕运条件。

江南运河是大运河最南端的航道，起自长江南岸，经江苏丹阳、常州、无锡、苏州以及浙江嘉兴，直至杭州，连通长江、太湖、钱塘江三大水系，

---

① 〔唐〕李吉甫撰，贺次君点校：《元和郡县图志》卷五《河南道一》，北京：中华书局1983年版，第137页。
② 〔唐〕李吉甫撰，贺次君点校：《元和郡县图志》卷五《河南道一》，第137页。
③ 〔宋〕司马光《资治通鉴》卷一八〇《隋纪四》："（大业元年）又发淮南民十余万开邗沟，自山阳至扬子入江，渠广四十步，渠旁皆筑御道，树以柳。"（第5618—5619页）
④ 〔后晋〕刘昫等：《旧唐书》卷一九〇中《列传第一百四十中·文苑中·齐澣传》，第5038页。
⑤ 〔宋〕欧阳修、宋祁等：《新唐书》卷四一《地理志五》，第1052页。
⑥ 〔宋〕欧阳修、宋祁等：《新唐书》卷一四六《列传第七十一·李吉甫传》，第4740—4741页。
⑦ 〔宋〕欧阳修、宋祁等：《新唐书》卷四一《地理志五》，第1052页。

由隋炀帝于大业六年（610）在历代所开人工河渠的基础上重新疏凿，唐时又屡经疏浚整治，如唐代宗永泰（765—766）、大历（766—779）年间疏浚练湖，以济丹阳至常州之间的水道；唐宪宗元和八年（813），常州刺史孟简于武进西四十里开孟渎，引江水南注通漕，又于无锡南五里开泰伯渎，东连蠡湖①，以畅通漕运。

大运河水道在浙江省境内有一延伸段，即浙东运河，由春秋时期开凿的山阴故水道修浚、发展而来，西起杭州滨江区钱塘江南岸，经杭州萧山区进入绍兴境内，与曹娥江相交，又经绍兴上虞区，至余姚汇入余姚江，与奉化江在宁波"三江口"入甬江，最后于宁波镇海区流入东海。越窑的中心与次中心窑场恰分布于浙东运河沿线的两岸，其产品通过浙东运河，向西可至钱塘江，然后进入大运河航道输往北方；向东可达濒海码头与港口，经海路向外传播。

此外，在关中地区还有一条广通渠，以汉代漕渠故道为基础，重开于隋开皇四年（584），"引渭水经大兴城北，东至于潼关，漕运四百余里，关内赖之，名之曰富民渠"②，后改称永通渠。唐初因泥沙淤积而被弃用，至唐玄宗天宝元年（742）由陕州刺史兼水陆转运使韦坚主持重修，恢复通航，东起华阴永丰仓，西至咸阳西南，以渭水为主要水源；之后又经疏浚，得以沿用数十年。

通过上述梳理，有唐一代境内水陆交通线的大致面貌已较为明朗。无论是进贡，还是商品瓷的境内销售，其所借助的交通线应该差别不大。结合前文探讨的吴越国青瓷的进贡情况、在国内的发现地点，以及各方水陆交通线的分布，可大致对唐五代时期两浙青瓷产品（主要是越窑青瓷）在国内的传播路线有一个基本的判断——

从青瓷产品的生产地，通过浙东运河运输至杭州，杭州是吴越国的都城

---

① 〔宋〕欧阳修、宋祁等《新唐书》卷四一《地理志五》："（武进）西四十里有孟渎，引江水南注通漕，溉田四千顷，元和八年，刺史孟简因故渠开"；"（无锡）南五里有泰伯渎，东连蠡湖，亦元和八年孟简所开"。（第1058页）

② 〔唐〕魏徵等：《隋书》卷六一《列传第二十六·郭衍传》，清乾隆四年（1739）武英殿刻本。

所在，"自贡"给吴越国王室贵族的"秘色瓷"等高质量越窑青瓷想必主要是以这条水路运输的。同时，杭州作为大运河的南部端点，是连通浙东运河、钱塘江与大运河的重要交通枢纽，商品瓷在此处转运至大运河航道，经苏州、镇江、扬州等地可一路北上至开封、洛阳。在洛阳这一交通枢纽，首先可通过节级转运、水陆联运等方式，过三门峡水险，再取道渭水或重新修浚后的永通渠运抵唐代政治中心长安所在的关中地区，陕西扶风县法门寺地宫出土的越窑秘色瓷可能就是通过这条线路输入的，但由于政治中心的东移，这条通往关中的传播路线至五代时期可能不再被采用；其次，从长安转陆路向东北行至代州，再折向西北，途经朔州可至单于都护府（唐会昌年间改称安北都护府）。这条路线也值得注意，单于都护府的治所在今内蒙古呼和浩特市和林格尔县西北土城子，而在土城子古城遗址出土有晚唐越窑青瓷 [①]，可能正是该传播路线存在的证明。

如上所述，虽然参考唐代的水陆交通勾勒出了一个大致的国内传播路线，但唐末五代的政权割据使区域间的地缘关系变得复杂，势必会影响吴越国青瓷北上输出的交通线。

从吴越国前往中原地区，最便捷的路线便是沿大运河行至五代诸中原王朝的政治中心——开封和洛阳，而大运河水道中连通浙东运河的江南运河段需经过杨吴政权所在的江淮地区。唐昭宗景福元年（892）孙儒之乱平定后，杨行密占据淮南，同时夺取了浙江西道的润、常二州，钱镠则以杭州为中心，据有浙西数州，杨氏与钱氏两大割据势力于东南地区并峙的局面自此初步形成，二者相互对立，屡有冲突，在南唐代吴后，这种对立局面依然存在，吴越国取道江淮以至中原的线路由是受阻。据《旧五代史》记载，后梁开平三年（909）"（司马邺）使于两浙。时淮路不通，乘驲者迂回万里，陆行则出荆、襄、潭、桂入岭，自番禺泛海至闽中，达于杭、越。复命则备舟楫，出东海，至于登、莱。而扬州诸步多贼船，过者不敢循岸，必高帆远引海中，谓之'入

---

① 塔拉主编：《中国出土瓷器全集·内蒙古卷》，北京：科学出版社 2008 年版，第 1 页。

阳'，以故多损败。"①说明当时吴越国与中原王朝之间至少有两条通路：其一，自中原两京地区出发，先通过陆路，行经今天的湖北、湖南、广西等地，至广东出海，出海港口应为广州港，再从海路抵达两浙；这条两浙地区与广州之间的海上通路应当也是吴越、南汉二国互通往来的交通线，在文献记载②与考古发现③中均能得到佐证，南越国宫署遗址内南汉国时期的宫殿、池苑等遗迹出土的吴越国越窑青瓷应该就是经此路线输入的。其二，自两浙直接出东海，出海港口应为明州港，经海路北上，到达位于山东半岛的登、莱二州，自此可转为陆路，或水陆兼行，一路西行至开封、洛阳。

然而在吴国占领虔州（治所在今江西赣州）后，吴越与中原之间的内陆通道被切断，只能转向海路：后梁贞明四年（918）"冬十二月，淮人围虔州，将绝我贡路，刺史卢光俦来告，王命征兵援之，未及境而虔州拔矣。航海入贡自此始也。"④这条"航海入贡"的路线应与上述出东海北上至山东登州港、莱州港的路线相同。又按《新五代史》《十国春秋》等文献记载："是时，江淮不通，吴越钱镠使者常泛海以至中国。而滨海诸州皆置博易务，与民贸易。"⑤"吴越贡赋，朝廷遣使，皆由登、莱泛海，岁常飘溺其使。"⑥"梁时，江淮道梗，吴越泛海通中国，于是沿海置博易务，听南北贸易。"⑦"先是，滨海郡邑，皆有两浙回易务，厚取民利，自置刑禁，追摄王民……铢即告所部，

① 〔宋〕薛居正等：《旧五代史》卷二〇《梁书二十·列传第十·司马邺传》，第270—271页。
② 南汉后主刘𬬮"好治宫室，欲购怪石，乃令国中以石赎罪。富人犯法者，航海于二浙买石输之"。见〔宋〕朱彧：《萍洲可谈》卷二，第145页。
③ 2009年，在福建平潭分流尾屿发现一艘装载大量越窑青瓷的五代沉船。见中国国家博物馆水下考古研究中心、福建博物院文物考古研究所：《福建平潭分流尾屿五代沉船遗址调查》，《中国国家博物馆馆刊》2011年第11期，第18—25页。
④ 〔宋〕范坰、林禹：《吴越备史》卷一《武肃王》，载《四部丛刊续编·史部（一五）》，第972页。
⑤ 〔宋〕欧阳修撰，〔宋〕徐无党注：《新五代史》卷三〇《汉臣传第十八·刘铢传》，第335页。
⑥ 〔宋〕欧阳修撰，〔宋〕徐无党注：《新五代史》卷六七《吴越世家第七》，第843页。
⑦ 〔清〕吴任臣：《十国春秋》卷一一五《拾遗·吴越》，第1743页。

不得与吴越征负，擅行追摄，浙人慑息，莫敢干命。"①可见，不仅"贡路"如此，至中原的民间贸易也采用此路线，并且设置有"博易务""两浙回易务"等贸易管理机构。另外，由上述记载可判断，吴越国所设"博易务"与"两浙回易务"应位于中原王朝境内的滨海诸州，即山东沿海，尤其是"博易务"，均在叙述吴越"泛海以至中国"时才被提及，其主要职能可能在于管理与中原王朝的贸易；至于"两浙回易务"，据相关学者考证，不排除其与"博易务"为同一机构异名的可能②。

值得注意的是，根据目前的考古发现，吴越国青瓷在山东沿海地区鲜有出土，与登州、莱州这两个北方大港的地位并不相称，对此，有学者认为这一现象应与登、莱二港的性质有关，即登州港与莱州港并非纯粹的、以商业贸易著称的商港，其在唐宋时期更像是一个造船基地、军事后勤基地、对高丽作战的桥头堡、国外使节往返的登陆地，因此与贸易功能相比，更多地则是表现军事及政治功能③。

直至后周显德五年（958）淮南之战结束后，后周占领了包括海州、扬州在内的江北十四州，吴越国与中原王朝的陆上往来才得以恢复，正如《资治通鉴》所载："（显德五年春正月）壬辰，拔静海军，始通吴越之路。先是，帝遣左谏议大夫长安尹日就等使吴越，语之曰：'卿今去虽汎海，比还，淮南已平，当陆归耳。'已而果然。"④具体路线可能是自吴越国北境渡过长江，即达扬州，再沿大运河直达开封。宋朝建立后，钱弘俶两次北上朝觐应当也是循此路线抵达东京开封府的。第一次是在宋太祖开宝九年（976），"春正月庚申，王发自国城。先是，太祖皇帝因王入觐，敕遣供奉官张福贵、淮南转运使德言（即刘德言，为避钱镠名讳而改书）开古河一道，自瓜州口至润州江口，达龙舟堰，以待王舟楫，其堰遂名曰'大通堰'……二月辛丑，王

---

① 〔宋〕薛居正等：《旧五代史》卷一〇七《汉书九·刘铢传》，第1415页。

② 何勇强：《钱氏吴越国史论稿》，第325—326页。

③ 陈杰：《从出土瓷器看唐宋时期山东半岛与南方地区的海上交流》，《福建文博》2012年第4期，第15—19页。

④ 〔宋〕司马光著，〔元〕胡三省音注：《资治通鉴》卷二九四《后周纪五》，第9578页。

次宝应……甲辰，王次泗州……辛亥，又遣内司宾洎内臣至……是日，次近畿"①；第二次是在宋太宗太平兴国三年（978），"春二月六日，王发国城。三月二日，次扬州……七日，次洪泽驿……十五日，王次宿州……十七日，王次永城……是月二十三日，王次陈留……二十四日，王至京师"②。通过这些地名以及抵达的次序可以判断，大运河在这一阶段的南北交通中再次发挥了重要作用。

除上述路线外，吴越国还有一条通往辽国（契丹）的海上通路，但史料中对这条交通线并无明确记载，仅提到吴越国是通过航海入贡辽国的："（辽）东朝高丽，西臣夏国，南子石晋而兄弟赵宋，吴越、南唐航海输贡。"③尽管如此，根据地理区位与考古发现可推测，吴越至辽的海路应该是从明州港出东海，北上至渤海后直接抵达辽境。

第三节　域外传播

流入市场的吴越国青瓷在境内销售的同时，也会供应海外市场，向域外传播，其中，越窑青瓷是最为主要的货品。吴越国时期，越窑正值鼎盛发展阶段，生产规模庞大，产品大量外销。伴随世界各地考古工作的深入开展，越来越多的越窑青瓷在海外被发现，当时的外销盛况由此得以展现在世人面前。

一、沉船中的发现

目前已知与越窑青瓷外销相关重要沉船主要有三艘：黑石号（Batu Hitam）、印坦（Intan）与井里汶（Cirebon）。黑石号沉船发现于印度尼西亚勿里洞海域，出水瓷器以长沙窑产品为主，越窑青瓷的数量大约占比0.2%，

---

① 〔宋〕范坰、林禹：《吴越备史》卷四《今大元帅吴越国王》，载《四部丛刊续编·史部（一五）》，第1106—1107页。

② 〔宋〕范坰、林禹：《吴越备史》卷四《今大元帅吴越国王》，载《四部丛刊续编·史部（一五）》，第1113—1114页。

③ 〔元〕脱脱等：《辽史》卷三七《地理志一》，第437页。

但其中不乏熏炉、执壶、海棠杯、带有刻划花装饰的方盘等精美器物，由于在出水瓷器中发现了刻"宝历二年"（826）铭款的长沙窑碗，故判断这是一艘9世纪前半叶的沉船[①]，属唐代。而印坦沉船与井里汶沉船的年代稍晚，分别约为10世纪中叶与10世纪后半叶，这两艘沉船与吴越国时期越窑的域外输出密切相关。

1. 印坦沉船

印坦沉船于1997年在印度尼西亚雅加达以北约150公里的印坦油田附近被发现，根据船体木材与造船工艺，应该是一艘东南亚拼合货船（lashed-lug cargo vessel），从船上货物与沉船位置来看，很有可能是印度尼西亚建造的船只[②]。该沉船正式发掘登记的瓷器数量为7309件，包括一种产自广东的青黄釉小罐，越窑青瓷，以及少量产自安徽繁昌窑和北方窑口的青白瓷、白瓷，另外还有一些东南亚地区生产的细陶器与中东地区生产的陶器。其中，青黄釉小罐的数量最多，约占比66.4%，是主要的瓷器货品，越窑青瓷次之，约占比20%—30%[③]。

印坦沉船出水的越窑青瓷多带有细线划花或刻花装饰，质量总体较高，有瓶（含双鱼瓶）、碗、盒、杯、盘、执壶、盖罐、枕、水盂、鸟形埙等器类。装饰纹样可见刻花莲瓣纹和以细线划花手法表现的缠枝花卉纹（图七六-1）、卷草纹、对称鹦鹉纹（图七六-2）、龟心荷叶纹等，莲瓣纹常见于瓶、盖罐等器物的肩腹部（图七六-3），其他细线划花纹样则多装饰在碗、盘等圆器内底，盒盖盖面及枕面处。在这些出水越器中，有一件镂空划花纹瓷枕尤为精致，枕身饰镂空缠枝花卉，枕面满饰细线划花缠枝花卉纹（图七六-

① 秦大树：《拾遗南海补阙中土——谈井里汶沉船的出水瓷器》，《故宫博物院院刊》2007年第6期，第91—101页。

② ［新加坡］Michael Flecker.*The Archaeological Excavation of the 10th Century Intan Shipwreck*，Oxford:BAR International Series 1047，2002:pp.140.

③ 秦大树：《拾遗南海补阙中土——谈井里汶沉船的出水瓷器》，《故宫博物院院刊》2007年第6期，第91—101页。

图七六 印坦沉船出水的越窑青瓷（1.缠枝花卉纹碗；2.对称鹦鹉纹盒；3.莲瓣纹罐；4.镂空划花纹枕）

4），堪为精品之属，年代当为北宋早期，或可早至入宋以后的吴越国时期，即吴越国晚期。

结合该沉船中发现的百余枚南汉国铸造的"乾亨重宝"铅币，上铸"桂阳监"三字的银锭，以及船上最主要的瓷器货品——广东地区生产的青黄釉小罐来看，船货中的大部分中国瓷器应该是在南汉辖域的广州港装载的。而来自吴越国辖域的越窑产品与来自南唐辖域的繁昌窑产品也在船货中出现，可能是此船与吴越、南唐进行贸易往来所致，不排除这艘货船自广州港北上贸易的可能，但考虑到海上航行、卸货装船的时间与人力成本，最有可能的情况是：这些来自吴越、南唐的瓷器先由本地商船分别自明州港、扬州港出海运输至广州港，再进行贸易，并统一装船。

2. 井里汶沉船

井里汶沉船发现于印度尼西亚爪哇岛北岸井里汶外海约 100 海里处的水下，自 2004—2005 年由一家名为 PT. Paradigma Putra Sejahtera（简称 PT. PPS）的沉船打捞公司与西方的水下考古机构联合进行了正式发掘，沉船残骸长约 31 米，宽约 10 米，因造船木材仅在苏门答腊与西加里曼丹发现，故相关学者判断这条沉船应为东南亚当地所建造[①]。

井里汶沉船打捞出水的遗物总数可达 49 万余件，其中完整器有 15 万余

① ［印尼］Adi Agung Tirtamarta, M. M.，辛光灿译：《井里汶海底十世纪沉船打捞纪实》，《故宫博物院院刊》2007 年第 6 期，第 151—154 页。

件，残器约 26 万余件，全部船货品类可达 521 种，几乎囊括了印度洋－太平洋贸易圈的各类人工制品与原材料[①]，除了中国瓷器、银锭、铜钱、铅币、铜镜、漆器等制品外，还有产自马来半岛的各式锡器与锡条形货币、泰国的细陶军持、斯里兰卡的红蓝宝石、中东叙利亚或波斯的玻璃瓶、爪哇风格的金器与铜镜、佛教密宗及印度教的铜法器与铜像等，同时也有水晶、玻璃、铅、锡、青金石等原料，以及树脂香料、犀牛牙、鸦片等有机货物。有学者考察了当时爪哇的市场需求，发现爪哇岛上用作建筑材料的火山岩比较丰富，而金属矿产贫乏，故维系爪哇社会运转的金、银、铜、铁、锡等金属原料均需进口，又结合《诸蕃志》描述阇婆国（位于今爪哇岛一带）"番商兴贩，用夹杂金银、及金银器皿、五色缬绢、皂绫、川芎、白芷、朱砂、绿矾、白矾、硼砂、砒霜、漆器、铁鼎、青白瓷器交易"[②]的记载，认为井里汶沉船满载的金属制品及原料之于爪哇有理想的市场，因此这艘货船应该是在前往爪哇的途中沉没的[③]。

越窑青瓷在井里汶沉船出水的中国瓷器中数量最多，在全部的船货中也占有相当大的比例，是船上最重要的货品，器物种类极其丰富，包括碗、盘、杯、瓶、盏托、罐、盒、执壶、炉等，其中既有通体素面无纹者，也有饰纤巧纹样之器，如内底细线划龟心荷叶、对称鹦鹉、对蝶等纹样的碗、盘，托座四周刻莲瓣、台面戳印莲子纹的盏托，外壁贴塑兽首、下衬细线划花的八方杯（图七七-1），盖面细线划对雁（图七七-2）、婴戏（图七七-3）等纹样的盒，外腹以刻划花、细线划花技法饰缠枝花卉（图七七-4）、对称鹦鹉（图七七-5）、人物宴乐（图七七-6）等纹样的执壶，莲瓣纹炉（图七七-7）等，另外还有一些作仿生造型的器物，如卧鹿形盖盒（图七七-8）、摩羯形器（图七七-9）、凤首壶盖（图七七-10）等。不少器物的外底刻有款识，

① 辛光灿：《9—10 世纪东南亚海洋贸易沉船研究——以"黑石号"沉船和"井里汶"沉船为例》，《自然与文化遗产研究》2019 年第 10 期，第 28—32 页。

② 〔宋〕赵汝适撰，杨博文校释：《诸蕃志校释》卷上"阇婆国"条，北京：中华书局1996 年版，第 55 页。

③ 李旻：《十世纪爪哇海上的世界舞台——对井里汶沉船上金属物资的观察》，《故宫博物院院刊》2007 年第 6 期，第 78—90 页。

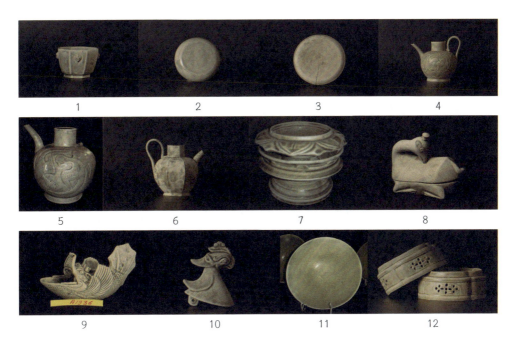

图七七 井里汶沉船出水的越窑青瓷（1.划花贴塑八方杯；2.对雁纹盒；3.婴戏纹盒；4.缠枝花卉纹执壶；5.对称鹦鹉纹执壶；6.人物宴乐纹执壶；7.莲瓣纹炉；8.卧鹿形盖盒；9.摩羯形器；10.凤首壶盖；11.龙纹大盘；12.委角套盒）

包括"大""上""天"等单字款，在上林湖窑场北宋早期的产品上也多能见到类似的刻款。一件莲瓣纹碗的外底刻有"戊辰徐记烧"的字样，结合沉船及其上大部分船货所处的年代来看，这里的戊辰年应为968年，即宋太祖乾德六年，此时越窑尚处吴越国辖域内。

井里汶沉船还出水了几件内底细线划龙纹的大盘（图七七-11）与周壁有镂孔花纹的委角套盒（图七七-12），前者与北宋咸平三年宋太宗元德李后陵出土的龙纹大盘相近，后者则与杭州临安康陵、苏州七子山一号墓出土的套盒有相似之处。康陵为吴越国二世王钱元瓘王后马氏之墓，七子山一号墓推测为吴越国广陵郡王钱元璙系贵族墓。上述三个墓葬的等级都比较高，出土的越窑青瓷质量上乘，在一定程度上反映了当时越窑贡御皇室的产品面貌，与之类似的高质量产品也出现在东南亚的货船上，表明10世纪后半叶的越瓷精品既可被选作贡御品，也可作为外销商品。究其原因，自唐代中晚期开始，中国对香料等东南亚物产的需求日益增加，而唐代中后期及至五代时期的"钱荒"之患导致"以物易物"的情况时有发生，加之当时禁铜政策的推行，瓷器由是在商品交换中成为货币的良好替代品，选择高质量瓷器销往海外，可以此通过物物交换的方式换取海外的各种珍奇物产。在吴越国向中原王朝进贡瓷器的贡物清单中可以见到乳香、白龙脑、犀角、玳瑁等域外土产，这些土产可能就是通过高档瓷器等贵重资源的贸易交换流入吴越国的。

此外，越窑青瓷在井里汶沉船上的装载方式也值得注意，即先在船舱内的龙骨间放置短木方，再将越窑碗、盘类器物整齐地架放在木方间，是明显的初始装船状态①，说明这些器物在装船后一直没有被搬动过，直至船沉没；依据目前对越窑的研究与分期，船上越窑青瓷货物的年代具有一定跨度，自晚唐五代至北宋早期的产品均有出现。这两个现象表明，当时应有一个存放越窑青瓷的中转站以供外贸商船进货，并且从船上 30 万余件越窑青瓷的运载数量来看，这个中转站的规模应该不小，至少需足够容纳数十万件瓷器。

苏门答腊岛以狭长的马六甲海峡与马来半岛相隔，穿过马六甲海峡可便捷地自东亚、东南亚诸国到达环印度洋的印度、阿拉伯半岛及非洲等地，是一条重要的海上贸易通道。位于苏门答腊岛南部的巨港（Palembang），即当时室利佛逝国（Sri Vijaya）的政治中心，以其得天独厚的地理优势，成为沟通南中国海与印度洋贸易圈的重要中转港。室利佛逝国为了保持商业竞争的优势、方便商品交易，在巨港设有库房，用来存放"海域中各个岛屿的土特产"和"外域产品"，于是从世界各地前来贸易的商人便可直接在巨港进货，而不再需要奔波于南中国海域搜寻商品②。如此看来，井里汶沉船运载的大量越窑青瓷可能也是自巨港的中转库房进货的。

---

① ［德］Horst Liebner. "The Siren of Cirebon:Excavation of a 10th Century Trading Vessel Lost in the Java Sea", Paper presented on the "Symposium on Chinese Export Ceramics Trade in Southeast Asia", organized by Asian Research Institute, National University of Singapore, 12—14th, March, 2007. 转引自秦大树：《拾遗南海补阙中土——谈井里汶沉船的出水瓷器》，《故宫博物院院刊》2007 年第 6 期，第 91—101 页。

② ［新加坡］袁犍：《室利佛逝及沉船出水的密宗法器》，《故宫博物院院刊》2007 年第 6 期，第 141—144 页。

二、在东亚地区的传播

1. 朝鲜半岛

浙东青瓷向朝鲜半岛的输出最早可追溯至两晋、南朝时期，在朝鲜半岛中部及西南的百济故地出土有不少中国六朝时期的早期浙东青瓷[①]，以青瓷羊形器、鸡首壶、盘口壶、四系罐等器物居多。入唐以后，朝鲜半岛东南部的新罗借助唐王朝的力量，先后灭亡了百济与高句丽，由此进入统一新罗时代。在这一时期，新罗王国作为藩属国，与中国唐王朝交往甚密，传播至朝鲜半岛的青瓷数量进一步增多，其中主要是越窑青瓷。从今朝鲜半岛东南部庆尚北道的庆州到半岛中部西南忠清南道的扶余，半岛中西部的京畿道至南端的全罗南道，皆有唐代越窑青瓷的出土，如庆州拜里出土的玉璧底碗，与之伴出的有上书"元和十年"（815）铭款的新罗陶器，益山弥勒寺遗址发现了一些越窑青瓷残片，与上书"大中十二年"（858）铭款的新罗陶器共出；又如扶余出土了数十件釉面光润的越窑玉璧底碗，内底无泥点支烧痕迹，应为单件装烧，质量较高；庆州雁鸭池遗址也出土了越窑玉璧底碗等器物，伴出邢窑、定窑等北方窑口烧造的白瓷[②]。与此同时，浙东地区先进的制瓷技术也逐步传入朝鲜半岛。9世纪上半叶，以新罗海商张保皋为首的商团依托新罗清海镇（今韩国全罗南道莞岛），活跃于大唐明州、日本博多等贸易枢纽港，几乎垄断了东亚地区的海上贸易。并且在意识到陶瓷贸易的重要性后，张保皋直接将浙东越窑的窑工带回新罗[③]，由此引进了越窑制瓷技术，促成了当地成熟青瓷的创烧。

9世纪末，朝鲜半岛陷入内乱，至10世纪初，形成新罗、后百济、后高句丽三国鼎立之势，918年，后高句丽王弓裔的部下王建夺取政权，建立了

[①] ［韩］赵胤宰：《略论韩国百济故地出土的中国陶瓷》，《故宫博物院院刊》2006年第2期，第88—113页。

[②] 林士民：《青瓷与越窑》，上海：上海古籍出版社1999年版，第289页。

[③] ［韩］朴永锡等：《张保皋的新研究》，载《莞岛文化院》，北京：时事文化社1992年版，第105页。转引自林士民：《浙东制瓷技术东传朝鲜半岛之研究》，《韩国研究论丛》，北京：社会科学文献出版社1999年版，第376—390页。

高丽国。这一阶段的中国已进入分裂割据的五代十国时期，吴越国与新罗、后百济、高丽等国均保持了宗藩关系，不仅与后百济有过频繁的往来①，还"加封爵于新罗、渤海，海中夷落亦皆遣使行封册焉。"②后唐清泰三年（936），高丽统一了朝鲜半岛，继续与五代中原王朝以及吴越国密切交往。据史料记载，高丽光宗曾向吴越高僧延寿"投书问道，执弟子礼"，并派遣僧侣至吴越国进行佛教文化交流③；吴越王钱弘俶也曾遣使向高丽求取天台宗佛经，"高丽君乃命国僧谛观报聘"，将天台教部还归于吴越④。可见佛教是高丽与吴越国交流往来的重要媒介。在上述背景下，越窑青瓷产品及相关制瓷技术也继续源源不断地传播至朝鲜半岛。

迄今为止，在高丽王陵、开京（今朝鲜开城）一带的王公贵族墓中都出土了五代至北宋初的越窑青瓷，较为典型的有：

开城市开丰郡古南里高丽定宗安陵出土了三件青釉花口碗和一件青釉盏托，是典型的五代越窑产品⑤。

开城市及其周边古墓出土了莲瓣纹碗、盖罐、执壶、渣斗、盏托等越窑青瓷，质量均较高，年代大约在五代末至北宋初，以北宋初期的器物为主。其中，

---

① 史载后百济王甄萱曾多次遣使至吴越国。"是唐光化三年，新罗孝恭王四年也。（甄萱）遣使朝吴越，吴越王报聘，仍加检校大保，余如故。""（后梁贞明四年）秋八月……（甄萱）又遣使入吴越进马。吴越王报聘，加授中大夫，余如故。"见［高丽］金富轼撰，孙文范等校勘：《三国史记（校勘本）》卷五〇《列传第十·甄萱传》，长春：吉林文史出版社 2003 年版，第 557 页。"（后唐长兴四年）夏四月，淮南伪省省使许确，百济国太仆卿李仁旭，各来祭我先王。"见〔宋〕范坰、林禹：《吴越备史》卷二《文穆王》，载《四部丛刊续编·史部（一五）》，第 1010 页。

② 〔宋〕薛居正等：《旧五代史》卷一三三《世袭列传第二·钱镠传》，第 1768 页。

③ 〔清〕吴任臣《十国春秋》卷八九《吴越十三·僧延寿传》："延寿声被异国，高丽王常投书问道，执弟子礼，奉金丝织成伽梨、水晶数珠金澡瓶等，遣僧三十六人亲承印证，相继归国，各化一方。"（第 1287 页）

④ 〔清〕吴任臣《十国春秋》卷八九《吴越十三·僧羲寂传》："羲寂曰：'……时遭安史兵残，近则会昌焚毁，中朝教藏残阙殆尽，今惟海东高丽阐教方盛，全书在彼。'王即遣国书赍币使高丽，求取一家章疏。高丽君乃命国僧谛观报聘，以天台教部还归于我。"（第 1286 页）

⑤ ［韩］金英美：《高丽遗迹中越窑青瓷的传入路径及性质》，载中国古陶瓷学会：《中国古陶瓷研究》第十四辑，北京：紫禁城出版社 2008 年版，第 407—413 页。

盖罐为瓜棱腹，罐盖呈荷叶状，釉色青绿莹润，实为佳品；执壶的壶腹被等距划分为六瓣，以细线划花技法饰以演奏琵琶、笛子等乐器的人物和飞天、凤凰等纹样；渣斗的腹部刻三重宽大的莲瓣纹，盘口口沿内壁细线划缠枝莲花纹，外底刻"大"字款①。这些器物现藏于韩国国立中央博物馆。

此外，韩国京畿道骊州郡高达寺《高丽国广州慧目山高达院故国师制谥元宗大师慧真之塔碑铭并序》中有高丽光宗赐给元宗大师金釦瓷钵的记载："奉为国师，虔虔结香火之缘，慅慅结师资之礼，仍献踏纳袈裟、磨衲祆、座具、银瓶、银香炉、金釦瓷钵、水晶念珠……"②《宋会要辑稿》《十国春秋》等史料曾多次提到吴越国向五代中原王朝以及后来的宋室进贡金、银釦越器，且数量往往不少，说明金、银釦产品作为一种高质量贡器，在吴越国时期的越窑应具有一定的生产规模，而高丽、吴越二国以佛教为媒介的交往又比较密切，综上推测，元宗大师获赠的金釦瓷钵很有可能是吴越国时期越窑的产品。

在曾是新罗王都所在地的庆州地区也出土了一些五代越窑青瓷，如皇龙寺址东 S1E1 地区遗址出土的两件五代玉环足碗，西部洞 19 号遗址出土的一件盖罐，东川洞 696-2 号遗址出土的一壶嘴残件，以及芬皇寺、仁容寺（推定）、天官寺等寺院遗址出土的玉环足、圈足碗等，在该地区居住的新罗权贵、僧侣被认为是这些器物的主要使用者③。

五代至宋初的吴越国时期，越窑制瓷技术对朝鲜半岛的影响更加显著。在今韩国全罗南道的康津郡曾设有窑场，采用与越窑基本一致的窑炉结构、相似的窑具与装烧方式，烧制出与越窑器物形制非常接近的玉璧底、玉环足

① ［韩］金英美：《韩国国立中央博物馆藏高丽遗址出土中国瓷器》，《文物》2010 年第 4 期，第 77—95 页。

② ［韩］金英美：《高丽遗迹中越窑青瓷的传入路径及性质》，载中国古陶瓷学会：《中国古陶瓷研究》第十四辑，第 407—413 页。

③ ［韩］李喜宽著，李辉达译：《庆州地区出土的越窑青瓷》，载沈琼华主编：《2012 海上丝绸之路：中国古代瓷器输出及文化影响国际学术研讨会论文集》，杭州：浙江人民美术出版社 2013 年版，第 231—251 页。

青瓷器。以此为基础，高丽青瓷得以创烧成功。据相关研究显示，高丽青瓷的初创期大约在吴越国末期；11 世纪后半叶至 12 世纪前半叶，高丽青瓷的生产达到鼎盛，出现了多样的装饰纹样与技法①，并且从中仍可见到越窑产品装饰的影响；直至 12 世纪中期，高丽青瓷中的镶嵌技法迅速发展，产品逐步具有了高丽风格与民族特色。

至于吴越国越窑青瓷流入朝鲜半岛的途径，最主要的应当是通过贸易输入；除此以外，政府间的官方交往可能也是越瓷传播的重要渠道。高丽曾与后唐、后晋、后汉、后周、北宋等中原政权，以及吴越、辽（契丹）等国保持过外交往来，吴越国也曾向中原、契丹政权进贡。目前在朝鲜半岛寺庙、宫殿等遗址与高等级墓葬中发现的晚唐五代至宋初的高质量越窑青瓷，可能就是在官方外交中获赠而来的。具体而言，又有以下两种情况：其一，由吴越国直接赠与；其二，五代中原政权、契丹政权、北宋政权将吴越国进贡的越窑青瓷转赠给高丽，前文有提到后梁曾将越窑青瓷赏赐给前蜀，由此看来，转赠的途径是极有可能存在的。

2. 日本列岛

历史时期日本列岛与中国大陆的交流往来大抵可追溯至两汉时期，然而相较朝鲜半岛，中国陶瓷器流入日本列岛的时间较晚，迄今在日本发现的最早自中国传入的陶瓷器为一件双耳盘口青瓷罐，曾保存于奈良的法隆寺，推测为 6 世纪末、7 世纪初的隋代浙东青瓷产品，这一时期正值日本推古天皇在位（593—628 年），为学习吸收中国文化，日本政府曾派遣使者、学问僧等入隋，这件产自中国浙东地区的青瓷罐据传也是由访华的日本僧侣带回的，而不是通过贸易途径②。中国入唐以后，两国交往更加密切。据记载，从日本舒明天皇二年（630）开始，至宇多天皇宽平六年（894）正式停派为止，前后任命遣唐使共有十九次之多，在日本仁明天皇承和五年（838）遣唐使废止

---

① 干有成、李志平：《宁波与朝鲜半岛的陶瓷之路》，《大众考古》2019 年第 8 期，第 20—26 页。

② ［日］三上次男著，贾玉芹译：《从陶磁贸易看中日文化的友好交流》，《社会科学战线》1980 年第 1 期，第 219—223 页。

后，唐王朝与日本之间的船舶往来还相当频繁[1]，中国陶瓷器也正是在这一阶段开始成批输入日本列岛，类别以越窑青瓷、长沙窑产品、北方窑口生产的白瓷为主。

907年，即日本醍醐天皇延喜七年，唐朝灭亡，中国由此步入五代十国时期。尽管日本政府此时采取了较为消极的外交态度，但中日间仍有频繁的商船往来。根据日本学者木宫泰彦的统计结果，文献可考的五代时期中国与日本的船舶往来共计十五次，且绝大多数都是来自吴越国的商船，一般是利用季风，在夏季驶往日本，八、九月之交返航，航行路线大概是自吴越国的明州港出发，横渡东中国海，经过肥前国松浦郡的值嘉岛（今日本长崎五岛列岛及平户岛）进入博多港[2]。按《日本纪略》《本朝世纪》《本朝文粹》等日本文献记载，这些通过商船赴日的吴越客商往往带有政治任务，常以吴越王使者的身份献上书信与赠礼[3]，而且从日本方面的复信中可以看出，吴越王书信的对象是日本的左、右大臣，双方处于一种平等地位[4]。可见，当时的中日交往主要为吴越国与日本的交往，但并非完全正式的国交，而是以商业贸易为媒介的"私交"，这种交往模式的形成可能是吴越国与日本双方基于自身利益考量的结果：一方面，日本因不想介入中国大陆的内乱而始终持消极态度；另一方面，吴越国意图利用明州这一通商口岸继续发展中日贸易，以从中获利。在此背景下，以越窑产品为主的吴越国青瓷大量传播至日本，其中应有不少包括秘色瓷在内的高质量越器被赠送给日本皇室及贵族。

吴越国商船来到日本后的贸易活动需受到大宰府的统一管理。大宰府是古代日本统管西海道军政、民政事务，兼具外交、贸易管理功能的机构，自7世纪中叶以后直至11世纪前半叶都是日本西海道的政治、文化与外交中心，同时也是中日贸易与文化交流的门户。大宰府下设鸿胪馆，前身为筑紫

---

① 参见［日］木宫泰彦著，胡锡年译：《日中文化交流史》，北京：商务印书馆1980年版，第62、108—117页。

② 参见［日］木宫泰彦著，胡锡年译：《日中文化交流史》，第222—225页。

③ 参见［日］木宫泰彦著，胡锡年译：《日中文化交流史》，第227—229页。

④ 何勇强：《钱氏吴越国史论稿》，第271页。

馆，本为接待外国使节及商人的迎宾馆，但在 9 世纪前半叶，遣唐使等外交使节的往来终止，取而代之的是大量涌入的民间商人，于是鸿胪馆逐步兼备起对外贸易管理职能。一般来说，商船抵达博多港后，需由大宰府上报朝廷，经批准后，将赴日商客安置在鸿胪馆，再由朝廷委派的"交易唐物使"到场点检货物、主持交易。在交易上具有绝对优先权的是日本宫廷与贵族，其次是官吏、豪绅，最后才轮到日本商人与普通民众。然而在实际交易中经常出现大宰府官员利用职权之便中饱私囊、徇私舞弊的情况，醍醐天皇延喜三年（903），政府曾下令禁止在唐船抵达但官使未到时"私共诸蕃交易"[①]，奈何收效甚微。为抢先购买到珍贵的舶来品，或从与中国商人的交易中牟取厚利，大宰府附近地区成为了商贾显贵的云集之处。

根据目前中日学者的研究，晚唐五代时期的越窑青瓷主要发现于九州、近畿地区，尤以博多港、大宰府所在的福冈县以及先后作为都城的平城京、平安京遗址为多[②]，而鸿胪馆遗址作为当时外国使节商客的居留、贸易之所，出土越窑青瓷的数量又远超其他遗址[③]。

日本持统天皇三年（689），《飞鸟净御原令》施行；之后，文武天皇在此基础上于大宝元年（701）编成《大宝律令》，次年颁行。在律令制下，日本中央建造了藤原京、平城京、平安京等都城，地方上根据京城的条坊制修建了棋盘式的城市[④]。现在的大宰府条坊遗址即是以大宰府政厅为中心建造的都市遗址，政厅居于北部中心，其前方的广场地区、广场以西的不丁、大楠

---

① 王慕民、张伟、何灿浩：《宁波与日本经济文化交流史》，北京：海洋出版社 2006 年版，第 36 页。

② ［日］三上次男著，贾玉芹译：《从陶磁贸易看中日文化的友好交流》，《社会科学战线》1980 年第 1 期，第 219—223 页；［日］土桥理子：《日本出土的古代中国陶磁》，载橿原考古学研究所附属博物馆：《贸易陶磁——奈良·平安の中国陶磁》，京都：临川书店 1993 年版，第 211—250 页。

③ 芯岚：《7—14 世纪中日文化交流的考古学研究》，北京：中国社会科学出版社 2001 年版，第 27 页。

④ 王仁波：《古代中日经济文化交流的门户——大宰府》，《海交史研究》1982 年（年刊），第 73—79+59 页。

与广场以东的日吉地区，政厅西侧的藏司、来木地区，东侧的月山地区，以及北侧的后方地区等为官衙分布区域[①]，政厅东侧设有学校院、观世音寺，政厅所在的中轴线上修建有南北延伸约 2 公里的主干道（推定为朱雀大道），全城南北向分为 22 个区域，东西向共 20 个区域，主干道东侧有 12 个（左郭），西侧有 8 个（右郭）。经过数十年的发掘调查，在大宰府政厅前面的官衙遗址 SE—2845（大宰府遗址第 96 次调查），月山地区官衙遗址 SK—678（第 35 次调查），大楠地区的官人居住区 SK—2715 与 SK—2735（第 94 次调查）、SK—2602（第 88 次调查），学校院地区 SD—205A（第 74 次调查），藏司地区 SE—1558（第 65—2 次调查）[②]，观世音寺僧房遗址（第 70 次调查）以及诸多条坊遗址，如左郭五条六坊、右郭八条六坊等[③]，均出土了晚唐五代时期的越窑（系）青瓷，以碗为大宗，另外还有盘、盒、钵、执壶等类别。

鸿胪馆遗址位于大宰府条坊遗址的西北部。1987 年，伴随福冈市平和台棒球场的改造工程，鸿胪馆遗址首次得到确认，时至今日已发掘出土了大量以中国陶瓷为主的遗物。出土吴越国时期越窑（系）青瓷的典型遗址有：SK—61（鸿胪馆遗址第 5 次调查），这是一个年代约为 10 世纪前期的废弃土圹遗址，出土有约 50 件近乎完整的越窑（系）青瓷，器类主要是碗，上有火灾痕迹；SK—80、82（第 6 次调查），同样是年代约为 10 世纪前期的废弃土圹遗址，瓷器为受火灾后的废弃状态，故成批出土，其中青瓷约有 100 件，包含碗、执壶等越窑产品，另有部分婺州窑、宜兴窑制品[④]。

位于今福冈市博多区冷泉町、吴服町的博多遗址群是一处依托鸿胪馆及博多港发展起来的贸易都市区，在该遗址群出土了数百件 / 片越窑（系）青

---

① ［日］山村信荣：《大宰府における八・九世紀の変容》，《国立歴史民俗博物館研究報告》2007 年第 134 集，第 213—228 页。

② ［日］横田賢次郎、田中克子：《大宰府・鴻臚館出土の初期貿易陶磁器の検討》，载日本貿易陶瓷研究会：《貿易陶磁研究》（No.14），东京：文明堂印刷株式会社 1994 年版，第 97—113 页。

③ ［日］奈良県立橿原考古学研究所附属博物館：《奈良・平安の中国陶磁——西日本出土品を中心として》，奈良：奈良明新社 1984 年版，第 80—83 页。

④ 芟岚：《7—14 世纪中日文化交流的考古学研究》，第 29—30 页。

瓷[1]，其中有不少与吴越国青瓷外销相关的器物。

在近畿地区，吴越国青瓷产品主要出土于平安京与平城京遗址。平城京，位于今日本奈良市西郊，元明天皇和铜三年（710）至桓武天皇延历三年（784）为日本都城。平安京，即今日本京都市，日本桓武天皇延历十三年（794）从长冈京迁都于此，作为都城直至1869年明治天皇迁都东京。二京皆模仿了唐长安与洛阳城，以条坊制建设而成。根据多年来的发掘调查及相关研究成果，在平安京的平安宫中务省遗址（昭和54年度调查），平安京条坊内左京四条一坊（昭和56、57年度调查）、五条三坊（昭和56年度调查）、五条二坊（昭和56年度调查）、八条三坊七町（昭和53年度调查）等，右京二条二坊（昭和56年度调查）、二条三坊（昭和53、58年度调查）、二条四坊（昭和57年度调查）、三条二坊二町（昭和56年度调查）、三条三坊（昭和55年度调查）等地遗址[2]，以及平城京遗址东三坊大路侧沟[3]，均出土有年代约为吴越国时期的越窑（系）青瓷，以残片居多。其中，碗仍然是最主要的器类，另外还可见执壶、盘、盒、杯等。在桓武天皇延历三年至延历十三年作为都城的长冈京遗址也零星出土了10世纪的越窑（系）青瓷，如右京二条二坊出土有2件青瓷碗，左京三条二坊出土有1件青瓷碗残片[4]。

需要说明的是，日本学者对于"越州窑系"多取广义概念，除越窑青瓷外，往往还包含部分婺州窑、温岭窑、宜兴窑等窑口的产品，但以越窑青瓷为主，这些窑口中仅江苏宜兴窑从未属于吴越国辖域。据苌岚的研究，日本发现的宜兴窑产品大多都是粗制青瓷，常见于9世纪中叶至10世纪前期的鸿胪馆废弃土圹遗址，从其器物特征判断，年代属晚唐时期；而婺州窑、温岭窑外销

---

① 苌岚：《7—14世纪中日文化交流的考古学研究》，第47页。

② ［日］奈良县立橿原考古学研究所附属博物馆：《奈良·平安の中国陶磁——西日本出土品を中心として》，第66—70页。

③ ［日］奈良县立橿原考古学研究所附属博物馆：《奈良·平安の中国陶磁——西日本出土品を中心として》，第73页。

④ 苌岚：《7—14世纪中日文化交流的考古学研究》，第58页。

至日本的器物年代多为晚唐五代时期①。婺州窑与温岭窑地处两浙地区，在唐末五代时期属吴越国辖域，在当时日本对中国持消极外交态度的情况下，仅吴越国仍积极谋求与日本的交往，上述日本出土的宜兴窑、婺州窑、温岭窑产品的年代差异或与此有关，也就是说，大约在 10 世纪上半叶至中叶传播至日本的中国青瓷应该基本上都是吴越国的产品。

此外，自西向东，在位于福冈市东区的多多良込田遗址（推定为官衙设施）②、福冈市西区的汤纳遗址（可能为警所遗址）③、山口市铸钱司的周防铸钱司遗址④、大阪市平野区的长原遗址⑤、大津市滋贺里町的崇福寺遗址⑥等也出土有 10 世纪的越窑（系）青瓷，但数量均不多。

综合以上出土情况可以发现，传播至日本的吴越国青瓷产品大多出现在当时的贸易集散地、都城、寺院以及官衙设施所在地，说明吴越国青瓷在日本的消费人群尚局限在具有较高社会地位的皇室、贵族、官吏、豪绅与僧侣。

从日本史料与物语文学中也能窥见晚唐五代时期越窑青瓷在日本的输入及使用情况。村上天皇天历四年（950）写成的《仁和寺御室御物实录》记载宇多天皇（887—897 年在位）的藏品中有来自中国越窑的青瓷茶碗、壶、罐等器物，并指出"青瓷多盛天子御食"，是"大臣朝夕之器"⑦；醍醐天皇四皇子重明亲王的《吏部王记》还提到了越窑的秘色瓷：天历五年（951）六月九日，"御膳沉香折敷四枚，瓶用秘色。"⑧平安时代中期的长篇物语《宇津

---

① 苌岚：《7—14 世纪中日文化交流的考古学研究》，第 36—38 页。

② ［日］福冈市教育委员会：《福冈市埋藏文化财调查报告书第 53 集：多々良込田遗迹Ⅱ——福冈市东区多的津所在遗迹群的调查》，1980 年。

③ ［日］福冈县教育委员会：《今宿バイパス关系埋藏文化财调查报告——福冈市西区大字拾六町所在汤纳遗迹的调查》（第 4 集），1976 年。

④ ［日］山口市教育委员会：《周防铸钱司迹》，1978 年。

⑤ ［日］大阪市文化财协会：《长原遗迹发掘调查报告 2》，1982 年。

⑥ 苌岚：《7—14 世纪中日文化交流的考古学研究》，第 60 页。

⑦ 胡维革主编：《中国传统文化荟要（第四册）》，长春：吉林人民出版社 1997 年版，第 56 页。

⑧ ［日］河添房江著，丁国旗、丁依若译：《源氏风物集》，北京：新星出版社 2015 年版，第 64 页。

保物语》描写曾任大宰大贰一职的滋野真菅在进餐时，台盘上摆放着秘色青瓷杯等物，应是其在大宰府得到的名贵食器 ①。由此可见，越窑青瓷，尤其是秘色瓷这样的高档越器，在日本属于珍贵器皿，消费人群一般都是宫廷贵族、王臣豪族等。约于 9—10 世纪在日本出现的猿投窑淡青釉陶器、绿釉陶器，在釉色、造型、装饰上都或多或少地模仿了越窑青瓷，这些制品应该是在越器名贵但又深受日本社会喜爱之背景下产生的替代品。

三、在东南亚与南亚地区的传播

中国与东南亚地区的交往历史也相当悠久。自 20 世纪 40 年代开始，韩槐准先生就关注到了南洋遗留的中国古陶瓷，他指出：马来半岛南端柔佛河流域的古遗址中曾发现饰有波浪纹的中国陶器残片，具汉代作风，同时也有不少唐代青瓷残片；雅加达博物馆在中爪哇的扎巴拉发现一件中国六朝时期的盖罐，在南西里伯岛的马罗斯发现一件唐代青釉凤头壶；马来西亚彭亨州瓜拉立卑附近金矿发现有唐代青釉四系罐等 ②。说明中国的陶瓷产品早在两汉时期就已传入东南亚地区。上述唐代青釉器从面貌上看，很有可能是浙东瓷窑的产品。

根据目前刊布的资料，东南亚地区有关中国瓷器外销的水下遗存非常丰富，例如发现于苏门答腊岛及爪哇岛附近海域的印坦沉船与井里汶沉船，二者皆与吴越国青瓷产品的外销密切相关。此外，在东南亚陆上的一些遗址中也发现了晚唐五代至北宋初的浙东青瓷，以越器为主，是吴越国青瓷传播至该地区的有力证明。

印度尼西亚——主要发现于爪哇、苏门答腊、苏拉威西、加里曼丹及其他岛屿。爪哇岛中南部的日惹地区曾是一个政治、经济与文化中心，很多 9—10 世纪的佛教、印度教遗址以及宫殿遗址分布于此，其中在印度教的普兰巴

---

① ［日］河添房江著，丁国旗、丁依若译：《源氏风物集》，第 65 页。
② 韩槐准：《南洋遗留的中国古外销陶瓷》，载海南省文化历史研究会主编，王春煜、陈毅明编选：《韩槐准文存》卷一，北京：长征出版社 2008 年版，第 1—50 页。

南寺院遗址发现有越窑青瓷，应该是被当作贵重物品在宗教仪礼及王宫中使用的；在爪哇岛西部，雅加达湾东北端塔拉姆河口的加拉璜地区出土了越窑青瓷钵；在爪哇岛东部，泗水（苏腊巴亚）以北的锦石古港也出土有晚唐越窑青瓷。在苏门答腊岛南部，穆西河沿岸的巨港、巴当哈里河沿岸的占碑等地遗址中也发现了钵、壶等9—10世纪的越窑青瓷①，穆西河中还打捞出水有越窑花口盘、执壶、摩羯形器等②。

文莱——文莱东北沿岸穆阿拉的佛教遗址中出土有越窑青瓷③。

菲律宾——在吕宋岛与民都洛岛之间佛得海峡北岸的八打雁地区，劳雷尔遗址中发现有9—10世纪前期的越窑青釉六棱浅钵，与之同时被发现的还有一种当地生产的所谓帕拉约克（Palayok）陶器的小壶，以及9—10世纪在埃及生产的所谓法尤姆（Fayum）陶器的多彩釉条纹深钵④；另外，在卡拉塔甘、马尼拉的圣安娜、马尼拉东南雷库那湖的内湖遗址等地也出土了少量越窑青瓷⑤，但从大部分器物的器形、装饰来看，应为北宋中晚期的越窑产品，而非吴越国时期。在棉兰老岛东北部武端地区的安邦干利伯特的沉船中出水了9—10世纪的越窑青瓷壶、钵等，同时还发现了9—10世纪波斯生产的青釉大壶残片⑥；在位于武端的巴朗牙Ⅰ号遗迹的一艘贸易木船上发现有越窑青瓷，其与中国白瓷、长沙铜官窑器物、10世纪波斯生产的蓝绿釉大罐碎片并存⑦。

---

① ［日］三上次男著，杨琮译：《晚唐、五代时期的陶瓷贸易》，《文博》1988年第2期，第57—61页。

② ［新加坡］林亦秋：《印尼海捞陶瓷与中国海上丝绸之路》，载中国古陶瓷学会：《外销瓷器与颜色釉瓷器研究》，北京：故宫出版社2012年版，第113—128页。

③ ［日］三上次男著，杨琮译：《晚唐、五代时期的陶瓷贸易》，《文博》1988年第2期：第57—61页。

④ ［日］三上次男著，杨琮译：《晚唐、五代时期的陶瓷贸易》，《文博》1988年第2期：第57—61页。。

⑤ 冷东：《中国瓷器在东南亚的传播》，《东南亚纵横》1999年第1期，第31—35页。

⑥ ［日］三上次男著，杨琮译：《晚唐、五代时期的陶瓷贸易》，《文博》1988年第2期：第57—61页。。

⑦ ［日］青柳洋子著，梅文蓉译，王宁校对：《东南亚发掘的中国外销瓷器》，《南方文物》2000年第2期，104—107页；［日］三上次男著，顾一禾译：《从陶瓷贸易史的角度看南亚、东亚地区出土的伊斯兰陶器》，《东南文化》1989年第2期，第59—63页。

马来西亚——越窑青瓷主要发现于柔佛河流域、砂拉越地区以及沙巴等地的古遗址中[①]，在发掘北婆罗洲的尼亚大墓时也曾发现越窑瓷碗的残件[②]。在砂拉越州首府古晋的国立博物馆还藏有出土于砂拉越河河口各遗址与尼亚洞窟遗址的 9—10 世纪的越窑青瓷[③]。

泰国——在马来半岛东海岸素叻他尼柴亚地区的黎波等遗址中发现有 9—10 世纪的越窑青瓷钵、执壶等；南部的国克考、林民波遗址出土了一定数量的玉璧底、玉环足碗以及碟、盒、壶等越窑器物[④]；在库拉伊斯默斯、阁沙梅岛等地也发现了越窑青瓷[⑤]，但暂缺乏有关其面貌特征的具体资料。

在南亚的印度、斯里兰卡、巴基斯坦等地也出土有 9—10 世纪的越窑青瓷。

印度——在罗马时代南印度的对外贸易港口——科罗德海岸的阿里曼陀古遗址、东南沿海的阿里卡美都港市遗址，出土了唐末五代时期的越窑青瓷；南部的迈索尔邦、詹德拉维利出土有 9—10 世纪的越窑青瓷残片[⑥]。

斯里兰卡——在马纳尔的满泰地区有兴起于古罗马时代、废弃于 11 世纪前半期的商港遗址，在该遗址 9—10 世纪的地层中出土了以越窑产品为主的浙江青瓷；在科伦坡东北的阿努拉达普拉古城分布有众多佛教遗址，其中的艾卜哈基里、基塔瓦那等遗址也出土有 9—10 世纪的越窑青瓷[⑦]；科伦坡之东

---

① 李军：《东南亚发现的公元九至十世纪中国越窑青瓷相关问题研究》，载中国古陶瓷学会：《越窑青瓷与邢窑白瓷研究》，北京：故宫出版社 2013 年版，第 135—151 页。

② ［菲］苏莱曼：《东南亚出土的中国外销瓷器》，载中国古外销陶瓷研究会：《中国古外销陶瓷研究资料》第一辑，中国古外销陶瓷研究会编印 1981 年版，第 68—75 页。

③ ［日］三上次男著，李锡经、高喜美译，蔡伯英校订：《陶瓷之路》，北京：文物出版社 1984 年版，第 140 页。

④ 冯先铭：《泰国、朝鲜出土的中国陶瓷》，《中国文化》1990 年第 1 期，第 59—62 页；林士民：《青瓷与越窑》，第 311—312 页。

⑤ 李军：《东南亚发现的公元九至十世纪中国越窑青瓷相关问题研究》，载中国古陶瓷学会：《越窑青瓷与邢窑白瓷研究》，第 135—151 页。

⑥ 李军：《唐、五代和北宋越窑青瓷的外销及影响》，载中国古陶瓷学会：《中国古陶瓷研究》第十四辑，第 125—136 页。

⑦ ［日］三上次男著，杨琼译：《晚唐、五代时期的陶瓷贸易》，《文博》1988 年第 2 期，第 57—61 页。

的德地卡玛遗址出土了越窑瓷碗的残片①，年代大约在 10 世纪前后；马霍城塞出土有越窑青釉狮首等②。

巴基斯坦——曾经繁荣一时的贸易港口斑波尔遗址出土了晚唐越窑执壶与北宋初期的越窑划花装饰器标本；在 7—11 世纪初曾是印度河一带商业中心的布拉明那巴德遗址也发现了晚唐五代至北宋初期的越窑青瓷残片③。

四、在西亚地区的传播

目前在西亚地区发现的吴越国时期的越窑青瓷主要集中在波斯湾两岸，包括伊朗、伊拉克、阿曼等国境内的诸多遗址。结合上述在东南亚、南亚地区的传播情况以及沉船中的发现来看，当时的贸易商船在苏门答腊岛的巨港中转后，可沿马来半岛与苏门答腊岛之间的马六甲海峡西行至印度洋贸易圈，途中又在今斯里兰卡、印度南部的沿海港口停靠中转，再经印度洋西北部的阿拉伯海继续西行至波斯湾地区。

伊朗——布什尔省南部村庄塔赫里以西的尸罗夫在阿拉伯帝国时期曾是波斯湾重要的港口及贸易中心，因 977 年的一场大地震而逐渐走向衰落，至 13 世纪初彻底废弃④。在该遗址出土了大量中国瓷器，其中有不少 9—10 世纪的越窑青瓷，器类以碗为主⑤。此外，在东北部的内沙布尔⑥、首都德黑兰

---

① ［日］三上次男著，李锡经、高喜美译，蔡伯英校订：《陶瓷之路》，第 131—132 页。

② 李军：《唐、五代和北宋越窑青瓷的外销及影响》，载中国古陶瓷学会：《中国古陶瓷研究》第十四辑，第 125—136 页。

③ ［日］三上次男著，李锡经、高喜美译，蔡伯英校订：《陶瓷之路》，第 117—119 页。

④ ［英］Marc Aurel Stein. *Archaeological Reconnaissances in North-Western India and South-Eastern Iran*. London，1937：pp.202-212.

⑤ ［英］Seth M. N. Priestman. *A Quantitative Archaeological Analysis of Ceramic Exchange in the Persian Gulf and Western Indian Ocean*，ADc.400-1275.University of Southampton：Thesis for the degree of Doctor of Philosophy，2013：pp.713-730.

⑥ ［日］三上次男著，李锡经、高喜美译，蔡伯英校订：《陶瓷之路》，第 97-99 页；［美］Charles K. Wilkinson. *Nishapur: Pottery of the Early Islamic Period*.New York：The Metropolitan Museum of Art，1973：pp.254-258.

附近的赖伊①等遗址中也出土了晚唐五代时期的玉璧底碗等越窑制品。

伊拉克——在中北部萨拉赫丁省之萨马拉遗址的发现较为重要，该遗址距首都巴格达西北125千米，位于底格里斯河东岸，阿拉伯帝国的阿拔斯王朝（750—1258年）曾在836年从巴格达迁都于此地，直至892年回迁，并且在这之后的一段时间内仍是一处重要的经济中心②。萨马拉遗址在1911—1913年、1936—1939年、1963—1964年经历了三次大规模的考古发掘，出土有越窑青瓷、北方窑口生产的白瓷、三彩陶器等大量中国陶瓷器③；根据弗里德里希·萨勒（Friedrich Sarre）的报告，出土越窑青瓷的年代主要为9世纪后期至10世纪④。除萨马拉遗址外，在巴格达东南32千米处的泰西封附近遗址内曾有人采集到晚唐五代时期的越窑青瓷，此处离巴士拉海港不远，推测这些中国瓷器可能是从巴士拉海港上岸的⑤，这在贾耽所记"广州通海夷道"的一段航路中可以得到印证：自提罗卢和国（今伊朗阿巴丹附近）"又西一日行，至乌剌国（今伊拉克奥波拉，在巴士拉以东），乃大食国之弗利剌河（今幼发拉底河），南入于海。小舟泝流，二日至末罗国（今伊拉克巴士拉），大食重镇也。又西北陆行千里，至茂门王所都缚达城（今伊拉克巴格达）"⑥。

阿曼——主要发现于苏哈尔遗址。该遗址位于首都马斯喀特西北220千米处，在9—12世纪是一个繁荣的商业港口都市。1980—1982年，驻巴林和阿曼的法国考古队对该遗址进行了正式发掘，共出土近800片/件中国瓷器，其中9—12世纪初的中国瓷器主要包含白瓷、青白瓷、越窑青瓷、长沙窑和

① ［日］三上次男著，李锡经、高喜美译，蔡伯英校订：《陶瓷之路》，第100—102页；［美］Erich F.Schmidt.*The Rayy Expedition*.University of Chicago，The Oriental Institute，Aerial Survey Expedition，1942.

② 秦大树、任林梅：《早期海上贸易中的越窑青瓷及相关问题讨论》，《遗产与保护研究》2018年第2期，第96—111页。

③ ［日］三上次男著，李锡经、高喜美译，蔡伯英校订：《陶瓷之路》，第76—79页。

④ ［德］Friedrich Sarre.Die Keramik von Samarra.*The Burlington Magazine for Connoisseurs*，1926（1）:48—49.转引自秦大树、任林梅：《早期海上贸易中的越窑青瓷及相关问题讨论》，《遗产与保护研究》2018年第2期，第96—111页。

⑤ 叶喆民：《中国陶瓷史》，北京：生活·读书·新知三联书店2006年版，第215页。

⑥ 〔宋〕欧阳修、宋祁等：《新唐书》卷四三《地理志七下》，第1154页。

广东地区的产品等。越窑青瓷的年代为9—10世纪，又以10世纪的瓷片居多，出土有碗、盘、碟、杯、壶、罐、瓶、器盖等类别，不少残片上可见龙、双凤、莲瓣、缠枝花卉等纹样[①]，所用装饰技法有细线划花、刻花、刻划花等，这些装饰带有明显的北宋初期以及北宋早中期的特征。

在阿拉伯半岛的西、南部，即红海东岸、亚丁湾北岸的一些地区也有越窑青瓷的发现，如约旦的艾拉、沙特阿拉伯的阿特塔尔、也门的舍尔迈等遗址[②]，但所出越器的年代相对较晚，主要为10世纪后半叶至11世纪的产品。

五、在非洲沿岸的传播

中世纪以来，伴随海路贸易的发展，中国与非洲大陆的海上交往日益频繁。早在20世纪上半叶，来自欧美与日本的学者就已经关注到了东亚陶瓷器在非洲的出土，其中又以在北非埃及的发现最为瞩目。

埃及地处亚、欧、非三大洲的交通要冲，北临地中海，东以红海与阿拉伯海相通，是一处重要的海上贸易货物集散地。7世纪之初，伊斯兰教于阿拉伯半岛诞生，其影响力迅速扩大，最终通过武力征服与文化渗透等方式，建立起强大的阿拉伯帝国。在这期间，埃及作为贸易中心的地位获得了两方面的发展：其一，随着阿拔斯王朝的逐渐衰落，各地军事统帅乘机自立，艾哈迈德·伊本·图伦（Ahmad ibn Tulun）于868年宣布独立，在埃及建立地方割据王朝——图伦王朝（868—905年），开始定都福斯塔特；法蒂玛王朝（909—1171年）征服埃及后，在旧都福斯塔特东北处建造新城开罗，随后迁都于此，大力发展商贸、宗教与文化，埃及自此完全摆脱了伊斯兰中心王朝的控制和影响，形成了自身独特的文化风格，并逐步取代了美索不达米亚在伊斯兰世界的作用，福斯塔特与开罗也由此取代了巴格达而成为文化发达、财富集中、政治权力强大的中心[③]。其二，在贸易规模日益扩大、中亚地区战

---

① 参见［法］米歇尔·皮拉左里著，程存浩译：《阿曼苏丹国苏哈尔遗址出土的中国陶瓷》，《海交史研究》1992年第2期，第100—116页。

② 刘未：《北宋海外贸易陶瓷之考察》，《故宫博物院院刊》2021年第3期，第4—20页。

③ 参见秦大树：《埃及福斯塔特遗址中发现的中国陶瓷》，《海交史研究》1995年第1期，第79—91页。

乱、两河流域地区地震等诸多因素的影响下，陆上丝绸之路走向衰落，海路贸易崛起[①]，这为埃及的经济、商贸发展提供了契机。

目前在埃及发现的晚唐五代至北宋初期的中国青瓷以越窑产品为大宗，主要出土于福斯塔特遗址，其中的很大一部分应该与吴越国的青瓷外销有关。根据日本出光美术馆、中近东文化中心调查团在1998—2001年间对福斯塔特遗址出土的一万两千余片中国、越南、泰国及日本陶瓷的调查结果，越窑青瓷共有941片[②]，典型器物有——晚唐时盛产的玉璧底碗，素面，大多施满釉，足端留有支烧痕迹，胎釉质量均较高；玉环足、圈足及圈足外撇的碗、盘等，年代属五代至北宋初，有素面、非素面之分，后者内底常见细线划花对称鹦鹉纹、双凤纹、龙纹以及戳印莲子纹等，带有鲜明的宋初越窑产品风格；另外还有不少饰有莲瓣纹的碗、盘、钵等，既有刻划于器物内底壁的重莲纹，也有刻于器物外壁的宽大莲瓣纹，年代约为北宋早中期。除福斯塔特遗址外，在红海沿岸的库赛尔港城址也发现了唐末至宋初的越窑（系）青瓷残片[③]。

林士民曾根据日本出光美术馆1984年出版的《陶瓷的东西交流》，对埃及古遗址中出土的越窑青瓷有所考证，发现刻划莲瓣纹的盘、杯、洗、碗，划鹦鹉、水波、水草等纹样的盘、洗以及镂孔的器盖等，在造型、纹样方面与东钱湖窑场中郭家峙、东吴等窑区的产品完全一致，认为"这些器物无疑是产自明州府下的东钱湖窑场，并从明州港启运的。"[④]

苏丹的阿伊扎布港口遗址位于红海之滨，与地处阿拉伯半岛的麦加外港吉达隔海相望，大约在10世纪前后，阿伊扎布港便已成为北非地区与东方贸易往来的重要港口。1966年三上次男曾在此遗址做简单调查，发现了大量中

---

① ［日］Mutsuo Kawatoko: " Archaeological Finds from Egypt and East Africa Relating to International Trade ", *Bulletin of the Middle Eastern Culture Center in Japan*, *Vol.II*, 1988. 转引自秦大树：《埃及福斯塔特遗址中发现的中国陶瓷》，《海交史研究》1995年第1期，第79—91页。

② ［日］弓场纪知著，黄珊译：《福斯塔特遗址出土的中国陶瓷——1998—2001年研究成果介绍》，《故宫博物院院刊》2016年第1期，第120—132页。

③ ［日］三上次男著，李锡经、高喜美译，蔡伯英校订：《陶瓷之路》，第26页。

④ 林士民：《青瓷与越窑》，第206页。

国瓷片，其中就包括唐末至北宋时期的越窑青瓷 ①。

　　在东非沿海也有不少越窑青瓷的发现，比如肯尼亚的拉穆群岛地区，该地区主要由帕泰岛、曼达岛、拉穆岛及一些周围小岛组成，分布有许多斯瓦希里（Swahili）文化遗址，自 19 世纪后半叶开始愈发受到欧洲学者关注，大约在 20 世纪中叶以后，许多正式的考古发掘工作陆续展开，例如在 1965—1978 年，当时的英国东非研究所所长内维尔·奇蒂克（Neville Chittick）主持了曼达遗址的保护与发掘工作 ②，曼达是一处兴盛于 9—10 世纪的贸易中心，该遗址的出土遗物中有 9—10 世纪的越窑青瓷残片；1980—1988 年，马克·霍顿（Mark Horton）对帕泰岛的上加遗址进行了多次考古发掘 ③，中国的考古工作组又在 2006 年调查了该遗址出土的中国瓷器，共检视瓷器 335 件／片，发现了部分 9—10 世纪的器物，包括越窑青瓷、长沙窑产品、北方白瓷、广东地区产品等类别。其中越窑青瓷的输入大约是自 850—920 年的第三期开始的，晚于该遗址中长沙窑产品的输入，至 920—1000 年的第四期达到鼎盛，并持续到北宋后期 ④。可见，吴越国时期当为越窑产品外销至东非拉穆群岛地区的发展兴盛期。

　　此外，在坦桑尼亚的基尔瓦岛 ⑤、科摩罗的邓比尼等遗址也发现了 9—10 世纪的越窑青瓷残片。其中在邓比尼遗址发现的不少越瓷残片上刻划有多重莲瓣纹 ⑥，由纹样的风格特征来看，这类器物的年代应晚于吴越国时期。

---

① 　马文宽、孟凡人：《中国古瓷在非洲的发现》，北京：紫禁城出版社 1987 年版，第 6 页。

② 　［英］Neville Chittick：*Manda：Excavations at An Island Port on the Kenya Coast*.Nairobi：The British Institute in Eastern Africa，1984.

③ 　［英］Mark Horton：Shanga：*The Archaeology of a Muslim Trading Community on the Coast of East Africa*.London：The British Institute in Eastern Africa，1996.

④ 　秦大树、谷艳雪：《越窑的外销及相关问题》，载沈琼华主编：《2007' 中国·越窑高峰论坛论文集》，北京：文物出版社 2008 年版，第 177—206 页。

⑤ 　［日］三上次男著，李锡经、高喜美译，蔡伯英校订：《陶瓷之路》，第 31—32 页。

⑥ 　Bing Zhao. "Chinese-Style Ceramics in East Africa from the 9th to 16th Century：A Case of Changing Value and Symbols in the Multi-Partner Global Trade"，*Afriques*，06，2015.

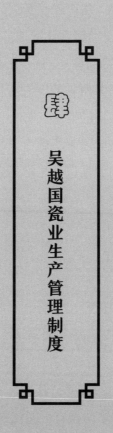

肆

吴越国瓷业生产管理制度

　　自唐末钱镠据有两浙、割据一方时起，辖内瓷业生产得到空前发展，其中又以越窑制瓷业为主，产品质量冠绝当时。五代时期，伴随吴越国在"善事中国"政策下以越窑青瓷等土产贡奉中原王朝、通过瓷器外销增加贸易收入等需求，越窑继续蓬勃发展，生产规模扩大，窑火兴旺。及至北宋建立以后，吴越国为维系政权，更是以动辄万计的越窑青瓷为献，频繁入贡于宋室，越窑的生产规模进一步扩大，窑场林立，逐步形成以慈溪上林湖窑场为中心、上虞窑寺前与鄞州东钱湖窑场为两翼的庞大青瓷窑系。吴越国时期，越窑如此大规模的生产，加上产品入贡的需求，势必会催生出一套行之有效的瓷业生产管理制度。从唐代发展兴盛以来，到南宋早期最终衰亡，越窑的陶政制度也自始至终受到其与朝廷的关系以及生产需求和规模变化的影响，从而不断发展演变。

第一节　置官监窑

　　有关吴越国时期越窑采用何种生产管理制度的文献记载非常少，仅零星几则语焉不详的记载可提供些许线索。明嘉靖《余姚县志》中提到"秘色瓷，初出上林湖，唐宋时置官监窑，寻废。"[①] 这则记载指示出两个信息：其一，唐宋时越窑施行"置官监窑"的制度；其二，"置官监窑"与秘色瓷的出现紧密相关，推测该制度在诞生之初极有可能就是为了监管秘色瓷的生产。

　　又有前文提到的南宋嘉泰《会稽志》记载："（上虞县）广教院……开宝四年，有僧筑庵山下，镇国军节度使□事治，因建为寺，易名保安。治平三年，赐今额。国初尝置官窑三十六所于此，有官院故址尚存。"[②] 清光绪《上

---

① 〔明〕顾存仁等：《（嘉靖）余姚县志》卷六《风物记·物产》，浙江省宁波市天一阁藏本。
② 浙江省地方志编纂委员会：《宋元浙江方志集成》第 4 册，杭州：杭州出版社 2009 年版，第 1808 页。

虞县志》转引明万历《上虞县志》"广教寺"条："广教寺，在县西南三十里，昔置官窑三十六所，有官院故址。宋开宝四年，有僧筑庵山下，为陶人所祷，华州节度使钱惟治创建为寺，名保安。至治平三年，改今额，俗仍呼窑寺。"[①]可见，上虞地区曾置有"官窑"与"官院"，至于二者的设立时间，应在吴越国纳土归宋（978年）之前。吴越国在宋室建立后贡奉了巨量越器，为保证贡瓷的数量与质量，不得不于上林湖之外开辟新窑场，上虞窑寺前窑场所处的曹娥江中上游地区本就拥有烧造早期成熟青瓷的窑业技术传统，在上述背景下，其作为上林湖的两翼窑场之一逐渐发展壮大，又因其同样承担了烧造贡器的任务而设有所谓的"官窑"与"官院"，这种情况是完全有可能存在的，但所置"官窑"是否有三十六所尚需证实，该数字或为虚指。另外，从越窑一以贯之的民窑性质以及窑址内废品堆积的面貌来看，此处的"官窑"也不应理解为由宫廷组织、管理生产并控制产品流向的官办手工业，而更像是一个承担贡器生产任务且受官府监管督办的作坊，文献中同时提到的"官院"可能正是官府的监管机构。由此看来，这实际上与嘉靖《余姚县志》中提到的"置官监窑"制度无异。

还有一则文献也值得留意。清光绪《重修曲阳县志》记载："龙泉镇，唐宋以来旧有瓷窑，五代后周尚有瓷务税使，宋时有瓷器商人，今废。"[②]又收录有立于后周显德四年（957）的王子山院和尚舍利塔记碑，碑上有几位立碑人的题名署衔，其中一人为"□□使押衙银青光禄大夫检校太子宾客兼殿中侍御史充龙泉镇使钤辖瓷窑商税务使冯翱"[③]。这两条记录反映了河北曲阳县定窑白瓷产区的职官设置情况，尽管与浙东越窑并无直接关系，但至少可以说明一个史实，即名为"瓷窑商税务使"的官员及其所属的瓷窑管理机构

① 〔清〕唐煦春修，〔清〕朱士黻纂：《（光绪）上虞县志》卷三九《杂志·寺观》，清光绪十七年（1891）刊本。
② 〔清〕周斯亿修，〔清〕董涛纂：《（光绪）重修曲阳县志》卷九《礼仪风俗考》，清光绪三十年（1904）刻本。
③ 〔清〕周斯亿修，〔清〕董涛纂：《（光绪）重修曲阳县志》卷一一《金石录上》，清光绪三十年（1904）刻本。

当在后周显德四年以前就已经出现了，其主要职责在于征收商税，参考《宋史·食货志》所载"商税，凡州县皆置务，关镇亦或有之，大则专置官监临，小则令、佐兼领，诸州仍令都监、监押同掌"[①]来看，"置官监窑"的制度在五代时确有施行。

在讨论吴越国青瓷产品的境内销售时曾对吴越国时期的越窑墓志器进行过梳理（详见附表），其中有三件器物或许可以帮助我们进一步认识"置官监窑"制度。

（1）北宋开宝三年（970）俞府君墓志罐（附表序号20），志文中写道："父讳卿，祖儒，曾祖继，代效省瓷窑之职……故府君充省瓷窑都勾押之行首也……府君乃育男四人……次曰从皓，充瓷窑勾押，娶于副使女蔡氏……"

（2）北宋开宝七年（974）罗坦墓志碑（附表序号21），志文中写道："……军同散将都作头襄阳罗三十七郎墓记……父是太粗（祖）肇启，毁家为国之时，立肱股于上林，与陆相公同置窑务……（太）粗（祖）朝纳职拜十将阶其□作头。罗三十七郎资次承荫，同心共赞邦家，□省作头，转同散将……"

（3）北宋太平兴国二年（977）耶卅九郎食瓶盖（附表序号22），盖面铭文曰："上林乡闻陆保俞仁福为耶卅九郎去太平兴国二年岁次丁丑其年闰七月六月十六日在新窑官坊造此食瓶盖……"

上述铭文提到了"省瓷窑""窑务""官坊"等机构，以及"都勾押""瓷窑勾押""副使""都作头""作头"等官职。根据类似机构的命名规则，"窑务"与"省瓷窑"应为同一机构——"省瓷窑务"的简称。已有学者对此作过研究，吴越国虽尊奉中原王朝为正朔，但辖内实行王国体制，始建国时"仪卫名称多如天子之制"[②]，"省瓷窑务"冠以省衔，表明其隶属于吴越中央机构，不受州县管辖[③]。至于该机构的设立时间，罗坦墓志中有所提及，即"太

---

① 〔元〕脱脱等：《宋史》卷一八六《志第一百三十九·食货下八》，北京：中华书局1977年版，第4541页。

② 〔宋〕司马光著，〔元〕胡三省音注：《资治通鉴》卷二七二《后唐纪一》，北京：中华书局1956年版，第8880页。

③ 厉祖浩：《吴越时期"省瓷窑务"考》，《故宫博物院院刊》2013年第3期，第50—61页。

祖肇启"之时，"太祖"指吴越国开国国王钱镠[1]，也就是说，省瓷窑务的设立时间应该在唐末钱镠形成割据势力、出任镇海与镇东两镇节度使之后，而俞府君的家族从其曾祖父，到其第四子，均在省瓷窑务供职，说明该机构至970年已存续了较长时间。既已有省瓷窑务这一隶属于中央的官署机构，那么为耶卅九郎烧造食瓶盖的"官坊"极有可能是省瓷窑务下属的作坊，与嘉泰《会稽志》、万历《上虞县志》中所述"官窑"的内涵可能相当；至于"官坊"前所写"新窑"的含义，在北宋建隆三年（962）闻氏三十娘墓志罐（附表序号19）志文中提到"买得杨梅岙岭东新窑保内北山脚下地一片"，可见"新窑"在962年已是基层户口编制中"保"的名称。据此推测，所谓"新窑官坊"之"新窑"，可能是作指示地理位置之用。

　　至于诸多窑务官职，经考证，"作头"与"都作头"属最低级别的窑务官，是作坊生产事宜的直接管理者，从志文中可知，"作头"对应的军职为"十将"，"都作头"对应"同散将"，结合"十将""同散将"的职级来看，"都作头"的职级又在"作头"之下；"勾押"，即勾押官，五代时一般是州县官府机构属吏，主要职掌"催征赋税、经办土贡、申报考簿等"事务，"瓷窑勾押"的职能当不出其中；"副使"应指省瓷窑务副使，与之对应的上一级则为省瓷窑务使，属最高级别的窑务官[2]。这些不同职能、不同层级的官职设置，表明省瓷窑务既参与窑业生产管理，其中极有可能涉及入贡瓷器的质量标准监察等事宜，同时又负责各种瓷业税、商税的征收。

　　综合上述省瓷窑务与官坊等机构的设立、层级分明的窑务官配置，以及其他地区置务征税的做法，可知吴越国在越窑制瓷业尤为繁盛的背景下，于越窑主要产区设置有受中央直接管辖的瓷业管理机构，并置官监窑，其目的

---

[1]　在其他两浙地区的五代墓志中有提到"太祖武肃王"，如后周广顺三年（953）《羊蟾墓志》："乃遇我朝太祖武肃王底平吴越……"，见慈溪市文物管理委员会办公室、宁波市江北区文物管理所：《慈溪碑碣墓志汇编：唐至明代卷》，杭州：浙江古籍出版社2017年版，第89页；后周显德元年（954）《俞让墓志》："承事太祖武肃王定乱江东……"，见〔清〕黄瑞：《台州金石录》，吴兴刘氏嘉业堂刊本。

[2]　参见厉祖浩：《吴越时期"省瓷窑务"考》，《故宫博物院院刊》2013年第3期，第50—61页。

当主要有三：其一，有效管理整个窑业生产；其二，加强对入贡瓷器产量与质量的监管；其三，加强对瓷业税的征收与管理。

第二节　从贡窑、官坊到官窑的演进

越窑"置官监窑"制度的形成历经了一个演进过程，吴越国纳土归宋后，在北宋政权的控制下，该制度又有所发展变化，并影响了后世官窑制度的形成。

根据《新唐书·地理志》对越州会稽郡土贡瓷器的记载，以及王永兴先生的考证[1]，越窑青瓷至迟于唐穆宗长庆年间就已成为越州的土贡方物。又按《新唐书·食货志》所载："州府岁市土所出为贡，其价视绢之上下，无过五十匹。异物、滋味、口马、鹰犬，非有诏不献。有加配，则以代租赋。"[2]说明唐代越窑贡瓷由诸州官府出资收购，在其价值超过五十匹绢时可充抵应上缴朝廷的租赋，相当于实物赋税的形式。

1977 年，上林湖吴家溪出土了一件唐光启三年（887）越窑墓志罐，上记："府君凌偶……中和五年岁在乙巳三月五日，终于明州慈溪县上林乡石仁里石贵保……光启三年岁在丁未二月五日，殡于当保贡窑之北山，其坟丙向。"[3]说明越窑的核心产区——上林湖地区至迟在晚唐时期设有"贡窑"。在唐代土贡制度下，作为贡品而被官府收购的土产一般由特定的贡户生产，这种贡户往往世袭其业，是各州土贡中高质量贡物的生产者[4]。可见，唐代越窑的"贡窑"应当也属于烧制土贡瓷器的特定贡户，而非官营性质，其在烧制贡物的同时，还可兼烧普通的商品瓷。"贡窑"的名称可能只是乡人的俗称，或被

---

① 王永兴：《唐代土贡资料系年——唐代土贡研究之一》，《北京大学学报（哲学社会科学版）》1982 年第 4 期，第 59—65 页。

② 〔宋〕欧阳修、宋祁等：《新唐书》卷五一《食货志一》，第 1344 页。

③ 浙江省博物馆：《浙江纪年瓷》，北京：文物出版社 2000 年版，图版 170。

④ 王永兴：《唐代土贡资料系年——唐代土贡研究之一》，《北京大学学报（哲学社会科学版）》1982 年第 4 期，第 59—65 页。

用来发挥品牌效应①。

唐代朝廷对于土贡方物应有一定的质量标准。根据《通典·食货典》记载：“开元八年二月，制曰：顷者以庸调无凭，好恶须准，故遣作样，以颁诸州，令其好不得过精，恶不得至滥。任土作贡，防源斯在。”②从《大唐六典》所记“凡与官交易，及悬平赃物，并用中贾。其造弓矢长刀，官为立样，仍题工人姓名，然后听鬻之，诸器物亦如之”③来看，贡瓷的烧造似乎不必在官府的直接管理下进行，只需题刻好窑工姓名即可，也就是所谓的“物勒工名”制度。在越窑考古工作中也确实发现很多晚唐时期的匣钵、产品上刻有窑工姓氏或姓名。然而，1987 年上林湖荷花芯窑址出土了一件晚唐瓷质垫圈，外壁环刻铭文曰：“美头人鲍五郎者用烧官物不得滥将恶用”④。可见，以该垫圈支烧的器物在入窑烧制前就已明确为“官物”，说明越窑工匠极有可能在制瓷伊始就按照朝廷的要求去生产贡物，而不是在烧成之后由官府拣选出质量符合标准的产品来作为贡物。至于所谓的标准如何下达至基层窑场与贡户，应该是有官府或特定机构在其中发挥作用，此外，也不排除当地官府为保证土产进贡而委派烧制任务的可能。铭文中的“鲍五郎”可能就是承担贡瓷烧造任务的贡户。无独有偶，上林湖后司岙窑址出土了一件晚唐粗陶质 M 形匣钵，外壁一侧刻有“官”字⑤（图七八），也可作为上述推论的佐证。

至吴越国时期，无论是从发展经济，还是进贡等政治需要的角度，越窑瓷业几乎是吴越国安身立命的重要支柱之一，随着生产规模的日益扩大，吴越朝廷为加强对越窑的直接管理，设立了隶属于中央的监窑机构——省瓷窑务。原先略显松散的“贡窑”组织形式也伴随朝廷控制的加强而发生变化，

① 王光尧：《中国古代官窑制度》，北京：紫禁城出版社 2004 年版，第 32 页。

② 〔唐〕杜佑：《通典》卷六《食货六·赋税下》，清乾隆十二年（1747）武英殿刻本。

③ 〔唐〕李隆基撰，〔唐〕李林甫注：《大唐六典》卷二〇《太府寺》，西安：三秦出版社 1991 年版，第 385 页。

④ 慈溪市博物馆：《上林湖越窑》，北京：科学出版社 2002 年版，第 201 页。

⑤ 浙江省文物考古研究所、慈溪市文物管理委员会办公室：《秘色越器——上林湖后司岙窑址出土唐五代秘色瓷器》，北京：文物出版社 2017 年版，第 153 页。

图七八　后司岙窑址出土外壁刻"官"字的晚唐粗陶质 M 形匣钵（TN02W04 ⑧—1—5:31）

如前所述，出现了官府管理下的生产作坊，即"官坊"，秘色瓷等贡器的生产任务当主要由"官坊"承担。可以说，"官坊"这一形式是以唐代土贡制度催生出的"贡窑"为基础发展起来的，适应了朝廷需求的变化。

《志雅堂杂钞》中提到"大宋兴国七年岁次壬午六月望日，殿前承旨监越州瓷窑务赵仁济再补修吴越国王百衲雷威琴"①，可知吴越国纳土归宋后，"置官监窑"制度得以延续，所设瓷窑务由北宋朝廷接管。嘉泰《会稽志》中还有一则重要记载："普济院，在（余姚）县东北六十里。唐大中元年建，号上林院。大中祥符元年，改赐今额。在上林湖山之西麓……陈康肃公为漕，案行窑所，尝来游，有诗云……"②所谓"窑所"应该就是位于上林湖窑场的官署机构，是北宋置官监窑的真实反映。"陈康肃公"指陈尧咨，"漕"指转运使，宋代诸路转运使掌一路财赋。然陈尧咨生平未任转运使一职，而其兄陈尧佐曾任两浙转运使③，据此推测嘉泰《会稽志》的记载可能有误。据《太子太师致仕赠司空兼侍中文惠陈公神道碑铭》："丁秦公忧，服除，判三司都勾院、两浙转运使，徙京西、河东、河北三路"④，说明陈尧佐任两浙转运

① 〔宋〕周密：《志雅堂杂钞》卷上"诸玩"条，上海进步书局印行本。

② 浙江省地方志编纂委员会编：《宋元浙江方志集成》第 4 册，第 1803 页。

③ 〔元〕脱脱等：《宋史》卷二八四《列传第四十三·陈尧佐传》，第 9582 页："后为两浙转运副使"。又按顾吉辰考证，陈尧佐当为"两浙转运使"，《宋史》"云'副使'非"。见顾吉辰：《〈宋史〉比事质疑》，北京：书目文献出版社 1987 年版，第 352—353 页。

④ 张春林：《欧阳修全集》，北京：中国文史出版社 1999 年版，第 787 页。

使是在为父守丧期满后，其父陈省华卒于北宋真宗景德三年（1006）；又按《续资治通鉴》卷三〇：大中祥符五年春正月"赐处州进士周启明粟帛，转运使陈尧佐表其行义故也"①，卷三一：大中祥符七年五月"初，钱塘江堤以竹笼石，而潮啮之，不数岁辄坏。转运使陈尧佐与知杭州戚纶议易以薪土，有害其政者言于朝，以为不便……癸未，又徙尧佐京西路。"②可知陈尧佐在北宋真宗大中祥符五年（1012）已任两浙转运使，至大中祥符七年（1014）五月改任京西转运使。由此看来，陈尧佐"案行窑所"的时间当在大中祥符年间其出任两浙转运使之时，不晚于大中祥符七年，这也说明越窑至这一时期仍有官方监窑机构存在，足见其重要性。

除文献证据外，在上林湖皮刀山窑址曾发现一件内底壁刻划纹样的曲腹卧足盘残件，其外壁刻铭文"上林窑（自）……年之内一窑之民（值）于监……（交）代窑民……"，外底刻"其竈囗"款③。据器形、装饰及装烧工艺判断，这件标本的年代应为北宋中期；从铭文内容上看，该器应是北宋朝廷在越窑"置官监窑"的实物例证，而且监窑机构应当参与了瓷业生产管理。至于北宋朝廷继续置官监管生产的原因，当与越窑归宋后还在向宫廷贡瓷有关。

史载宋太宗太平兴国八年（983）八月二十四日"王遣世子惟濬贡上……金银陶器五百事……"④，神宗熙宁元年（1068）十二月"尚书户部上诸道府土产贡物……越州……秘色瓷器五十事。"⑤当时征购物资的基本手段为科率："国初，凡官所需物，多有司下诸州，从风土所宜及民产厚薄而率买，谓之科率。"⑥"凡中都岁用百货，三司视库务所积丰约下其数诸路，诸路度风土

---

① 〔清〕毕沅：《续资治通鉴》卷三〇，北京：中华书局2021年版，第583页。

② 〔清〕毕沅·《续资治通鉴》卷三一，第612—613页。

③ 慈溪市博物馆：《上林湖越窑》，第80页。

④ 〔宋〕范坰、林禹：《吴越备史补遗》，清嘉庆十年（1805）虞山张氏照旷阁刻《学津讨原》本。

⑤ 〔清〕徐松辑，刘琳、刁忠民、舒大刚等校点：《宋会要辑稿》"食货四一之四一"，上海：上海古籍出版社2014年版，第6930—6931页。

⑥ 〔元〕马端临：《文献通考》卷二〇《市籴考一》，北京：中华书局1986年版，第195页。

所宜及民产厚薄而率买，谓之科率。"① 可见，科率是根据政府的需要向民户征购，带有强制色彩。既然是按照政府需求的强制征购，那么官府在执行征购任务时应有一个质量标准，对于越窑贡瓷也不例外。据此，督察产品质量是否符合标准也理应成为监窑机构的重要职责。

历年来，外底刻有"官""官样"款的器物在上林湖越窑遗址屡有出土，东钱湖上水岙窑址出土的部分器物上也发现有"官""官上水"等字款②，辽陈国公主与驸马合葬墓出土了一件内底划缠枝菊纹的越窑瓷盘，外底也有"官"字刻铭③。这些器物的年代集中在北宋早中期，其上带"官"字的刻款恰能体现当时宫廷对越窑贡瓷的要求与生产标准。以上林湖窑场为例，在目前发现的外底刻"官""官样"款的器物中，绝大部分都饰有纹样，多为一些精巧繁复的细线划花装饰以及刻划于内底壁的莲瓣纹，仅极少数无装饰纹样，如上林湖狗头颈窑址采集的一件"官"字款盘。这些"官""官样"款均为入窑烧制前所刻，而烧成后的质量是难以预计的，因此"官""官样"款更有可能代表官府提供的关于装饰纹样或器形的式样，而非单纯的质量标准。另外，窑址中所见"官样"款器物在器形、纹样上与"官"字款器物相比往往没有较大差异（图七九），却有"官""官样"款之分，说明二者的具体含义应该有所不同。刻"官"字款的器物应该是越窑工匠依据官府所供式样生产的贡御用瓷，而"官样"之"样"或可作"样本""试样"解，表示参照官府式样标准进行的打样试烧，窑工在样品外底刻"官样"款以示区分，该样品经监察合格后，便可以此为标准，生产"官"字款器物。正是因为有明确的标准，所以才需要在器物上刻款标记，以免混淆。由此看来，朝廷所置监窑官参与瓷业生产管理和产品监察等事宜实属情理之中。

此外，据前引《重修曲阳县志》与《宋史·食货志》"商税"条记载，北宋设立的"监越州瓷窑务"应当也职掌瓷业税的征收。换言之，征税也是

① 〔宋〕李焘：《续资治通鉴长编》卷一〇六，北京：中华书局 2004 年版，第 2471 页。
② 王结华、罗鹏：《青瓷千年映钱湖》，宁波：宁波出版社 2020 年版，第 205 页。
③ 内蒙古文物考古研究所：《辽陈国公主驸马合葬墓发掘简报》，《文物》1987 年第 11 期，第 4—24 页。

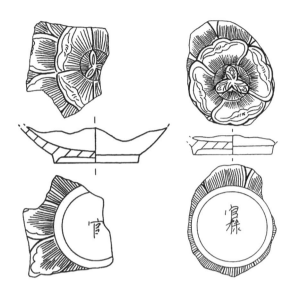

图七九　内底壁刻划莲瓣纹的"官""官样"款
碗（左．"官"字款；右．"官样"款）

朝廷置官监临越窑的目的之一。与河北曲阳县王子山院和尚舍利塔记碑题记中的"瓷窑商税务使冯翱"相似的职官还可见于山西介休洪山镇源神庙内立于北宋大中祥符元年（1008）的源神庙碑，碑阴题名中有"瓷窑税务任韬""前瓷窑税务武忠"，反映了山西介休窑的置官情况及其职责，说明在瓷窑置官征税是五代以来就已有的做法。同时，前文提到的陈尧佐"案行窑所"一事也可成为旁证。"案行"有巡视之意，时任两浙路转运使、职掌一路财政赋税的陈尧佐巡视上林湖"窑所"，从其身份上来讲，巡视的目的应在于督察税务[1]，这也再次说明越窑的监窑官兼有征收瓷业税之职责。

有关北宋越窑最后一次土贡瓷器的记载出自《元丰九域志》："越州会稽郡……土贡……瓷器五十事"[2]，时间应为北宋神宗元丰年之前。与吴越国时期相比，无论是进贡频率还是数量，都昭示着越窑贡瓷地位的衰落。王安石变法下政府购买制度的改变是导致该情况出现的重要原因。原先的科率制

---

① 　郑嘉励：《越窑"置官监窑"史事辨析》，《东方博物》2003 年（年刊），第 73—77 页。

② 　〔宋〕王存撰，王文楚、魏嵩山点校：《元丰九域志》卷五《两浙路》，北京：中华书局 1984 年版，第 209 页。

度在实施中暴露出诸多弊端:"诸路用度非素蓄者,亦科率于民。然用有缓急,物有轻重,故上方所须,轻者反重,贱者反贵,而民有受其弊者。"① 为革科率之弊,王安石推行实施市易法与均输法,把本来委托给地方政府承担的贡物科买,转变为由市易务承包购买,并将市易务与杂买务等机构合并,从制度上革除京师政府购买中强买勒索的沉疴,减轻百姓遭受的强制性束缚和经济损失②;又"熙宁初,辅臣陈升之、王安石领制置三司条例,建言:'……凡上供之物,皆得徙贵就贱,用近易远,令预知在京仓库之数所当办者,得以便宜蓄买以待上令,稍收轻重敛散之权归于公上,则国用可足,民财不匮矣。'从之。"③ 这一"用近易远"原则使得朝廷征购瓷器不再局限于几个产品质量较高的重要窑场,在北方耀州窑、定窑等诸多名窑兴起的环境下,朝廷也没有必要舍近求远地继续以高成本的越窑青瓷为宫廷用瓷,于是越窑在失去其优越的垄断地位后,窑业迅速衰落,很快退出了历史舞台。到了北宋晚期,已是名窑并起,百花齐放。尽管在北宋元丰八年(1085)神宗去世、哲宗即位后,王安石变法基本被废止,但政府购买制度仍有所变化,和买制登场——北宋哲宗绍圣四年(1097)十一月十四日"诏:户部严戒诸路监司,应取承诏旨市物色,并于出产多处置场,计数和买,召人赴场中卖,以见缗给之。"④ 元符二年(1099)闰九月十二日"诏:诸供官之物,转运司豫计置钱,令本州于出产处置场,比市价量添钱和买,亦许先一年召保请钱,认数中卖。"⑤ 可见和买不同于科率的强制征购,而是在指定地点遵循民户的意愿并参照市价进行交易。这样不具备强制要求的采购方式显然不足以使越窑重回原来独步宇内的地位,故也无法扭转越窑的衰败之势。

正是在这一阶段,采购所得瓷器逐渐不能满足宫廷的需求,出现了"本朝以定州白磁器有芒,不堪用"的局面,宫廷"遂命汝州造青窑器,故河北唐、邓、

---

① 〔宋〕李焘:《续资治通鉴长编》卷一〇六,第 2471 页。

② 沈岳明:《"官窑"三题》,《故宫博物院院刊》2010 年第 5 期,第 16—25 页。

③ 〔元〕脱脱等:《宋史》卷一六七《志第一百二十·职官七》,第 3963 页。

④ 〔清〕徐松辑,刘琳、刁忠民、舒大刚等校点:《宋会要辑稿》"食货三八之三",第 6828 页。

⑤ 〔清〕徐松辑,刘琳、刁忠民、舒大刚等校点:《宋会要辑稿》"刑法二之四二",第 8306 页。

耀州悉有之，汝窑为魁。江南则处州龙泉县窑，质颇粗厚"①。此时，取决于宫廷对瓷器喜好的"制样须索"模式开始普遍在诸窑施行，如"处州龙泉县……宣和中，禁庭制样须索，益加工巧"②之记载，表明北宋晚期禁庭已经在"制样须索"龙泉窑产品了。与此同时，也出现了由朝廷自置窑场、自己管理生产并控制产品流向的"官窑"模式："政和间，京师自置窑烧造，名曰官窑。"③官窑有自己的生产和管理制度，有自己的产品处理方式，从生产到产品消费都完全按照朝廷需求、受到朝廷控制，故而是一种非常特殊的模式。

至于北宋官窑出现的原因，有观点认为，宗戚、官僚以及宫中妃嫔、宫女、宦官等人数在北宋后期日益膨胀，除日用瓷器外还需要陈设、祭祀等用瓷，从而导致宫廷对瓷器的需求量剧增④，原来的瓷器采购、征办模式已力不能及，故"自置窑烧造"。诚然，这是推动官窑出现的因素之一，但最主要的原因当为需要大规模用瓷的事件，而这可能与徽宗在位期间频繁举行郊祀大礼有关。宋朝郊祀实行"三岁一亲郊"制度，即皇帝每三年一次亲行郊祀大礼，主要包括冬至圜丘南郊大礼与季秋明堂大礼，另有祈谷、雩祀大礼等，但举行次数较少。徽宗所行郊祀大礼之频繁，甚至罔顾"三岁一亲郊"制度的周期规定。据统计，尤以政和、宣和年间为多，在徽宗政和七年（1117）明堂落成之后更是几乎年年举行明堂大礼⑤，耗费颇多，其中需要的礼仪用器当不在少数。

北宋元丰元年（1078），神宗"命枢密直学士陈襄等详定郊庙奉祀礼文"，详定礼文所言："郊之祭也，器用陶匏，以象天地之性，樿因白木，以素为质。今郊祀簠、簋、罇、豆皆非陶，又用龙杓，未合礼意。请圜丘、方泽正配位

① 〔宋〕叶寘：《坦斋笔衡》，载〔元〕陶宗仪撰，李梦生校点：《南村辍耕录》卷二九"窑器"条，第325—326页。

② 〔宋〕庄绰：《鸡肋编》卷上，第7页。

③ 〔宋〕叶寘：《坦斋笔衡》，载〔元〕陶宗仪撰，李梦生校点：《南村辍耕录》卷二九"窑器"条，第326页。

④ 刘涛：《宋瓷笔记》，北京：生活·读书·新知三联书店2014年版，第65—66页。

⑤ 杨高凡：《宋代祭天礼中三岁一亲郊制探析》，《求是学刊》2011年第6期，第141—152页。

所设簠、簋、罇、豆改用陶器……"①北宋徽宗大观四年（1110）四月二十八日，议礼局言："……今太常祠感生帝、神州地祇仪注，牲用茧栗，席用藁秸，已合古礼，而所用之器与宗庙同，则为非称。伏请自今祠感生帝、神州地祇，并用陶匏。"②可见，瓷质祭器是郊庙奉祀中的重要用器。若以《续资治通鉴》所载"初，绍兴宗祀止设天地祖宗四位，至是始设从祀神位四百四十三，用祭器七千五百七十一"③为参考，瓷质祭器在如此庞大的祭器总量中应占有相当的比例。由此可以想见北宋徽宗朝行郊祀大礼对瓷器的需求量，故需专门置窑烧造，这也表明此时在国内诸窑"制样须索"定制瓷器已无法满足宫廷对瓷质礼仪用器的需求。至南宋时期，官窑模式得到了延续，正如《坦斋笔衡》中所述："中兴渡江，有邵成章提举后苑，号邵局，袭故京遗制，置窑于修内司，造青器，名内窑，澄泥为范，极其精致，釉色莹彻，为世所珍。后郊坛下别立新窑，比旧窑大不侔矣。余如乌泥窑、余杭窑、续窑，皆非官窑比。若谓旧越窑，不复见矣。"④

值得一提的是，宋室南渡后，在礼器几乎"尽皆散失"的情况下，越窑响应朝廷需求，承担起宫廷礼器的烧制重任，因而短暂恢复生产。据《中兴礼书》记载，越窑在南宋绍兴元年（1131）与绍兴四年（1134）为朝廷烧造明堂祭器，且"仍乞依见今竹木器祭样制烧造"⑤，说明烧造祭器需严格按照样制，这也是"禁庭制样须索"的体现。

---

① 〔清〕秦蕙田：《五礼通考》卷一三《吉礼十三·圜丘祀天》，清文渊阁《四库全书》本。
② 〔清〕徐松辑，刘琳、刁忠民、舒大刚等校点：《宋会要辑稿》"礼一四之六四、六五"，第775—776页。
③ 〔清〕毕沅：《续资治通鉴》卷一一四，第2625页。
④ 〔宋〕叶寘：《坦斋笔衡》，载〔元〕陶宗仪撰，李梦生校点：《南村辍耕录》卷二九"窑器"条，第326页。
⑤ 〔清〕徐松辑：《中兴礼书》卷五九《明堂祭器》，载顾廷龙主编，续修四库全书编纂委员会编：《续修四库全书》第822册，上海：上海古籍出版社2002年版，第242—243页。

伍

探『秘』——秘色瓷及其相关问题

谈到吴越国的制瓷业，就不可避免地说起当时青瓷生产最高水平的代表——秘色瓷。"秘色瓷"的概念目前最早出现在晚唐诗人陆龟蒙的《秘色越器》中，这首七言绝句以"九秋风露越窑开，夺得千峰翠色来。好向中宵盛沆瀣，共嵇中散斗遗杯"①向世人展现了秘色瓷"千峰翠色"般的青绿釉色，同时也披露出一则信息，即秘色瓷产自越窑。此后，徐夤的《贡余秘色茶盏》又再次吟咏了秘色瓷："捩翠融青瑞色新，陶成先得贡吾君。巧剜明月染春水，轻旋薄冰盛绿云。古镜破苔当席上，嫩荷涵露别江濆。中山竹叶醅初发，多病那堪中十分。"②该诗不仅赞咏了秘色茶盏的外观，还示明了秘色瓷在烧成后需首先用于皇室御贡。

及至宋代，《册府元龟》等官修著作详细记录了吴越国向中原王朝的进贡名目，其中就包含"金棱秘色瓷器"③等物。北宋中期以后，文献记载中鲜有出现对秘色瓷外观的描述，"秘色瓷"的概念也似已渐趋模糊。赵令畤在《侯鲭录》中对"秘色瓷"所谓何物以及"秘色"的内涵进行了阐释，认为"今之秘色瓷器，世言钱氏有国，越州烧进，为供奉之物，臣庶不得用之，故云'秘色'。比见陆龟蒙进越器诗云……乃知唐时已有秘色，非自钱氏始。"④周辉的《清波杂志》、曾慥的《高斋漫录》、叶寘的《坦斋笔衡》以及顾文荐的《负暄杂录》都对这一认识有所引用转抄，后二者还指出秘色瓷出现的原因："今土中得者，其质浑厚，不务色泽。末俗尚靡，不贵金玉而贵铜磁，遂有秘色

---

① 〔清〕彭定求等：《全唐诗》卷六二九，第 7216 页。

② 〔清〕彭定求等：《全唐诗》卷七一○，第 8174 页。

③ 〔宋〕王钦若：《册府元龟》卷一六九《帝王部·纳贡献》："（同光二年）九月，两浙钱镠遣使钱询贡方物：银器、越绫、吴绫、越绢……金棱秘色瓷器……""（清泰二年）九月甲寅，两浙贡茶、香、绫绢三万六千计。是月，杭州钱元瓘进银绫绢各五千两匹、锦绮五百，连金花食器二千两、金棱秘色瓷器二百事。"（第 2035、2037 页）

④ 〔宋〕赵令畤：《侯鲭录》卷六"秘色瓷器"条，第 149 页。

窑器。"① 这些记载皆是自器物性质方面对秘色瓷作的解读；成书于北宋宣和年间的《宣和奉使高丽图经》中也提到了越州的秘色瓷："狻猊出香亦翡色也。上有蹲兽，下有仰莲以承之。诸器惟此物最精绝。其余则越州古秘色，汝州新窑器，大概相类。"② 此外，成书于南宋开禧二年（1206）的《云麓漫钞》记载："青瓷器，皆云出自李王，号秘色；又曰出钱王。今处之龙溪出者，色粉青，越乃艾色。唐陆龟蒙有进越器诗云：'九秋风露越窑开，夺得千峰翠色来。好向中宵盛沆瀣，共嵇中散斗遗杯。'则知始于江南与钱王皆非也。近临安亦自烧之，殊胜二处。"③ 这则记载似乎将越窑、龙泉窑及南宋官窑青瓷与秘色的概念相混同，并误认为秘色瓷的创烧地不在江南。也正是自这一时期开始，"秘色"逐渐成为一种代名词，许多著名窑口的产品纷纷被冠以"秘色"之名，如庄绰的《鸡肋编》："处州龙泉县多佳树……又出青瓷器，谓之'秘色'。钱氏所贡，盖取于此。"④ 陆游的《老学庵笔记》："耀州出青瓷器，谓之'越器'，似以其类余姚县秘色也。"⑤ 赵秉文的《汝瓷酒尊》诗云："秘色创尊形，中泓贮醇醨。缩肩潜螾蜓，蟠腹涨青宁。巧琢晴岚古，圆瑳碧玉荧。银杯犹羽化，风雨慎缄扃。"⑥ 太平老人所撰《袖中锦》载："……高丽秘色……皆为天下第一，他处虽效之，终不及。"⑦

明清时期，学者们对于"秘色瓷"又有了一些新认识。如前文提到的明嘉靖《余姚县志》记载："秘色瓷，初出上林湖，唐宋时置官监窑，寻废。"⑧

---

① 〔宋〕叶寘：《坦斋笔衡》，载〔元〕陶宗仪撰，李梦生校点：《南村辍耕录》卷二九"窑器"条，第 325 页。〔宋〕顾文荐：《负暄杂录》，载〔明〕陶宗仪：《说郛》第四册卷一八，第 20 页。

② 〔宋〕徐兢撰，朴庆辉标注：《宣和奉使高丽图经》卷三二《器皿三》"陶炉"条，长春：吉林文史出版社 1986 年版，第 66 页。

③ 〔宋〕赵彦卫：《云麓漫钞》卷一〇，第 139—140 页。

④ 〔宋〕庄绰：《鸡肋编》卷上，第 7 页。

⑤ 〔宋〕陆游：《老学庵笔记》卷二，上海：上海书店出版社 1990 年版，第 31 页。

⑥ （金）赵秉文著，马振君整理：《赵秉文集》，哈尔滨：黑龙江大学出版社 2014 年版，第 146—147 页。

⑦ 〔宋〕太平老人：《袖中锦》，载四库全书存目丛书编纂委员会：《四库全书存目丛书·子部》第 101 册，济南：齐鲁书社 1995 年版，第 385 页。

⑧ 〔明〕顾存仁等：《（嘉靖）余姚县志》卷六《风物记·物产》，浙江省宁波市天一阁藏本。

明人李日华的《六研斋二笔》云："南宋时，余姚有秘色瓷，粗朴而耐久，今人率以官窑目之，不能别白也。"①徐应秋的《玉芝堂谈荟》也写道："陆龟蒙诗所谓'九秋风露越窑开，夺得千峰翠色来'，最为诸窑之冠。至吴越有国，日愈精，臣庶不得用，谓之'秘色'，即所谓柴窑也。或云制器者姓，或云柴世宗时始进御云。"②可见，明代出现了南宋仍有秘色瓷、越窑秘色瓷即是柴窑瓷器等观点。清人朱琰在《陶说》中旁征博引，认为秘色瓷是当时瓷器之名，而非吴越国专有的进贡之物："按唐越窑，实为钱氏秘色窑之所自始。后人因秘色为当时烧进之名，忘所由来……《高斋漫录》：'越州烧进，为供奉之物，臣庶不得用，故云秘色。'按王蜀报朱梁信物，有金棱碗，致语云：'金棱含宝碗之光，秘色抱青瓷之响。'则秘色是当时瓷器之名，不然吴越专以此烧进，而王蜀亦取以报梁耶。"③刘体仁的《爱日堂抄》自瓷色角度对"秘色"进行了解读，认为"自古陶重青品，晋曰缥瓷，唐曰千峰翠色，柴周曰雨过天青，吴越曰秘色。其后宋器虽具诸色，而汝瓷在宋烧者，淡青色；官窑、哥窑以粉青为上；东窑、龙泉，其色皆青。至明而秘色始绝。"④蓝浦的《景德镇陶录》也多征引前人观点，认为存在一个有别于越窑的"秘色窑"，且在南宋初迁出余姚县，至明初停烧——

> "秘色窑，吴越烧造者。钱氏有国时，命于越州烧进，为供奉之物，臣庶不得用，故云秘色。其式似越窑器，而清亮过之。唐氏《肆考》云'蜀王建报朱梁信物，有金棱椀。致语云，金棱含宝椀之光，秘色抱青瓷之响。则秘色乃是当时瓷器之名，不然吴越专以此烧进，何蜀王反取之以报梁耶？'案《坦斋笔衡》谓秘色唐世已有，非始于钱氏。大抵至钱氏始以专供进耳，岂王蜀遂无唐之旧器哉？又徐夤有《贡余秘色茶盏》七律诗，可见唐有之辨，

① 〔明〕李日华：《六研斋二笔》卷二，清文渊阁《四库全书》本。
② 〔明〕徐应秋：《玉芝堂谈荟》卷二八"柴窑秘色"条，清文渊阁《四库全书》本。
③ 〔清〕朱琰：《陶说》卷二《说古·古窑考》，北京：商务印书馆1936年版，第18页。
④ 〔清〕蓝浦原著，〔清〕郑廷桂补辑，傅振伦编注，孙彦整理：《景德镇陶录详注》卷九《陶说杂编下》，第139页。

非谬。特《辍耕录》疑为即越窑，亦误。南宋时秘色窑已移余姚，迄明初遂绝。"①

除此以外，《景德镇陶录》对"秘色"的认识与《爱日堂抄》相似，认为"秘色"实指瓷色：

"秘色，古作'祕色'，《肆考》疑为瓷名，《辍耕录》以为即越窑，引叶寘'唐已有此'语。不思叶据陆诗，并无'祕色'字也。按'祕色'特指当时瓷色而言耳，另是一窑，固不始于钱氏，而特贡或始于钱氏，以禁臣庶用，故唐氏又谓蜀王不当有。不知'祕'字亦不必因贡御而言。若以钱贡为祕，则徐夤祕盏诗亦标贡字，是唐亦尝贡，何不指唐所进御云'祕'，岂以唐虽贡，不禁臣庶用，而吴越有禁，故称'祕'耶？《肆考》又载'祕色至明始绝'，可见以瓷色言为是。"②

综上可见，随着时间的推移，"秘色瓷"的概念在世人心中愈发模糊、抽象且泛化，对于"秘色瓷"的认识以及"秘色"当作何解，可谓是众说纷纭，莫衷一是，为"秘色瓷"蒙上了一层神秘的面纱。

第一节　秘色瓷的烧造地点与生产年代

1987年，在陕西省扶风县法门寺重建明代砖塔的过程中，于塔基下意外地发现了唐代的真身宝塔地宫，地宫内出土了一漆木圆盒，其中装有十三件套叠在一起的瓷器，正好与地宫中发现的《应从重真寺随真身供养道具及恩赐金银器物宝函等并新恩赐到金银宝器衣物账》（以下简称《衣物账》）石碑所载"瓷秘色椀七口内二口银稜，瓷秘色盘子、叠子共六枚"③相吻合，根据碑文记载，该衣物账碑是唐咸通十五年（874）入藏时镌刻的，且这些秘色

---

① 〔清〕蓝浦原著，〔清〕郑廷桂补辑，傅振伦编注，孙彦整理：《景德镇陶录详注》卷七《古窑考》"秘色窑"条，第89—90页。

② 〔清〕蓝浦原著，〔清〕郑廷桂补辑，傅振伦编注，孙彦整理：《景德镇陶录详注》卷一〇《陶录余论》，第152页。

③ 陕西省考古研究院、法门寺博物馆、宝鸡市文物局等：《法门寺考古发掘报告（上）》，北京：文物出版社2007年版，第227页。

瓷器为唐懿宗所供奉，由此基本明确了圆盒内的十三件瓷器应为唐懿宗时期的秘色瓷。另外还在地宫内发现了一件单独放置的青釉瓷八棱净瓶，尽管在《衣物账》上并没有该器的记录，但其制作的规整程度和釉面的匀净程度，特别是满釉支烧工艺，均与前述十三件器物相同，表明这件八棱净瓶应同属秘色瓷之列。法门寺地宫内的发现，首次以实物资料向世人揭开秘色瓷的神秘面纱，使得原本抽象的"秘色瓷"概念有了明确的实物支撑，为探索秘色瓷相关问题提供了一个标样。

首先需要明晰的是秘色瓷的产地问题。如上文所述，晚唐诗人陆龟蒙在其诗《秘色越器》中就将秘色瓷与越窑联系在一起，这是最早提出越窑与秘色瓷关系的记载；两宋时期的文献也普遍认为秘色瓷为"越州烧进"。有学者由法门寺地宫所出鎏金双凤衔绶纹圈足银方盒上的"内库"二字錾文，考察了唐代的库藏制度，认为地宫中皇帝赐赏的金银珠玉、琉璃器、秘色瓷及锦绣衣物统统出于内库[1]。内库所纳珍玩器服，除了产自宫廷内置作坊的制品，绝大部分为各地进贡的物产。据《新唐书》记载，唐代为宫廷进贡瓷器的窑场主要是邢州钜鹿郡的邢窑[2]与越州会稽郡的越窑[3]，其中又仅有越窑进贡青瓷，并且按王永兴先生的考证，《新唐书》记载的越州土贡是唐长庆年间（821—824）的"长庆贡"[4]，而法门寺地宫内被称为"秘色"的青釉瓷在年代上晚于此，当处于越窑贡瓷的年代范围。综合来看，法门寺地宫出土的秘色瓷应该是越窑生产的土贡方物，秘色瓷产自越窑这一认识应当也是没有问题的。

21 世纪以来，对慈溪上林湖及其周边越窑遗址的考古调查与发掘还在不

① 韩伟：《法门寺地宫金银器錾文考释》，《考古与文物》1995 年第 1 期，第 71—78 页。

② 〔宋〕欧阳修、宋祁等《新唐书》卷三九《地理志三》"邢州钜鹿郡"条："邢州钜鹿郡，上。本襄国郡，天宝元年更名。土贡：丝布、磁器、刀、文石。"（第 1013 页）

③ 〔宋〕欧阳修、宋祁等《新唐书》卷四一《地理志五》"越州会稽郡"条："越州会稽郡，中都督府。土贡：宝花、花纹等罗，白编、交梭、十样花纹等绫……瓷器，纸，笔。"（第 1060 页）

④ 王永兴：《唐代土贡资料系年——唐代土贡研究之一》，《北京大学学报（哲学社会科学版）》1982 年第 4 期，第 59—65 页。

断深入，为秘色瓷研究提供了大量新材料，尤其是 2015—2017 年浙江省文物考古研究所联合慈溪市文物管理委员会对上林湖后司岙窑址进行了考古发掘，基本揭示出秘色瓷的主要烧造地点。

从历年来的考古工作情况来看，分布于上林湖沿岸的窑址群是唐宋越窑最为核心的生产区域，不仅窑址数量多，生产规模大，而且产品质量也比较高，其中又以后司岙窑址所出产品质量为最高，应属上林湖窑址群最为核心的生产区域。2015—2016 年，主要针对后司岙窑址唐、五代时期的窑业遗存进行了考古发掘，出土了大量晚唐五代的越瓷精品，器类以碗、盘、盏、盒、钵、盏托等为主，也有执壶、穿带壶、罐、碟、盂、枕、熏炉、八棱净瓶、圆腹净瓶等[①]。

法门寺地宫内连同八棱净瓶在内的十四件性质明确的秘色瓷，可用作对比的标准器，其制作规整，除两件鎏金银棱平脱雀鸟团花纹碗外，皆通体施釉，釉面莹润匀净，器表光素无纹，支烧痕迹多呈松子状，且仅见于器物外底，说明装烧时采用了正向仰烧法，并以泥点间隔，一匣一器单件烧成，或个别置于最上一件叠烧而成。在后司岙窑址，制作的规整程度、釉面特征、装烧方式与法门寺地宫所出秘色瓷几乎一致的产品大量出土，同时也发现了器形、尺寸皆相当的器物，特别是后司岙窑址出土的八棱净瓶 TN06W04 ⑤ -1-6:6 与法门寺地宫所出八棱净瓶的足底都刻有"公"字款（图八〇）。结合以上种种证据可基本判断，上林湖后司岙窑址是晚唐五代时期秘色瓷的重要生产地。这与明嘉靖《余姚县志》中"秘色瓷，初出上林湖"[②]的记载相契合。

除后司岙窑址外，在上林湖沿岸的荷花芯、黄鳝山等窑址，白洋湖沿岸的石马弄窑址，与古银锭湖一带的寺龙口窑址也发现了可以称得上"秘色瓷"的产品，以及不少口沿处残留烧结釉料的瓷质匣钵，这些以釉封接的瓷质匣钵是装烧秘色瓷的专用匣钵，说明上述窑址都曾生产过秘色瓷。

---

① 郑建明：《后司岙窑址发掘收获》，载浙江省文物考古研究所、慈溪市文物管理委员会办公室：《秘色越器——上林湖后司岙窑址出土唐五代秘色瓷器》，北京：文物出版社 2017 年版，第 18—32 页。

② 〔明〕顾存仁等：《（嘉靖）余姚县志》卷六《风物记·物产》，浙江省宁波市天一阁藏本。

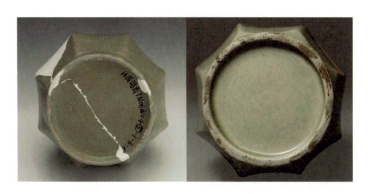

图八〇　八棱净瓶足底的"公"字款（左．后司岙窑址出土八棱净瓶的底部；右．法门寺地宫出土八棱净瓶的底部）

　　在上林湖西南岸还有一处唐宋时期的越窑窑址比较具有代表性，即荷花芯窑址。该窑址于1993—1995、2014—2015年、2017年历经三次考古发掘，揭露出丰富的作坊遗迹，出土了大量质量较高的产品，以制作规整、通体施釉的器物居多，其中也有不少与瓷质匣钵伴出的秘色瓷器，器类包括盒、执壶等，其烧制时间大致可以早到唐会昌年间（841—846）[①]。在2014—2015年的补充发掘中还出土了四件内底心模印"盈"字的宽圈足大碗，这在越窑考古工作中属首次发现。总体而言，荷花芯窑址的产品仍以普通越器为主，尽管发现了一定数量的秘色瓷，但在占比上远不如后司岙窑址，这也凸显了后司岙窑址在上林湖窑址群的核心地位。

　　在基本探明秘色瓷的烧造地点位于越窑的上林湖核心产区后，秘色瓷的生产年代也是亟需解开的谜团。据陆龟蒙《秘色越器》一诗与两宋时期诸如《侯鲭录》《坦斋笔衡》等文人笔记所述，秘色瓷在"唐时已有"；法门寺地宫出土的秘色瓷以及《衣物账》记载也表明秘色瓷在唐懿宗时期就已经出现，唐代烧造秘色瓷应当是确信无疑的。

　　后司岙窑址的考古发掘工作可以为探索秘色瓷具体的生产年代提供一些线索。在后司岙窑址的地层堆积中发现了多个带有"大中""咸通""中和"年号的窑具，在带有"大中"年号（847—860）窑具的地层中，秘色瓷

与瓷质匣钵的数量占比不高，用来装烧普通越器的粗陶质匣钵在数量上远超专用于装烧秘色瓷的瓷质匣钵，且瓷质匣钵多为较大的钵形匣钵，兼有少量专门用来装烧净瓶的喇叭形匣钵，直筒形则更少；而在带有"咸通"（860—874）与"中和"（881—885）年号窑具的地层中，瓷质匣钵数量逐渐增多，直至成为主流，其质量极高，胎质如瓷胎般细腻坚致，且均以釉封口，"大中"年号地层中偶有出现的瓷质匣钵未施釉封口的现象已基本消失不见，直筒形瓷质匣钵的数量在"中和"年号地层中显著增加，与钵形占比相近。这些变化暗示秘色瓷可能在唐大中年间尚处于刚出现不久的新生状态，至咸通年间，便已成为一项重要的烧造任务，该时段也与法门寺地宫封闭的时间相当，至中和年间，生产达到鼎盛阶段。也就是说，在钱镠尽据两浙之地时，越窑的秘色瓷生产已步入了繁荣兴盛期。此外，据前文所述，荷花芯窑址烧制秘色瓷的时间大致可到会昌年间，较大中年间略早，由此可推测，秘色瓷的生产年代大约始于晚唐时期，至迟不晚于会昌年间。

在后司岙窑址的考古工作中，根据地层叠压关系与出土器物类型学的比对，"中和"年间之后秘色瓷的生产情况又被划分为唐末至五代中期、五代晚期两个阶段①。唐末至五代中期，秘色瓷的生产延续了中和年间的兴盛，瓷质匣钵的质量及数量比例较此前并无太大变化。五代中期以后，秘色瓷的质量开始出现下降趋势，胎料中夹杂有较多细砂粒的瓷质匣钵在这一阶段成为主流，其胎体也趋于轻薄，并且与秘色瓷胎在成分与显微结构上均有差异②，可能是为了降低原料成本与淘洗的时间成本，同时也可减少因原先的瓷质匣钵硬度较低、易在高温下软塌而造成的成品损耗，与以往不计成本的生产相比，此时的秘色瓷生产已然由盛转衰。

南宋文人陆游在《老学庵笔记》中提到："耀州出青瓷器，谓之'越器'，

---

① 郑建明：《后司岙窑址发掘收获》，载浙江省文物考古研究所、慈溪市文物管理委员会办公室：《秘色越器——上林湖后司岙窑址出土唐五代秘色瓷器》，第18—32页。

② 故宫博物院、浙江省文物考古研究所、慈溪市文物管理委员会办公室：《上林湖后司岙窑址瓷质匣钵的工艺特征研究》，《故宫博物院院刊》2017年第6期，第142—150页。

似以其类余姚县秘色也。然极粗朴不佳，惟食肆以其耐久，多用之。"① 也就是说，耀州的青瓷与余姚烧造的秘色瓷非常相似。《老学庵笔记》的写作时间大约在孝宗淳熙末年到光宗绍熙初年。据瞿镛的《铁琴铜剑楼藏书目录》卷一六记载，陆游之子陆子通为《老学庵笔记》作跋语称："《老学庵笔记》，先太史淳熙、绍熙间所著也"②，《老学庵笔记》卷一又写道："予去国（指临安）二十七年复来。"③ 卷六亦云："今上初登极，周丞相草仪注，称'新皇帝'，盖创为文也。"④ 此处的"周丞相"指周必大，淳熙末、绍熙初任左丞相，"今上""新皇帝"皆指宋光宗。以陆游的年龄，《老学庵笔记》提到的"余姚县秘色"应该是他在离开临安前看到的余姚县烧制的秘色瓷，由是才会有此感慨。如此看来，越窑在南宋时似乎还在烧造秘色瓷。

结合《中兴礼书》中"（绍兴元年）四月三日……祀天并配位用匏爵陶器，乞令太常寺具数下越州制造……"⑤ "（绍兴四年四月二十七日）工部言，据太常寺申，契勘今来明堂大礼，正配四位合用陶器，已降指挥下绍兴府余姚县烧造"⑥ 等记载与多年来的考古发现，越窑在南宋初因宋室南渡及烧造祭器等需求而确有恢复生产，一度复兴。那么在这一时期，越窑是否如陆游所说还在烧制秘色瓷，其烧造地点又位于何处呢？

熊彦诗曾写过《应诏上皇帝陈利害书》，陈"省费、裕国、强兵、息民之道"，其中提到"臣尚有得于耳目之间者：永嘉养兵置局，织造锦袍；余姚呼集陶工，坯冶秘色；钱塘村落，辇致花寨。方朕下衣裳在笥，敝袴不假，则锦袍何用？日昃不食，土铏致膳，则秘色何求？诗书为园，仁义为圃，则花木何观？"⑦

---

① 〔宋〕陆游：《老学庵笔记》卷二，第 31 页。

② 〔清〕瞿镛：《铁琴铜剑楼藏书目录》卷一六，清光绪常熟瞿氏家塾刻本。

③ 〔宋〕陆游：《老学庵笔记》卷一，第 12 页。

④ 〔宋〕陆游：《老学庵笔记》卷六，第 97 页。

⑤ 〔清〕徐松辑：《中兴礼书》卷五九《明堂祭器》，载顾廷龙主编，续修四库全书编纂委员会编：《续修四库全书》第 822 册，上海：上海古籍出版社 2002 年版，第 242 页。

⑥ 〔清〕徐松辑：《中兴礼书》卷五九《明堂祭器》，载顾廷龙主编，续修四库全书编纂委员会编：《续修四库全书》第 822 册，第 243 页。

⑦ 佚名编：《新刊国朝二百家名贤文粹》卷七六，宋庆元三年（1197）书隐斋刻本。

如题所见，熊彦诗的这次上书为应诏上书，据《建炎以来系年要录》记载："（绍兴二年五月）丙戌，诏置修政局。时尚书左仆射吕颐浩既督军于外，右仆射秦桧乃奏设此局……仍诏侍从、台省寺监官、监司守令，各书所见，言省费、裕国、强兵、息民之策。"① 又根据明嘉靖《瑞安县志》及《建炎以来系年要录》的记载，熊彦诗于绍兴二年（1132）任瑞安知县②，至绍兴三年（1133）四月离任③。综上所述，熊彦诗应诏上书的时间应该距绍兴二年五月不久，其时他恰任瑞安知县，书陈"余姚呼集陶工，坯冶秘色"之事当为他的实际见闻，时间可能在绍兴二年或此之前。

另有史浩的《祭窑神祝文》："比者宪台有命，埏埴是营。鸠工弥月，巧历必呈。惟是火齐，造化杳冥。端圆缥碧，乃气之精。兹匪人力，实繁神明。是用奔走，来输其诚。有酒既旨，有肴既馨。惟神克享，大侈厥灵。山川辑秀，日月降晶。俾无苦窳，以迄有成。"④ 从"宪台有命""鸠工弥月"等用词中可知，此次烧窑是因官府所命而召集窑工，所烧之物"端圆缥碧"，应为釉色甚是青绿、质量颇高的青瓷产品。史浩在绍兴十五年（1145）登进士第，调任余姚县尉。这则祝文极有可能是在他任余姚县尉时所作，那么此处的"窑"应为越窑，"端圆缥碧"的特征可能就是指当时越窑烧造的秘色瓷。

至此，从上述文献中可基本判断，秘色瓷在南宋时仍有烧造，明人李日华在《六研斋二笔》中所述"南宋时，余姚有秘色瓷"应当也是确有其事了。

历年的考古工作显示，慈溪古银锭湖一带的低岭头、寺龙口、张家地、开刀山等窑址⑤在南宋时还在烧制瓷器，南宋秘色瓷的烧造地点也应主要分布

① 〔宋〕李心传：《建炎以来系年要录》卷五四，清光绪年间（1875—1908）广雅书局刻、民国九年（1920）番禺徐绍棨汇编重印《广雅书局丛书》本。

② 〔明〕刘畿修，〔明〕朱绰等纂：《（嘉靖）瑞安县志》卷四《职官志》，明嘉靖三十四年（1555）刻本。

③ 〔宋〕李心传：《建炎以来系年要录》卷六四："（绍兴三年夏四月）……左奉议郎知瑞安县熊彦诗、右从事郎知嵊县姜仲开政绩。诏并进一官。"

④ 〔宋〕史浩：《鄮峰真隐漫录》卷四二《祝文》，清乾隆四十一年（1776）刻本。

⑤ 沈岳明：《修内司窑的考古学观察——从低岭头谈起》，载中国古陶瓷研究会：《中国古陶瓷研究》第四辑，北京：紫禁城出版社1997年版，第84—92页。

于这片区域。在对低岭头窑址[1]的试掘、对寺龙口窑址[2]的发掘中发现了一批南宋早期的产品，可分为传统越窑青釉产品与官窑型产品两类，前者在质量上有粗、精之分，其中精细者胎质细腻，釉色青绿，釉面光润，部分器物的外底刻"御厨"款，当为皇帝御用之物；后者与越窑的传统风格不同，胎质细腻，多呈香灰色，釉色呈天青或月白色，釉面呈乳浊状，釉层略厚，不见纹饰，器类包括碗、盘、罐、炉、瓶、洗、渣斗等，内底一般没有叠烧时留下的间隔痕迹，碗、盘、洗、罐等器物外底多见支钉痕迹，但由于胎料中氧化铝的含量较低，使得胎体硬度不高，故与北方汝窑所用很细的芝麻钉相比，越窑的支钉较粗，另外也有少数器物为足缘刮釉露胎，以便垫烧。南宋越窑的这批官窑型产品与汝窑、南宋官窑的器物风格颇为相似，前文提及李日华说南宋时的秘色瓷"今人率以官窑目之，不能别白也"，由此推测，南宋越窑烧造的秘色瓷可能指的是这些官窑型产品，其重釉色、不重纹饰的风格特征也与晚唐五代时秘色瓷以造型、釉色取胜的审美倾向不谋而合。

至于北宋时越窑是否烧造秘色瓷的问题，至今尚存争议。从考古发现中可以看到，北宋早期的越窑产品相当精致，盛行线条纤细、构图精巧的细线划花装饰，质量丝毫不逊于晚唐五代时的产品，尤其是辽萧贵妃墓（993年）出土的越窑银釦鹦鹉纹执壶、宋太宗元德李后陵（1000年）出土的越窑云鹤纹套盒、辽韩佚夫妇合葬墓（1011年）出土的越窑"永"字款人物宴乐纹执壶，世人皆以秘色瓷相待，但不管是可作为标准器的晚唐五代时的越窑秘色瓷，还是南宋时肖似官窑产品的越窑秘色瓷，抑或是在古代文献中常与秘色瓷两相混同的五代耀州窑、北宋汝窑、官窑、南宋龙泉窑，以及高丽青瓷，都是以釉及造型取胜、不重装饰纹样的，越窑在北宋早期极尽装饰纹样之美的产品与秘色瓷追求的风格有所不同，其可否被称作"秘色瓷"还有待商榷。

---

[1] 沈岳明：《修内司窑的考古学观察——从低岭头谈起》，载中国古陶瓷研究会：《中国古陶瓷研究》第四辑，第84—92页。

[2] 浙江省文物考古研究所、北京大学考古文博学院、慈溪市文物管理委员会：《寺龙口越窑址》，北京：文物出版社2002年版。

第二节 秘色瓷的性质与内涵

越窑秘色瓷的性质在史料记载中已基本明确，且在考古发现中也得到了证实：

（1）《新唐书·地理志》记载"越州会稽郡……土贡……瓷器"[①]；

（2）徐夤的《贡余秘色茶盏》诗云"捩翠融青瑞色新，陶成先得贡吾君"[②]；

（3）在《册府元龟》《十国春秋》《宋会要辑稿》等文献记载的吴越国向中原王朝的贡物清单中，"秘色瓷器"多次出现；

（4）法门寺地宫中的秘色瓷出自皇家"内库"；

（5）前文提及1977年在上林湖吴家溪出土了一件越窑墓志罐，上有"府君凌偁……光启三年岁在丁未二月五日，殡于当保贡窑之北山，其坟丙向"[③]的志文，证明了"贡窑"的存在，并且若以这件墓志罐的出土地点为地标，该"贡窑"的地理位置恰与后司岙窑址的位置相当。

由上述种种证据可见，秘色瓷具有贡瓷的性质，这应当是毋庸置疑的。

秘色瓷的性质既已明确，然其内涵一直以来都是学界津津乐道的议题，尤其是"秘色"当如何解读的问题，目前已有多位学者撰文进行探讨，各种观点争鸣齐放，主要有性质说、釉色说、质量说、宗教说、概念演变说、综合评价说等。

首先是性质说，即秘色瓷之所以得名"秘色"是缘于贡御。前文已经提到，宋人在谈及秘色瓷的内涵时常持有此观点，认为秘色瓷被称作"秘色"的原因在于"为供奉之物，臣庶不得用之"[④]。陈万里先生执相似看法，并认为"秘色"二字的应用，特指烧造进御产品的越窑，以区分烧造民用产品的越窑，

---

① 〔宋〕欧阳修、宋祁等：《新唐书》卷四一《地理志五》"越州会稽郡"条，第1060页。

② 〔清〕彭定求等：《全唐诗》卷七一○，第8174页。

③ 浙江省博物馆：《浙江纪年瓷》，图版170。

④ 〔宋〕赵令畤：《侯鲭录》卷六"秘色瓷器"条，第149页。

前者则被认为是"最早的御窑厂"①。然而这一观点现在看来已然陈旧，更多的考古发现以及同一窑址内秘色瓷与普通越器同窑合烧的现象表明，越窑在烧制宫廷用瓷与民用商品瓷时并未作窑场区分，故不存在为烧制秘色瓷而专辟窑场。又按上林湖吴家溪所出青瓷墓志罐上"殡于当保贡窑之北山"的志文，越窑存在烧制"供奉之物"的"贡窑"，但其性质属于民窑，在烧制秘色瓷的同时亦生产普通的商品瓷，而非"御窑厂"那样的官窑。尚刚对"秘"与"色"分别作了释读，认为"秘"用作形容词时常与帝王有关，而"色"则指品类，"秘色"由此可引申为"入贡的品类"②。

至于釉色说，顾名思义，就是将"秘色"视作一种釉色，如李刚认为"秘色"可被理解为"神奇之色"，但最初当为"碧色"，指越窑青瓷精品的颜色③；高西省认为"秘"有香草的含义，"秘色"指"瓷器的釉色极似秘草色"，故秘色瓷的本意当指一种釉色呈淡青绿或淡青黄的瓷器，然五代、宋以后逐渐被引申为"使用、烧制隐密之意"④。

质量说则以品质的高低去解读"秘色瓷"，普遍认为秘色瓷是越窑青瓷中的高质量产品，"秘色"被释读为"珍奇精品"⑤，或被认为与稀有、贵重等含义相关，而非单纯指代一种釉色⑥，且无论釉色是青绿还是青黄，秘色瓷都为越瓷精品之谓⑦。

宗教说在众多解读"秘色瓷"的观点中可谓是另辟蹊径，将"秘色"与

① 陈万里：《越窑与秘色瓷》，载陈万里：《陈万里陶瓷考古文集》，北京：紫禁城出版社1997年版，第23—27页。

② 尚刚：《古瓷札记两则》，《文物》2012年第11期，第77—78页。

③ 李刚：《"秘色瓷"探秘》，《文博》1995年第6期，第63—67+56页；李刚：《"秘色瓷"之秘再探》，《东方博物》2005年第4期，第6—15页。

④ 高西省：《秘色瓷与秘》，《东南文化》1993年第1期，第220—223页。

⑤ 徐李碧芸、李其江、张茂林等：《浅析"秘色"瓷》，《中国陶瓷》2017年第6期，第80—86页。

⑥ 傅知微：《谁谓古今殊——秘色瓷概念的再讨论》，《南方文物》2021年第1期，第288—290页。

⑦ 李辉炳、叶佩兰：《略谈"秘色瓷"》，《文博》1995年第6期，第132+124页。

佛教秘密教相联系，认为"秘色瓷"指代秘密教供养的瓷器[①]，其"境界应该是玄秘，是密教幽境和士大夫清谈玄奥精神的混合物"[②]，但这些观点所持视角相对局限，似乎仅能解释法门寺地宫中供奉的秘色瓷器，对于秘密教逐渐衰亡的五代时期的秘色瓷，尤其是史料中记载的吴越国贡奉给中原王朝的金银棱秘色瓷器，秘密教以及秘色瓷追求"玄秘"的美学境界一说似乎难以成立。

最后是从宏观视角把握的概念演变与综合评价说。前者主要通过分析史料，阐述"秘色瓷"概念演绎的现象，认为"秘色瓷"在不同阶段有不同含义，唐代时指代越窑青瓷精品，唐末至宋初在吴越钱氏控制下，意指专供贵族和官僚使用、由官府监制的一种有特殊装饰的越窑产品，自北宋中期开始泛指"类越青瓷"[③]。后者则将性质、质量、釉色等方面加以综合，认为唐人的"秘色瓷"命名应首先来自宫廷，可能既包含了神秘、珍奇精品之意，又包含了色调因素，即"似以其神秘、珍奇、色泽青绿而综合名之"[④]。

在从诸多文献记载中难以获知答案时，近年来考古发现中的实物证据或许可为我们探索"秘色瓷"的内涵提供一些帮助。

据上一节的探讨结果，上林湖后司岙窑址是烧造晚唐五代秘色瓷的重要地点，在该窑址的窑业废品堆积中出土了大量窑具，其中的匣钵又有精、粗之别，粗者为粗陶质匣钵，由普通的耐火土材料制成，主要用于装烧普通越器；精者为烧造秘色瓷的专用匣钵——瓷质匣钵，胎质细腻，状如秘色瓷胎，说明瓷质匣钵不仅用料考究，制胎原料的淘洗也相对细致，可谓费料又费工，尽管五代时期瓷质匣钵的胎料中已开始掺杂细砂粒，但其与粗陶质匣钵在质量与制作工序上仍有云泥之别。瓷质匣钵在使用时需用釉封接，以增强匣内的还原气氛，同时也能有效避免匣内器物在烧成冷却过程中因氧气进入而造

①　赵宏：《秘色瓷续考》，《景德镇陶瓷》1997 年第 2 期，第 35—38 页；李三原：《千古之谜"秘色瓷"新解》，《西北大学学报（哲学社会科学版）》2014 年第 5 期，第 167—171 页。

②　赵宏：《秘色瓷新考》，《中国陶瓷》2013 年第 2 期，第 60—63 页。

③　虞浩旭：《试论"秘色瓷"含义的演变》，《景德镇陶瓷》1995 年第 4 期，第 40—42 页。

④　陆明华：《唐代秘色瓷有关问题探讨》，《文博》1995 年第 6 期，第 77—85 页。

成的二次氧化，故在匣钵接口处往往会留有烧结的釉料。青瓷釉的主要着色剂是铁离子，烧制时的氧化—还原气氛会影响 Fe^{2+} 与 Fe^{3+} 在瓷釉玻璃相中的存在比例，从而影响釉的发色。其中，还原气氛有助于氧化铁（Fe_2O_3）的解离与氧化亚铁（FeO）的生成，使釉色呈青绿色。因此，采用以釉封接的瓷质匣钵来保持还原气氛，可以使秘色瓷的釉色较普通越器更为青绿，这是秘色瓷生产中的关键技术。

而瓷质匣钵在使用时以釉封接，在烧制时与瓷坯同步收缩，因此成为一次性匣钵，烧成后需打破匣钵取物，导致成本高昂。相比之下，粗陶质匣钵可被重复利用，甚至可经修补后反复使用，成本较低廉。

对后司岙窑址出土的晚唐五代时期匣钵标本的光学显微镜（OM）与能量色散 X 射线荧光（EDXRF）分析显示，瓷质匣钵的显微结构与同时期的粗陶质匣钵相比差异明显，瓷质匣钵相对致密，残余石英颗粒大小比较均匀，说明对瓷质匣钵原料的处理工序更加严格；瓷质匣钵与粗陶质匣钵的原料成分也存在显著差异，说明窑工在制作不同匣钵时已开始有针对性地挑选不同的原料[1]。这也从微观上证明，越窑工匠有意识地花费大量物力与人力，为烧制秘色瓷精心配备了专门的窑具。

在后司岙窑址的发掘过程中还有一项重要发现——在一唐代瓷质匣钵残件的外壁刻有"罗湖师秘色椀"六字铭款（图八一），其中"秘色椀"三个字与法门寺地宫《衣物账》上的文字完全相同[2]。这一发现不仅佐证了越窑工匠确实为烧制秘色瓷特别准备了专用匣钵，而且说明在器物入窑烧制前、制作瓷质匣钵之时，窑工就已经知道自己要烧制的产品是"秘色瓷"，换言之，窑工在烧制前就"赋予"匣内器物一个确切称谓，即"秘色椀"，无论最终烧成与否，无论烧成质量何如，匣内器物是秘色瓷碗这一性质始终都不会改变，窑工对于自己烧制的器物是"秘色瓷"也始终有着清晰的认识。因此，通过

① 故宫博物院、浙江省文物考古研究所、慈溪市文物管理委员会办公室：《上林湖后司岙窑址瓷质匣钵的工艺特征研究》，《故宫博物院院刊》2017 年第 6 期，第 142—150 页。

② 郑建明：《21 世纪以来唐宋越窑及越窑系考古的新进展》，《文物天地》2018 年第 9 期，第 96—103 页。

图八一 刻"罗湖师
秘色椀"款的唐代瓷质匣
钵

这件"罗湖师秘色椀"瓷质匣钵标本可以明确，一件器物是否被定名为"秘色瓷"与它的烧成质量并无直接关联。在窑工心中，"秘色瓷"与普通的越窑青瓷在入窑烧制前就是有区分的，二者是两种不同的产品，并非烧成质量高的就可以被称为"秘色瓷"，也就是说，"秘色瓷"与越窑青瓷精品的概念虽联系紧密，但并不等同。

从《茶经》中"越瓷类玉""越瓷类冰"及"越瓷青而茶色绿"[①]等对越窑青瓷的推崇赞美之语，到陆龟蒙用"千峰翠色"来形容秘色越器，再到考古发现所见越窑工匠通过以釉密封的瓷质匣钵来保持烧制时的还原气氛，使烧成器物的釉色更加青绿。可见，莹润青绿的瓷釉应是秘色瓷主要追求的特质，亦是窑工在烧制秘色瓷时所要达到的预期目标。然而，瓷器烧成的过程很难完全由人掌控，窑炉内部的情况也变幻莫测，诸多不可控因素使瓷器烧成的状态往往带有随机性，尽管存在预期的烧成目标，但在入窑烧制前，器物烧成后的釉色青绿与否、烧成后质量的高低都难以预计，无法保证烧制出的每一件秘色瓷都能达到釉色青绿、釉质莹润的目标。例如法门寺地宫出土的两件鎏金银棱平脱雀鸟团花纹碗，即《衣物账》中记载的"内二口银稜"[②]，与其他十二件秘色瓷器相比，其内腹的釉色明显偏黄，但也被归入秘色瓷；在后司岙窑址的发掘工作中也发现了相似的釉色偏黄的瓷碗标本，其在器形规整程度、施满釉的做法以及装烧方式上都与秘色瓷别无二致，应当也属于秘色瓷产品。至于釉色发黄的原因，最有可能的情况是瓷质匣钵在入窑烧制时没有被釉完全密封，冷却过程中氧气进入以致二次氧化，从而使烧成后的釉色泛黄，成为"不完美"的秘色瓷产品。由此可见，虽然釉色青绿是秘色瓷

---

① 吴觉农主编：《茶经述评》，北京：农业出版社1987年版，第115页。

② 陕西省考古研究院、法门寺博物馆、宝鸡市文物局等：《法门寺考古发掘报告（上）》，第227页。

追求的目标，但秘色瓷的概念并不能与青绿釉色划等号，更何况还有外壁髹漆平脱金银饰件、口沿及圈足处包裹金银棱的非典型秘色瓷存在，因此单纯自釉色视角去解读"秘色瓷"①的内涵，甚至将"秘色"直接理解为"碧色"，难免略显偏颇。

综合上述文献记载、考古发现与科技测试分析结果来看，"秘色瓷"实际上是越窑专门烧制的一类产品，以进贡给皇室使用。所谓"专门烧制"，意指越窑工匠在原料选择与处理、匣钵制备等瓷业生产的初始环节就采用了与烧造普通越窑青瓷不同的工序与工艺，并对自己所要烧制的产品是"秘色瓷"有清楚的认识。或者说，正是窑工在着手准备制瓷时就有这样明确的认识，才会有意识地在入窑烧制前的诸多生产环节中运用那些费料又费工的创新技术。当然，越窑并没有为烧造秘色瓷而专辟窑场，故秘色瓷不是某一特定窑场的专属制品，那么明清史料中常与"越窑"分条目述之的"秘色窑"当属讹误。此外，由于烧窑过程难以被人为掌控，并不是所有"秘色瓷"产品都能达到瓷釉青绿莹润、"类冰似玉"的预期目标，是否为"秘色瓷"与烧成器物的质量、釉色皆没有直接关联，将"秘色瓷"的内涵简单释读为越窑青瓷中的高质量产品或瓷釉呈某一色调的产品似乎都不太确切。

第三节　秘色瓷有别于普通越窑青瓷的特征

依考古工作所见，上林湖后司岙窑址普遍存在普通越窑产品与秘色瓷混

---

① 清人朱琰所撰《陶说》卷二《说古·古窑考》中，"唐越州窑""吴越秘色窑"分属两个不同条目，其中记载："按唐越窑，实为钱氏秘色窑之所自始。后人因秘色为当时烧进之名，忘所由来。""吴越秘色窑：钱氏有国时，越州烧进。"说明朱琰认为唐代越窑是五代吴越国秘色窑的前身。见〔清〕朱琰：《陶说》卷二《说古·古窑考》，第17—18页。蓝浦的《景德镇陶录》卷七《古窑考》中也有"越窑""秘色窑"两个不同的条目："越窑，越州所烧，始唐代，即今浙江绍兴府，在隋、唐曰越州……唐氏《肆考》云'越窑实为钱氏秘色窑之所自始。'""秘色窑，吴越烧造者。钱氏有国时，命于越州烧进……其式似越窑器，而清亮过之。"可见，蓝浦也认为越窑是秘色窑的前身，二者是两个不同的瓷窑。见〔清〕蓝浦原著，〔清〕郑廷桂补辑，傅振伦编注，孙彦整理：《景德镇陶录详注》卷七《古窑考》，第88—90页。

积共存的现象，这既便于我们进行两两对比，以从外观上获取对晚唐五代时期秘色瓷特征的直观认识，又可为相关科技检测提供对照材料，以从微观上深入探析秘色瓷与普通越器的不同之处。通过对后司岙窑址所出大量标本材料的分析，秘色瓷在胎、釉、制作工艺、烧成方式等方面与普通的越窑青瓷相比都表现出了其非同一般的鲜明特征。

器胎方面，秘色瓷胎体的气孔和杂质均非常少，尽管普通的越窑青瓷中也有胎质较好的产品，但总体而言，秘色瓷的胎质更加纯净细腻，胎色也更白，如（图八二）所示，上两件为秘色瓷标本，下两件为胎质较好的普通越器标本。细观之，上两件秘色瓷的胎色略白，胎泥中的气孔、杂质较少，相较下两件普通越器更加精细

图八二 秘色瓷与胎质较好的普通越器之器胎对比

坚致，说明秘色瓷与普通越器至少在胎料的选择和加工程度方面是不同的。除了有意识地选择更为优质的瓷土，秘色瓷的胎料加工应比普通越器更为精细，淘洗的次数和方式也会不同。对后司岙窑址出土瓷器标本的科技分析可以提供更多的线索。扫描电镜（SEM）下的显微结构分析显示，"秘色瓷胎体中大孔隙仅占5%，大者也仅为数十微米，小孔隙比例很高，可达60%；普通越窑青瓷胎体中大孔隙高达35%，且尺寸普遍较大，大者可达数百微米，小孔隙比例不高，仅为25%。此外，与同一时期普通越窑青瓷相比，秘色瓷胎中残余石英的粒径更小，也更加圆润。"[1]另有对胎体元素组成的EDXRF分析，发现秘色瓷胎体中氧化铝和氧化硅的含量与普通越窑青瓷胎体相比无明显差异，"基本处在浙江地区瓷石的含量范围之内"，但"秘色瓷胎体元素组成含量较普通越窑青瓷胎体波动范围较小一些"[2]。这说明晚唐五代时

---

① 故宫博物院、浙江省文物考古研究所：《上林湖后司岙窑址晚唐五代秘色瓷的显微结构研究》，《故宫博物院院刊》2021年第12期，第121—127页。

② 故宫博物院、浙江省文物考古研究所：《上林湖后司岙窑址秘色瓷的成分特征研究》，《故宫博物院院刊》2017年第6期，第124—132页。

期的秘色瓷和普通越窑青瓷都是就地取材，选用当地瓷石制胎，不同之处在于秘色瓷在瓷石原料的选择与加工处理上更加细致，显微结构上的显著差异也证明秘色瓷胎体经过了比普通越窑青瓷制胎更加精细的原料粉碎和淘洗过程，其与普通越窑青瓷胎体在外观上所呈现的差异可能更多的是加工程度不同所致。

器釉方面，普通越窑青瓷存在较多施釉不及底的现象，而秘色瓷皆施满釉，仅少部分在外底垫烧部位稍作刮釉处理；普通越窑青瓷的釉面质量往往参差不齐，釉色以青灰、青黄居多，存在釉层不平、施釉不均的情况，而秘色瓷皆施釉均匀，釉面莹润、有玉质感，釉色以天青、青绿为主。对釉料的显微结构分析显示，"秘色瓷釉层仅有一些气孔，釉层为纯净、透明的玻璃釉；而普通越窑青瓷釉层除气孔外，还有一定量的残余石英颗粒、草木灰残余相、钙长石晶体和方石英晶体，釉中各物相占总釉层的 10%—20%，釉层为含杂质量相对较多的透明玻璃釉。"[①] 可见，秘色瓷制釉原料的处理也较普通越窑青瓷精细。另外，秘色瓷釉中氧化铁的含量相对较低，氧化钙含量较高。在釉的发色过程中，较低的氧化铁含量有利于青色釉的生成，较高的氧化钙含量有助于釉的熔融，使之均匀、莹润。据此，为保证秘色瓷有别于普通越窑青瓷的釉色与匀净程度，越窑工匠在制秘色瓷釉时极有可能改进了原有的釉料配方。

除了器釉本身的颜色与呈现效果，秘色瓷与普通越窑青瓷在风格表现上也有差异。晚唐时，在普通越器中常能见到以刻划花、印花、镂空等技法进行装饰的器物，但同时期乃至五代时的秘色瓷基本都是以釉和造型取胜的，所追求的目标在于"类冰似玉"，故几乎不见施于秘色瓷胎的装饰，唯部分器物的外底刻有"公""大""二""六"等铭款，且均刻划工整，通常位于器物外底的一侧。

在后司岙窑址还出土了一件比较特殊的叠烧标本（图八三），为一件秘

---

① 故宫博物院、浙江省文物考古研究所：《上林湖后司岙窑址晚唐五代秘色瓷的显微结构研究》，《故宫博物院院刊》2021 年第 12 期，第 121—127 页。

色瓷碗与普通的越窑玉璧底碗叠烧，秘色瓷在上，其上粘连有瓷质匣钵残片，普通越器在下。器物彼此相叠，置于匣钵中入窑烧制，应处于同一温度、同一气氛下，因此釉的发色也不应相差过大。然而图中两件器物明显呈现出了两种不同风格的釉色，指示二者在釉的原料配方上可能并不一致，否则不可能出现如此泾渭分明的现象。这件叠烧标本呈现出的釉色截然不同的情况也再次说明秘色瓷与普通越窑青瓷之间应存在内在釉料配方上的差异。

由上述胎料加工、釉料配制等工序上的不同可知，秘色瓷是窑工在原料制备环节就有意制作的一类产品，在本质上有别于普通的越窑青瓷，绝非在普通越窑青瓷中选取烧成质量高的而使之成为"秘色瓷"。

制作成型方面，秘色瓷与普通的越窑青瓷之间也有较为明显的差异。在素坯成形阶段，无论是拉坯一次成形的器物，如玉璧底碗等，还是分段制作再进行粘结的器物，如高圈足外撇的器形，秘色瓷均制作规整，器表平整光滑，几乎不见拉坯制作时留下的旋形痕迹，胎体表面应经过了细致的修坯处理。此外，在一些仿金银器的二次加工上，如口沿刮削花口、器壁压印竖棱线以表现分瓣效果等，秘色瓷也处理得更为严密精细。相比之下，普通越窑青瓷的制作成型则稍显简单，部分器物甚至制作得极为粗糙，不仅器表常因留有拉坯痕迹而显得凹凸不平，器形的二次加工也相对粗犷（图八四）。

装烧方式方面，秘色瓷使用以釉封接的瓷质匣钵装烧，并且为保证质量，以一匣一器单件装烧为主，仅少部分器物与普通的越窑青瓷叠烧，以充分利

图八三 秘色瓷与普通越窑青　　图八四 秘色瓷与普通越窑青瓷制作成型的比较
瓷叠烧标本

用空间，但一般叠放于最上一件，因此秘色瓷的内底不会留下叠烧痕迹，只有其外底边缘或足端处可见支垫的泥点痕，实际烧成效果与单件装烧的效果无异。前文已多次提到，使用瓷质匣钵装烧并以釉封接，是促成秘色瓷在釉色、釉质特征上有别于普通越窑青瓷的关键技术。EDXRF测试分析结果显示，"晚唐时期瓷质匣钵与秘色瓷胎体的化学组成比较接近"[1]，这有助于二者在烧制时保持同步收缩，以便维持器物在匣钵内的稳定；而五代时期的瓷质匣钵较晚唐时期有所改变，其坯体更加轻薄，且夹杂有许多肉眼可见的细砂粒，化学组成中氧化钾的含量明显高于同时期的秘色瓷胎体，显微结构也可见"尺寸较大，棱角尖锐的残余石英"[2]，明显不同于晚唐时期的瓷质匣钵以及同时期的秘色瓷胎体。这些现象表明，晚唐时期，窑工在制备秘色瓷胎与瓷质匣钵时选用了相近的原料，至五代时期，瓷质匣钵的原料选择逐渐不如秘色瓷胎，粉碎、淘洗等处理工序也远不如晚唐时严格。这一变化的出现，可能是出于成本方面的考量，作为秘色瓷烧成之关键的瓷质匣钵在制作上渐趋粗糙，暗示着吴越国时期秘色瓷生产的逐步衰落，这在前文提到的考古发现中也有体现。

与瓷质匣钵相配合，烧制秘色瓷所使用的其他窑具也多为瓷质，如第二章中提到的各式各样的瓷质垫具。除材质外，窑具种类也比较丰富，与烧制普通越窑青瓷相比，出现了为烧制特殊器形而专用的窑具，如专用于装烧净瓶的喇叭形匣钵盖，专用于垫烧瓷枕的圆角长方形垫具等。

普通的越窑青瓷在装烧上则以节约成本和最大程度利用窑炉空间为目标，以提高产量与经济效益，因而装烧方式不一。罐、盒类普通越器常用套烧的方式，碗、盘类则多用叠烧，器物内底往往会留下泥点间隔痕迹。所用匣钵多为粗陶质，胎体厚重粗糙，夹杂有大量粗砂土块，不同于瓷质匣钵因烧成后需打破取物以及同步收缩而导致的一次性使用，粗陶质匣钵可被重复

---

① 故宫博物院、浙江省文物考古研究所、慈溪市文物管理委员会办公室：《上林湖后司岙窑址瓷质匣钵的工艺特征研究》，《故宫博物院院刊》2017年第6期，第142—150页。

② 故宫博物院、浙江省文物考古研究所、慈溪市文物管理委员会办公室：《上林湖后司岙窑址瓷质匣钵的工艺特征研究》，《故宫博物院院刊》2017年第6期，第142—150页。

利用，极大程度地节约了原料与时间成本。另外，在普通的越窑青瓷中也有部分产品甚至不使用匣钵而直接采用明火裸烧，例如韩瓶等。

综上所述，无论是外表可察的胎釉质量、制作规整度、施釉方式、装烧方式以及所用窑具，还是微观分析可知的原料选择、原料加工与釉料配方，晚唐五代时期的秘色瓷与同时期的普通越窑青瓷相比都存在显著差异。对于秘色瓷的釉料配方，窑工可能在原有越窑青瓷釉料配方的基础上进行了改进，且在施釉环节上也做出了改良，如均施满釉，部分器物为方便垫烧会在外底周缘略作刮釉处理等；对于秘色瓷的胎料选择，尽管与普通越窑青瓷采用相近的原料，但窑工在粉碎、淘洗等制胎环节的处理上更为严格；后续的修坯等工序较制作普通越窑青瓷来说更加精细，在装烧环节上更是有意识地进行了工艺创新，其中当存在一定的操作规范与标准。可以说，从瓷坯、釉料及窑具原料的选择和制备、匣钵的选用，到修坯、施釉、装烧，再到入窑烧制，秘色瓷的生产都经过了更加严格细致的工序，窑工也创造性地运用了以釉封接的瓷质匣钵等新技术。这些配方、工艺及工序环节上的差异也表明秘色瓷是越窑工匠有别于普通的越窑青瓷而专门烧造的一类产品。

第四节　秘色瓷国家标准的建立

根据前引古籍中出现的"秘色"概念，可以发现自两宋时期开始，文人学者对"秘色瓷"的认知不断变化、演绎，并认为耀州青瓷、汝窑青瓷、高丽青瓷、南宋官窑产品与越窑秘色瓷相似，甚至有部分认识脱离了秘色瓷本为越窑产品的属性，如龙泉秘色说、汝瓷秘色说、高丽秘色说等——

庄绰《鸡肋编》："处州龙泉县……又出青瓷器，谓之'秘色'。"[1]

徐兢《宣和奉使高丽图经》："狻猊出香亦翡色也……诸器惟此物最精绝。其余则越州古秘色，汝州新窑器，大概相类。"[2]

---

[1] 〔宋〕庄绰：《鸡肋编》卷上，第7页。

[2] 〔宋〕徐兢撰，朴庆辉标注：《宣和奉使高丽图经》卷三二《器皿三》"陶炉"条，第66页。

陆游《老学庵笔记》："耀州出青瓷器，谓之'越器'，似以其类余姚县秘色也。"①

赵秉文《汝瓷酒尊》："秘色创尊形，中泓贮醶醹……巧琢晴岚古，圆瑳碧玉荧。"②

太平老人《袖中锦》："……高丽秘色……皆为天下第一……"③

蒋祈《陶记》："其视真定红瓷、龙泉青秘相竞奇矣。"④

李日华《六研斋二笔》："南宋时，余姚有秘色瓷……今人率以官窑目之，不能别白也。"⑤

若将上述与秘色瓷相关的几个窑口的产品放在一起比较，可以看到，从晚唐五代时期的越窑秘色瓷，到五代耀州窑生产的有乳浊感的满釉素面青瓷器，再到北宋汝窑青瓷、南宋早期越窑的"低岭头上层类型官窑型产品"、南宋官窑产品以及南宋龙泉窑的薄胎厚釉产品，乃至12世纪前半叶的高丽青瓷，尽管处于不同时期、分属不同产地，但它们的审美风格非常接近，即前文多次强调的以釉色、釉质及造型取胜，而不重装饰纹样。具体而言，这些产品的釉色皆以天青、青绿为上，釉质莹润匀净或呈乳浊状，这就是所谓的玉质感，实际上，乳浊釉的出现应当就是中国传统制瓷业对玉质感不懈追求的结果；至于造型，不同时期、不同窑口的产品往往具有不同的特征，但均制作得规整端巧。据此，不妨将这些风格特质相一致的青瓷器视作一个秘色瓷系。另外，从上述产品中能明显看出一条时间脉络——一方面，足见晚唐及至吴越国时期越窑秘色瓷对后世青瓷生产、社会审美意趣的深远影响；另一方面也说明随着时代的变迁，世人口中"秘色瓷"指代的具体产品虽有变化，但其所追求的风格特质却是始终如一的。

---

① 〔宋〕陆游：《老学庵笔记》卷二，第31页。

② 〔金〕赵秉文著，马振君整理：《赵秉文集》，第146—147页。

③ 〔宋〕太平老人：《袖中锦》，载四库全书存目丛书编纂委员会：《四库全书存目丛书·子部》第101册，第385页。

④ 浮梁县地方志编纂委员会：《浮梁县志》，北京：方志出版社1999年版，第861页。

⑤ 〔明〕李日华：《六研斋二笔》卷二，清文渊阁《四库全书》本。

如此一来，叶寘在《坦斋笔衡》中对陶器的论述也值得重新审视一番：

"陶器自舜时便有，三代迄于秦汉，所谓甓器是也。今土中得者，其质浑厚，不务色泽。末俗尚靡，不贵金玉而贵铜磁，遂有秘色窑器。世言钱氏有国日，越州烧进，不得臣庶用，故云'秘色'。陆龟蒙诗：'九秋风露越窑开，夺得千峰翠色来。好向中宵盛沆瀣，共嵇中散斗遗杯。'乃知唐世已有，非始于钱氏。本朝以定州白磁器有芒，不堪用，遂命汝州造青窑器，故河北、唐、邓、耀州悉有之，汝窑为魁。江南则处州龙泉县窑，质颇粗厚。政和间，京师自置窑烧造，名曰官窑。中兴渡江，有邵成章提举后苑，号邵局，袭故京遗制，置窑于修内司，造青器，名内窑，澄泥为范，极其精致，釉色莹彻，为世所珍。后郊坛下别立新窑，比旧窑大不侔矣。余如乌泥窑、余杭窑、续窑，皆非官窑比。若谓旧越窑，不复见矣。"①

可见，从"遂有秘色窑器"，到后来的"河北、唐、邓、耀州悉有之，汝窑为魁""江南则处州龙泉县窑"，再到"京师自置窑"与中兴渡江后的修内司、郊坛下官窑，这则论述可谓是对秘色瓷系统的一次窑业史梳理。所述"澄泥为范，极其精致，釉色莹彻，为世所珍"更是凸显了"秘色瓷系"对于青瓷釉的强调与高追求。

如今，浙江省慈溪市正在大力推动越窑秘色瓷的非遗保护与传承工作。为了更好地复原、保护越窑秘色瓷烧制工艺，发展、弘扬越窑秘色瓷产业与文化，应建立起一个越窑秘色瓷国家标准。换言之，关于"越窑秘色瓷"的内涵、什么样的产品可以被称为"秘色瓷"等问题应有明确清晰的认识与评价标准。

结合"秘色瓷系"所追求的目标，秘色瓷在吴越国时期及以后对中国制瓷业，尤其是两宋时期青瓷制造业的影响，不妨从制瓷工序与烧成目标两方面对"越窑秘色瓷"作如下归纳：

（1）"越窑秘色瓷"是从制瓷伊始的原料选择与加工到制瓷过程中的制坯、修坯、施釉、装烧等环节均经过严格、精细化操作并应用创新工艺的

---

① 〔宋〕叶寘：《坦斋笔衡》，载〔元〕陶宗仪撰，李梦生校点：《南村辍耕录》卷二九"窑器"条，第325—326页。

一类制品。其中，严格、精细化操作包括更加细致的原料粉碎与淘洗工序、一丝不苟的修坯工序等；创新工艺包括釉料配方的改良使釉中氧化钙含量增加、满釉支烧方式的运用、以釉封接的瓷质匣钵及相应瓷质间隔具的运用等。

（2）"越窑秘色瓷"以润泽匀净的釉质、如绿云春水般青绿的釉色为烧成目标，追求"类冰似玉"的效果，故而不重胎体装饰，以器表光素无纹者为主。

据此标准，现在普遍将质量较好的越窑产品统称为"秘色瓷"，这实为不能正确认识"秘色瓷"的内涵所致，是对"秘色瓷"概念的过度泛化。

参考文献

一、古籍

〔南北朝〕颜之推撰，卜宪群编著：《颜氏家训》，北京：北京燕山出版社 1995 年版。

〔唐〕魏徵等：《隋书》，清乾隆四年（1739）武英殿刻本。

〔唐〕杜佑：《通典》，清乾隆十二年（1747）武英殿刻本。

〔唐〕段安节：《乐府杂录》，北京：中华书局 1960 年版。

〔唐〕李吉甫撰，贺次君点校：《元和郡县图志》，北京：中华书局 1983 年版。

〔唐〕姚汝能撰，曾贻芬校点：《安禄山事迹》，上海：上海古籍出版社 1983 年版。

〔唐〕李隆基撰，〔唐〕李林甫注：《大唐六典》，西安：三秦出版社 1991 年版。

〔唐〕段成式著，杜聪校点：《酉阳杂俎》，济南：齐鲁书社 2007 年版。

〔后晋〕刘昫等：《旧唐书》，北京：中华书局 1975 年版。

〔宋〕史浩：《鄮峰真隐漫录》，清乾隆四十一年（1776）刻本。

〔宋〕赵希鹄：《洞天清禄集》，清嘉庆四至十六年（1799—1811）桐川顾氏刻《读画斋丛书》本。

〔宋〕范坰、林禹：《吴越备史补遗》，清嘉庆十年（1805）虞山张氏照旷阁刻《学津讨原》本。

〔宋〕李心传：《建炎以来系年要录》，清光绪年间（1875—1908）广雅书局刻、民国九年（1920）番禺徐绍棨汇编重印《广雅书局丛书》本。

〔宋〕句延庆：《锦里耆旧传》，清文渊阁《四库全书》本。

〔宋〕曾慥：《高斋漫录》，清《守山阁丛书》本。

〔宋〕周密：《志雅堂杂钞》，上海：上海进步书局印行本。

〔宋〕司马光：《资治通鉴》，北京：中华书局 1956 年版。

〔宋〕赵彦卫：《云麓漫钞》，上海：古典文学出版社 1957 年版。

〔宋〕宋敏求：《唐大诏令集》，北京：商务印书馆 1959 年版。

〔宋〕欧阳修撰，〔宋〕徐无党注：《新五代史》，北京：中华书局 1974 年版。

〔宋〕欧阳修、宋祁等：《新唐书》，北京：中华书局 1975 年版。

〔宋〕薛居正等：《旧五代史》，北京：中华书局 1976 年版。

〔宋〕王钦若：《册府元龟》，北京：中华书局 1982 年版。

〔宋〕王存撰，王文楚、魏嵩山点校：《元丰九域志》，北京：中华书局 1984 年版。

〔宋〕范坰、林禹：《吴越备史》，载《四部丛刊续编·史部（一五）》，上海：上海书店 1984 年版。

〔宋〕徐兢撰，朴庆辉标注：《宣和奉使高丽图经》，长春：吉林文史出版社 1986 年版。

〔宋〕高承撰，〔明〕李果订，金圆、许沛藻点校：《事物纪原》，北京：中华书局 1989 年版。

〔宋〕庄绰：《鸡肋编》，上海：上海书店出版社 1990 年版。

〔宋〕陆游：《老学庵笔记》，上海：上海书店出版社 1990 年版。

〔宋〕周辉撰，刘永翔校注：《清波杂志校注》，北京：中华书局 1994 年版。

〔宋〕赵汝适撰，杨博文校释：《诸蕃志校释》，北京：中华书局 1996 年版。

〔宋〕苏轼著，傅成、穆俦标点：《苏轼全集》，上海：上海古籍出版社 2000 年版。

〔宋〕欧阳修著，李逸安点校：《欧阳修全集》，北京：中华书局 2001 年版。

〔宋〕赵令畤：《侯鲭录》，北京：中华书局 2002 年版。

〔宋〕李焘：《续资治通鉴长编》，北京：中华书局 2004 年版。

〔宋〕乐史撰，王文楚等点校：《太平寰宇记》，北京：中华书局2007年版。

〔宋〕朱彧：《萍洲可谈》，北京：中华书局2007年版。

〔金〕赵秉文著，马振君整理：《赵秉文集》，哈尔滨：黑龙江大学出版社2014年版。

〔高丽〕金富轼撰，孙文范等校勘：《三国史记（校勘本）》，长春：吉林文史出版社2003年版。

〔元〕脱脱等：《辽史》，北京：中华书局1974年版。

〔元〕脱脱等：《宋史》，北京：中华书局1977年版。

〔元〕马端临：《文献通考》，北京：中华书局1986年版。

〔元〕陶宗仪撰，李梦生校点：《南村辍耕录》，上海：上海古籍出版社2012年版。

〔明〕刘畿修，〔明〕朱绰等纂：《（嘉靖）瑞安县志》，明嘉靖三十四年（1555）刻本。

〔明〕田汝成：《西湖游览志余》，清文渊阁《四库全书》本。

〔明〕徐应秋：《玉芝堂谈荟》，清文渊阁《四库全书》本。

〔明〕李日华：《六研斋二笔》，清文渊阁《四库全书》本。

〔明〕严衍：《资治通鉴补》，清光绪二年（1876）盛氏思补楼活字印本。

〔明〕顾存仁等：《（嘉靖）余姚县志》，浙江省宁波市天一阁藏本。

〔明〕陶宗仪：《说郛》，北京：中国书店1986年版。

〔明〕徐光启著，陈焕良、罗文华校注：《农政全书（上、下）》，长沙：岳麓书社2002年版。

〔清〕严辰纂修：《（光绪）桐乡县志》，清光绪十三年（1887）刊本。

〔清〕唐煦春修，〔清〕朱士黻纂：《（光绪）上虞县志》，清光绪十七年（1891）刊本。

〔清〕周斯亿修，〔清〕董涛纂：《（光绪）重修曲阳县志》，清光绪三十年（1904）刻本。

〔清〕瞿镛：《铁琴铜剑楼藏书目录》，清光绪常熟瞿氏家塾刻本。

〔清〕秦蕙田：《五礼通考》，清文渊阁《四库全书》本。

〔清〕黄瑞：《台州金石录》，吴兴刘氏嘉业堂刊本。

〔清〕朱琰：《陶说》，北京：商务印书馆 1936 年版。

〔清〕梁廷楠著，林梓宗校点：《南汉书》，广州：广东人民出版社 1981 年版。

〔清〕吴任臣：《十国春秋》，北京：中华书局 1983 年版。

〔清〕董诰等：《全唐文》，北京：中华书局 1983 年版。

〔清〕蓝浦原著，〔清〕郑廷桂补辑，傅振伦编注，孙彦整理：《景德镇陶录详注》，北京：书目文献出版社 1993 年版。

〔清〕彭定求等：《全唐诗》，北京：中华书局 1960 年版。

〔清〕徐松辑，刘琳、刁忠民、舒大刚等校点：《宋会要辑稿》，上海：上海古籍出版社 2014 年版。

〔清〕毕沅：《续资治通鉴》，北京：中华书局 2021 年版。

佚名编：《新刊国朝二百家名贤文粹》，宋庆元三年（1197）书隐斋刻本。

傅璇琮主编：《唐才子传校笺》第四册，北京：中华书局 1990 年版。

四库全书存目丛书编纂委员会：《四库全书存目丛书·子部》第 101 册，济南：齐鲁书社 1995 年版。

顾廷龙主编，续修四库全书编纂委员会编：《续修四库全书》第 822 册，上海：上海古籍出版社 2002 年版。

浙江省地方志编纂委员会：《宋元浙江方志集成》第 4 册，杭州：杭州出版社 2009 年版。

二、专著与图录

〔美〕Charles K. Wilkinson. *Nishapur: Pottery of the Early Islamic Period*. New York:The Metropolitan Museum of Art，1973.

〔日〕木宫泰彦著，胡锡年译：《日中文化交流史》，北京：商务印书馆 1980 年版。

中国古外销陶瓷研究会：《中国古外销陶瓷研究资料》第一辑，中国古外销陶瓷研究会编印 1981 年版。

中国硅酸盐学会：《中国陶瓷史》，北京：文物出版社 1982 年版。

中国陶瓷编辑委员会：《中国陶瓷·越窑》，上海：上海人民美术出版社 1983 年版。

［日］三上次男著，李锡经、高喜美译，蔡伯英校订：《陶瓷之路》，北京：文物出版社 1984 年版。

［日］奈良县立橿原考古学研究所附属博物馆：《奈良·平安の中国陶磁——西日本出土品を中心として》，奈良：奈良明新社 1984 年版。

杨育彬：《郑州商城初探》，郑州：河南人民出版社 1985 年版。

吴觉农主编：《茶经述评》，北京：农业出版社 1987 年版。

马文宽、孟凡人：《中国古瓷在非洲的发现》，北京：紫禁城出版社 1987 年版。

顾吉辰：《〈宋史〉比事质疑》，北京：书目文献出版社 1987 年版。

［日］橿原考古学研究所附属博物馆：《贸易陶磁——奈良·平安の中国陶磁》，京都：临川书店 1993 年版。

［日］日本贸易陶瓷研究会：《贸易陶磁研究》（No.14），东京：文明堂印刷株式会社 1994 年版。

周成：《中国古代交通图典》，北京：中国世界语出版社 1995 年版。

钱文选：《钱氏家乘》，上海：上海书店出版社 1996 年版。

诸葛计、银玉珍：《闽国史事编年》，福州：福建人民出版社 1997 年版。

陈万里：《陈万里陶瓷考古文集》，北京：紫禁城出版社 1997 年版。

胡维革主编：《中国传统文化荟要》第四册，长春：吉林人民出版社 1997 年版。

林士民：《青瓷与越窑》，上海：上海古籍出版社 1999 年版。

张春林：《欧阳修全集》，北京：中国文史出版社 1999 年版。

浙江省博物馆：《浙江纪年瓷》，北京：文物出版社 2000 年版。

徐定宝主编：《越窑青瓷文化史》，北京：人民出版社2001年版。

芠岚：《7—14世纪中日文化交流的考古学研究》，北京：中国社会科学出版社2001年版。

何勇强：《钱氏吴越国史论稿》，杭州：浙江大学出版社2002年版。

任世龙、谢纯龙：《越窑瓷鉴定与鉴赏》，南昌：江西美术出版社2002年版。

王光尧：《中国古代官窑制度》，北京：紫禁城出版社2004年版。

林士民：《再现昔日的文明——东方大港宁波考古研究》，上海：上海三联书店2005年版。

王慕民、张伟、何灿浩：《宁波与日本经济文化交流史》，北京：海洋出版社2006年版。

叶喆民：《中国陶瓷史》，北京：生活·读书·新知三联书店2006年版。

章金焕：《瓷之源——上虞越窑》，杭州：浙江大学出版社2007年版。

朱勇伟、陈钢：《宁波古陶瓷拾遗》，宁波：宁波出版社2007年版。

陕西历史博物馆编，成建正主编：《陕西历史博物馆馆刊》第14辑，西安：三秦出版社2007年版。

白寿彝：《中国交通史》，北京：团结出版社2007年版。

中国古陶瓷学会：《中国古陶瓷研究》第十四辑，北京：紫禁城出版社2008年版。

魏建钢：《千年越窑兴衰研究》，北京：中国科学技术出版社2008年版。

曹锦炎主编：《中国出土瓷器全集·浙江卷》，北京：科学出版社2008年版。

张敏、宋建主编：《中国出土瓷器全集·江苏、上海卷》，北京：科学出版社2008年版。

于平主编：《中国出土瓷器全集·北京卷》，北京：科学出版社2008年版。

塔拉主编：《中国出土瓷器全集·内蒙古卷》，北京：科学出版社2008年版。

海南省文化历史研究会主编，王春煜、陈毅明编选：《韩槐准文存》，北京：长征出版社2008年版。

沈琼华主编：《2007中国·越窑高峰论坛论文集》，北京：文物出版社

2008 年版。

南越王宫博物馆：《南越国宫署遗址——岭南两千年中心地》，广州：广东人民出版社 2010 年版。

李军：《千峰翠色——中国越窑青瓷》，宁波：宁波出版社 2011 年版。

康才媛：《唐代越窑青瓷研究》，新北：花木兰文化出版社 2011 年版。

黎毓馨：《吴越胜览——唐宋之间的东南乐国》，北京：中国书店 2011 年版。

中国古陶瓷学会：《外销瓷器与颜色釉瓷器研究》，北京：故宫出版社 2012 年版。

慈溪市博物馆：《瑞色青青》，上海：上海人民美术出版社 2013 年版。

厉祖浩：《越窑瓷墓志》，上海：上海古籍出版社 2013 年版。

越窑博物馆：《南青北白——越窑与邢窑瓷特展》，上海：上海人民美术出版社 2013 年版。

沈琼华主编：《2012 海上丝绸之路：中国古代瓷器输出及文化影响国际学术研讨会论文集》，杭州：浙江人民美术出版社 2013 年版。

中国古陶瓷学会：《越窑青瓷与邢窑白瓷研究》，北京：故宫出版社 2013 年版。

刘涛：《宋瓷笔记》，北京：生活·读书·新知三联书店 2014 年版。

浙江省博物馆、法门寺博物馆：《香远益清——唐宋香具览粹》，北京：中国书店 2015 年版。

［日］河添房江著，丁国旗、丁依若译：《源氏风物集》，北京：新星出版社 2015 年版。

任世龙、谢纯龙：《中国古代名窑系列丛书·越窑》，南昌：江西美术出版社 2016 年版。

浙江省文物考古研究所、慈溪市文物管理委员会办公室：《秘色越器——上林湖后司岙窑址出土唐五代秘色瓷器》，北京：文物出版社 2017 年版。

浙江省博物馆编，汤苏婴、王轶凌主编：《青色流年——全国出土浙江纪年瓷图集》，北京：文物出版社 2017 年版。

慈溪市文物管理委员会办公室、宁波市江北区文物管理所：《慈溪碑碣墓志汇编：唐至明代卷》，杭州：浙江古籍出版社 2017 年版。

王结华、罗鹏：《青瓷千年映钱湖》，宁波：宁波出版社 2020 年版。

杭州市园林文物局、杭州市文物考古研究所：《最忆是杭州——新中国成立 70 周年杭州出土文物选编》，杭州：浙江人民美术出版社 2021 年版。

浙江省文物考古研究所、慈溪市文保中心：《纤细精巧——慈溪上林湖后司岙窑址出土北宋早期瓷器》，北京：文物出版社 2023 年版。

三、考古调查与发掘报告

［英］Marc Aurel Stein. *Archaeological Reconnaissances in North-Western India and South-Eastern Iran*. London，1937.

［美］Erich F. Schmidt. *The Rayy Expedition*. University of Chicago，The Oriental Institute，Aerial Survey Expedition，1942.

［日］福冈县教育委员会：《今宿バイパス関係埋蔵文化財調査報告——福岡市西区大字拾六町所在湯納遺跡の調査》（第 4 集），1976 年。

［日］山口市教育委员会：《周防鋳銭司跡》，1978 年。

［日］福冈市教育委员会：《福岡市埋蔵文化財調査報告書第 53 集：多々良込田遺跡 II——福岡市東区多の津所在遺跡群の調査》，1980 年。

［日］大阪市文化財协会：《長原遺跡発掘調査報告 2》，1982 年。

［英］Neville Chittick. *Manda: Excavations at an Island Port on the Kenya Coast*. Nairobi: The British Institute in Eastern Africa，1984.

［英］Mark Horton. *Shanga: The Archaeology of a Muslim Trading Community on the Coast of East Africa*. London: The British Institute in Eastern Africa，1996.

［新加坡］Michael Flecker. *The Archaeological Excavation of the 10th Century Intan Shipwreck*，Oxford: BAR International Series 1047，2002.

慈溪市博物馆：《上林湖越窑》，北京：科学出版社 2002 年版。

浙江省文物考古研究所、北京大学考古文博学院、慈溪市文物管理委员会：《寺龙口越窑址》，北京：文物出版社 2002 年版。

陕西省考古研究院、法门寺博物馆、宝鸡市文物局等：《法门寺考古发掘报告（上、下）》，北京：文物出版社 2007 年版。

南越王宫博物馆筹建处、广州市文物考古研究所：《南越宫苑遗址：1995、1997 年考古发掘报告（下）》，北京：文物出版社 2008 年版。

浙江省文物考古研究所、浙江省博物馆、杭州市文物考古研究所等：《晚唐钱宽夫妇墓》，北京：文物出版社 2012 年版。

宁波市文物考古研究所：《郭童岙——越窑遗址发掘报告》，北京：科学出版社 2013 年版。

宁波市文物考古研究所：《永丰库——元代仓储遗址发掘报告》，北京：科学出版社 2013 年版。

杭州市文物考古研究所、临安市文物馆：《五代吴越国康陵》，北京：文物出版社 2014 年版。

浙江省文物考古研究所、慈溪市文物管理委员会办公室：《慈溪南宋越窑址：2010—2018 年调查发掘报告》，北京：文物出版社 2019 年版。

前热河省博物馆筹备组：《赤峰县大营子辽墓发掘报告》，《考古学报》1956 年第 3 期，第 1—26 页。

苏州市文物保管委员会：《苏州虎丘云岩寺塔发现文物内容简报》，《文物参考资料》1957 年第 11 期，第 38—45 页。

金祖明：《浙江余姚青瓷窑址调查报告》，《考古学报》1959 年第 3 期，第 107—120 页。

浙江省文物管理委员会、杭州师范学院考古组：《杭州郊区施家山古墓发掘报告》，《杭州师范学院学报（社会科学版）》1960 年第 1 期，第 103—114 页。

北京市文物工作队：《北京南郊辽赵德钧墓》，《考古》1962 年第 5 期，第 246—253 页。

汪济英：《记五代吴越国的另一官窑——浙江上虞县窑寺前窑址》，《文物》1963年第1期，第43—49页。

浙江省文物管理委员会：《浙江鄞县古瓷窑址调查记要》，《考古》1964年第4期，第182—187页。

浙江省文物管理委员会：《杭州、临安五代墓中的天文图和秘色瓷》，《考古》1975年第3期，第186—194页。

浙江省文物管理委员会：《浙江临安板桥的五代墓》，《文物》1975年第8期，第66—72页。

河北省文物管理处台西考古队：《河北藁城台西村商代遗址发掘简报》，《文物》1979年第6期，第33—43页。

洛阳博物馆：《洛阳关林唐墓》，《考古》1980年第4期，第382—383页。

苏州市文管会、吴县文管会：《苏州七子山五代墓发掘简报》，《文物》1981年第2期，第37—45页。

浙江省文物考古所：《杭州三台山五代墓》，《考古》1984年第11期，第1045—1048页。

中国社会科学院考古研究所河南第二工作队：《河南偃师杏园村的六座纪年唐墓》，《考古》1986年第5期，第429—457页。

内蒙古文物考古研究所：《辽陈国公主驸马合葬墓发掘简报》，《文物》1987年第11期，第4—24页。

河南省文物研究所、巩县文物保管所：《宋太宗元德李后陵发掘报告》，《华夏考古》1988年第3期，第19—46页。

德新、张汉君、韩仁信：《内蒙古巴林右旗庆州白塔发现辽代佛教文物》，《文物》1994年第12期，第4—33页。

洛阳市文物工作队：《洛阳后梁高继蟾墓发掘简报》，《文物》1995年第8期，第52—60页。

内蒙古文物考古研究所、赤峰市博物馆、阿鲁科尔沁旗文物管理所：《辽耶律羽之墓发掘简报》，《文物》1996年第1期，第4—32页。

中国社会科学院考古研究所河南二队：《河南偃师市杏园村唐墓的发掘》，《考古》1996 年第 12 期，第 1—24 页。

浙江省文物考古研究所、慈溪市文物管理委员会：《浙江慈溪市越窑石马弄窑址的发掘》，《考古》2001 年第 10 期，第 59—72 页。

宁波市文物考古研究所：《浙江宁波市唐宋子城遗址》，《考古》2002 年第 3 期，第 46—62 页。

中国社会科学院考古研究所、广州市文物考古研究所、南越王宫博物馆筹建处：《广州南越国宫署遗址 2000 年发掘报告》，《考古学报》2002 年第 2 期，第 235—260 页。

浙江省文物考古研究所、慈溪市文物管理委员会：《慈溪上林湖荷花芯窑址发掘简报》，《文物》2003 年第 11 期，第 4—25 页。

中国国家博物馆水下考古研究中心、福建博物院文物考古研究所：《福建平潭分流尾屿五代沉船遗址调查》，《中国国家博物馆馆刊》2011 年第 11 期，第 18—25 页。

中国社会科学院考古研究所内蒙古第二工作队、内蒙古文物考古研究所：《内蒙古巴林左旗辽祖陵一号陪葬墓》，《考古》2016 年第 10 期，第 3—23 页。

倪亚清、张惠敏：《浙江临安余村五代墓发掘报告》，《东南文化》2016 年第 4 期，第 38—42 页。

四、研究论文

杨有润：《王建墓漆器的几片银饰件》，《文物参考资料》1957 年第 7 期，第 24—27 页。

张德懋：《余姚发现唐大中四年瓷壶上有铭款四十三字》，《文物参考资料》1957 年第 6 期，第 92 页。

［日］三上次男著，贾玉芹译：《从陶磁贸易看中日文化的友好交流》，《社会科学战线》1980 年第 1 期，第 219—223 页。

王永兴：《唐代土贡资料系年——唐代土贡研究之一》，《北京大学学报（哲学社会科学版）》1982 年第 4 期，第 59—65 页。

王仁波：《古代中日经济文化交流的门户——大宰府》，《海交史研究》1982 年（年刊），第 73—79+59 页。

陈晶：《常州等地出土五代漆器刍议》，《文物》1987 年第 8 期，第 73—76 页。

［日］三上次男著，杨琼译：《晚唐、五代时期的陶瓷贸易》，《文博》1988 年第 2 期，第 57—61 页。

［日］三上次男著，顾一禾译：《从陶瓷贸易史的角度看南亚、东亚地区出土的伊斯兰陶器》，《东南文化》1989 年第 2 期，第 59—63 页。

冯先铭：《泰国、朝鲜出土的中国陶瓷》，《中国文化》1990 年第 1 期，第 59—62 页。

［法］米歇尔·皮拉左里著，程存浩译：《阿曼苏丹国苏哈尔遗址出土的中国陶瓷》，《海交史研究》1992 年第 2 期，第 100—116 页。

高西省：《秘色瓷与秘》，《东南文化》1993 年第 1 期，第 220—223 页。

王莲瑛：《介绍一件自铭"食瓶"的唐越窑青瓷》，《文物》1993 年第 2 期，第 93—94 页。

韩伟：《法门寺地宫金银器錾文考释》，《考古与文物》1995 年第 1 期，第 71—78 页。

周丽丽：《关于"秘色瓷"两个问题的讨论》，《文博》1995 年第 6 期，第 86—91 页。

李刚：《"秘色瓷"探秘》，《文博》1995 年第 6 期，第 63—67+56 页。

李辉炳、叶佩兰：《略谈"秘色瓷"》，《文博》1995 年第 6 期，第 132+124 页。

虞浩旭：《试论"秘色瓷"含义的演变》，《景德镇陶瓷》1995 年第 4 期，第 40—42 页。

陆明华：《唐代秘色瓷有关问题探讨》，《文博》1995 年第 6 期，第 77—85 页。

秦大树：《埃及福斯塔特遗址中发现的中国陶瓷》，《海交史研究》1995 年第 1 期，第 79—91 页。

沈岳明：《修内司窑的考古学观察——从低岭头谈起》，载中国古陶瓷研究会编：《中国古陶瓷研究》第四辑，北京：紫禁城出版社 1997 年版，第 84—92 页。

赵宏：《秘色瓷续考》，《景德镇陶瓷》1997 年第 2 期，第 35—38 页。

林士民：《浙东制瓷技术东传朝鲜半岛之研究》，《韩国研究论丛》1999 年（年刊），第 376—390 页。

冷东：《中国瓷器在东南亚的传播》，《东南亚纵横》1999 年第 1 期，第 31—35 页。

［日］青柳洋子著，梅文蓉译，王宁校对：《东南亚发掘的中国外销瓷器》，《南方文物》2000 年第 2 期，104—107 页。

郑嘉励：《越窑"置官监窑"史事辨析》，《东方博物》2003 年第 0 期，第 73—77 页。

李刚：《"秘色瓷"之秘再探》，《东方博物》2005 年第 4 期，第 6—15 页。

［韩］赵胤宰：《略论韩国百济故地出土的中国陶瓷》，《故宫博物院院刊》2006 年第 2 期，第 88—113 页。

秦大树：《拾遗南海补阙中土——谈井里汶沉船的出水瓷器》，《故宫博物院院刊》2007 年第 6 期，第 91—101 页。

李旻：《十世纪爪哇海上的世界舞台——对井里汶沉船上金属物资的观察》，《故宫博物院院刊》2007 年第 6 期，第 78—90 页。

［印尼］Adi Agung Tirtamarta, M. M.，辛光灿译：《井里汶海底十世纪沉船打捞纪实》，《故宫博物院院刊》2007 年第 6 期，第 151—154 页。

［日］山村信荣：《大宰府における八・九世紀の変容》，《国立歴史民俗博物館研究報告》2007 年第 134 集，第 213—228 页。

［新加坡］袁旃：《室利佛逝及沉船出水的密宗法器》，《故宫博物院院刊》2007 年第 6 期，第 141—144 页。

申永峰、刘中伟：《唐代金银平脱工艺浅析》，《中原文物》2010 年第 2 期，第 91—96 页。

沈岳明：《"官窑"三题》，《故宫博物院院刊》2010 年第 5 期，第 16—25 页。

［韩］金英美：《韩国国立中央博物馆藏高丽遗址出土中国瓷器》，《文物》2010 年第 4 期，第 77—95 页。

杨高凡：《宋代祭天礼中三岁一亲郊制探析》，《求是学刊》2011 年第 6 期，第 141—152 页。

尚刚：《古瓷札记两则》，《文物》2012 年第 11 期，第 77—78 页。

厉祖浩：《唐五代越窑文献资料考索》，《东方博物》2012 年第 2 期，第 89—100 页。

陈杰：《从出土瓷器看唐宋时期山东半岛与南方地区的海上交流》，《福建文博》2012 年第 4 期，第 15—19 页。

赵宏：《秘色瓷新考》，《中国陶瓷》2013 年第 2 期，第 60—63 页。

厉祖浩：《吴越时期"省瓷窑务"考》，《故宫博物院院刊》2013 年第 3 期，第 50—61 页。

李三原：《千古之谜"秘色瓷"新解》，《西北大学学报（哲学社会科学版）》2014 年第 5 期，第 167—171 页。

姜维公、姜维东：《"辽"国号新解》，《吉林大学社会科学学报》2014 年第 1 期，第 46—58 页。

胡耀飞：《姓望与家庭：瓷墓志所见晚唐至宋初上林湖地区中下层社会研究》，载武汉大学历史学院主编：《珞珈史苑》（2014 年卷），武汉：武汉大学出版社，2015 年，第 99—133 页。

Bing Zhao. " Chinese-Style Ceramics in East Africa from the 9th to 16th Century: A Case of Changing Value and Symbols in the Multi-Partner Global Trade ", *Afriques*, 06, 2015.

［日］弓场纪知著，黄珊译：《福斯塔特遗址出土的中国陶瓷——

1998—2001 年研究成果介绍》，《故宫博物院院刊》2016 年第 1 期，第 120—132 页。

故宫博物院、浙江省文物考古研究所：《上林湖后司岙窑址秘色瓷的成分特征研究》，《故宫博物院院刊》2017 年第 6 期，第 124—132 页。

故宫博物院、浙江省文物考古研究所、慈溪市文物管理委员会办公室:《上林湖后司岙窑址瓷质匣钵的工艺特征研究》，《故宫博物院院刊》2017 年第 6 期，第 142—150 页。

徐李碧芸、李其江、张茂林等：《浅析"秘色"瓷》，《中国陶瓷》2017 年第 6 期，第 80—86 页。

郑建明：《21 世纪以来唐宋越窑及越窑系考古的新进展》，《文物天地》2018 年第 9 期，第 96—103 页。

秦大树、任林梅：《早期海上贸易中的越窑青瓷及相关问题讨论》，《遗产与保护研究》2018 年第 2 期，第 96—111 页。

孟国栋：《异质之美——上林湖新出瓷墓志生成的地域因缘及其文化内涵》，《浙江社会科学》2018 年第 12 期，第 126—133 页。

辛光灿:《9—10 世纪东南亚海洋贸易沉船研究——以"黑石号"沉船和"井里汶"沉船为例》，《自然与文化遗产研究》2019 年第 10 期，第 28—32 页。

干有成、李志平：《宁波与朝鲜半岛的陶瓷之路》，《大众考古》2019 年第 8 期，第 20—26 页。

张勇剑、杨军昌、姜捷：《法门寺地宫出土唐髹漆平脱秘色瓷碗髹漆工艺初探》，《文物保护与考古科学》2020 年第 5 期，第 26—32 页。

李灶新:《广州南越国宫署遗址出土五代十国刻款瓷器研究》,《华夏考古》2020 年第 2 期，第 114—123 页。

刘未：《北宋海外贸易陶瓷之考察》，《故宫博物院院刊》2021 年第 3 期，第 4—20 页。

故宫博物院、浙江省文物考古研究所：《上林湖后司岙窑址晚唐五代秘色瓷的显微结构研究》，《故宫博物院院刊》2021 年第 12 期，第 121—127 页。

　　傅知微：《谁谓古今殊——秘色瓷概念的再讨论》，《南方文物》2021年第 1 期，第 288—290 页。

　　董新林、汪盈、陈泽宇：《辽祖陵遗址出土瓷器初步研究》，《南方文物》2022 年第 4 期，第 191—199 页。

附　表

国内发现的吴越国时期的越窑墓志器①

序　号	名　称	年　代	出土地点 收藏单位	部分志文摘录
1	周泰墓志罐 （八棱形罐）	唐 乾宁四年 （897）	私人藏	唐故亡考府君墓志并序 唯府君姓周，汝南人也。祖曾讳岊，祖讳阳。府君享年七十二，六月生，讳泰，娶叶氏，育二男，长男曰新，娶叶氏；次男曰宥，娶罗氏。并孝敬仁子……呜呼！不期当年四月十六日，忽缠小疾，百药不痊，至孝分身不报，号天未，礼制有期，不敢违限，卜宅兆十月廿一日壬戌，葬乎慈溪县上林乡石仁里殷郭保，坟在宅西一里……铭曰：尘世难留电光远，一镇寒山似长久。不论贵贱及贤良，自古长生分未有。乾宁四年十月廿一日壬戌墓志记。

---

① 根据《越窑瓷墓志》的收录内容制成。见厉祖浩：《越窑瓷墓志》，上海：上海古籍出版社 2013 年版。

续 表

序 号	名 称	年 代	出土地点 收藏单位	部分志文摘录
2	马氏墓志罐（筒形罐）	唐 光化三年（900）	慈溪上林湖焦角湾出土	唐故扶风郡马氏夫人墓铭并序 明州慈溪县上林乡石仁里三淏保。维夫人姓马，扶风郡人也，享年六十三，十月生。夫人四德柔和，九仪克备，性同白玉，行比青莲，似镜无尘，如松凌汉。夫人适琅琊王弘达为琴瑟，未尽契志，路隔泉关……夫人去光化三年八月中忽染疾，百药不疗，至九月廿六日终乎私第。当年十一月初一日，择吉日葬于当乡湖内山北保，其坟甲向，永为万岁之坟也……铭曰：人世不坚，亦同风烛。奄冬万年，山河记录。维光化三年岁次庚申十一月乙酉朔初一日乙酉王弘达墓记。
3	戚鲁墓志罐（十八棱形罐）	唐 天复二年（902）	私人藏	唐故北海郡先考府君墓志铭并序 高祖讳生，曾祖讳诠。维故府君明州慈溪县贯上林乡石仁里，衔军事总管节度散将监察御史。府君北海郡也，讳鲁，享年五十有三，适东海郡徐氏夫人，而育一男曰训，娶钜鹿郡魏氏为新妇，有侄一人曰愈，娶清河张氏，并高门盛族矣……呜呼！荣乐仁伦，忽缠微疾，千金不疗，万药无抽，伤乎！天复二年四月廿四日终乎私第。

续　表

序号	名　称	年　代	出土地点 收藏单位	部分志文摘录
3	戚鲁墓志罐 （十八棱 形罐）	唐 天复二年 （902）	私人藏	至孝卜于吉日，用金于当年九月四日往梅川乡石仁里何村保买惠氏地为千古宅茔也。山海有竭，其坟不移，悲风惨凄，素月嵺亮，冢曰丙向，无必铭曰：悲哉逝川，东流若箭。世上浮泡，人间梦电。有漏火风，无论贵贱。千载松风，晨昏改变。永夜冥冥，空悲涕恋。 维唐天复二年岁次壬戌九月癸卯朔四月丙午戚氏墓志铭记。 南阳郡周云用述
4	墓志罐残件 （筒形罐）	后梁 开平四年 （910）	慈溪市越韵陈列馆藏	……无暇……长怀……染邪回以礼……每施仁恻素……物之心，有拯溺……官禄，自乐高闲……乃亲朋之领袖……以开平四年七月五日终于越□余姚县上林乡之私第也，享年七十有六。公娶颍川陈氏，妇道雍和，内则明敏，母仪可范，节德无亏。育六人，长曰鄂，字亚□，娶钜鹿魏氏；次曰益，娶南阳□氏，□□早逝；次曰玘、次曰郁，皆□□……夭亡；次曰郖；幼曰……群，风规秀茂，□□为……女三人，长适……任氏乃仕族……幼曰娇姑……
5	黄氏墓志罐 （八棱形罐）	后梁 开平四年 （910）	私人藏	大梁越州余姚县上林乡石仁里故俞府君亡妻江夏黄氏夫人墓志铭并序 将仕郎前右金吾卫兵曹参军柱国潘辐撰

续 表

序 号	名 称	年 代	出土地点 收藏单位	部分志文摘录
5	黄氏墓志罐 （八棱形罐）	后梁 开平四年 （910）	私人藏	夫人笄年适于府君，讳□，府君乃□□□当境之顶胄。夫人贤行，众推仪范莫及，为乡邻之敬仰，是亲眷之规模，淑德有闻，贞姿无比，于妇道而举按莫阙，在母情而截发宁亏。谓乃福祐延长，神明洞鉴，何图事生不测，祸忽潜临，以开平四年八月廿八日奄遭斯祸，夫人享年六十有八……玄宫取□□年九月廿九日之于东窑岙内，乃□□之地也。呜呼！嗟电光之不驻，恨隙驹之难留，此乃谓子欲养而亲不待，□□早□存念过受，慈怜见此，哀伤□胜鲠塞。聊陈盛德，实愧荒芜，□奉命而书，乃为铭曰：淑德贞姿兮世所稀，慈悯温和兮众乃知。魄散魂销兮一去后，弟顺兄恭兮万代居。
6	吴歆墓志罐 （八棱形罐）	后梁 乾化二年 （912）	私人藏	唐故濮阳郡吴府君墓志铭 陈□□□述 府君讳歆，不称字，其先乃□□人也，因官命氏，霸于汉魏之□，□誉垂名，□而不录。曾祖讳□，祖讳烈，考讳宥，并抗节不仕。公即孟子也，公乃立性温恭，□□自克，代有其德，地不乏贤，乡里推名，亲姻洽敬。呜呼！神明昧□，

续　表

序　号	名　称	年　代	出土地点收藏单位	部分志文摘录
6	吴歆墓志罐（八棱形罐）	后梁乾化二年（912）	私人藏	疾疹俄婴，捧心告离，瞑目□□，以乾化元年辛未岁冬十二月二日终于慈溪县鸣鹤乡小山里之私第，享年六十二。娶江下黄氏，育子二人，长曰球，次曰师，女一人，小字僧娘，皆哀毁逾制。以其年岁在壬申十一月十七日卜筮遇吉，归葬于当乡杜湖西原，祔先茔，礼也。□□略叙，罔愧芜词，铭曰：东至吴，西至吴，南至吴，北至吴。贤门积芳，□□□□。声名□□，智□幽穴。梃植既锐，札翰徒□。志此贞石，千年万年。
7	魏靖墓志罐（筒形罐）	后梁贞明三年（917）	慈溪市越韵陈列馆藏	梁故魏府君墓志铭并序府君钜鹿人也，前守节度正十将，素无疾疹。父讳并尚以句章适其性，鄞江逸其志，故名官之利，先祖因而寓焉。祖讳晓，王父讳宠，亡府君讳靖。代习儒流，门传令范……悉有书学，孝养无亏，乡里所敬，何以加焉。悲夫！梁木斯坏，风树不止。以贞明三年十月廿四日寝食弃代于私第，享年七十二。而眠牛告兆，龟筮叶祥，遂克定当年十二月廿七日壬申葬于余县上林乡东窑保。

续 表

序 号	名 称	年 代	出土地点收藏单位	部分志文摘录
7	魏靖墓志罐（筒形罐）	后梁贞明三年（917）	慈溪市越韵陈列馆藏	乃缘祖墓不利，遂将见金陆贯文买得当乡罗锡地一片，东去西八丈，南去北八丈，主保契验分明。其墓方员山川不食之地，安厝宅兆，敢传为记，用刊石为铭。铭曰：天覆无私，地载无倦。人生其间，如日之转。性自天纵，灵从自然。克有内则，彰乎□□。山高不易，海广长存。睦睦门间，绵绵子孙。
8	方积墓志罐（筒形罐）	后梁龙德元年（921）	私人藏	维梁故方府君墓志铭并序如后府君讳积，郡本汝州河南，因官就地息，乃驻居句章，积有代矣，今即鄞水人也。祖望，父严，君外氏姚家，并轩裳继族，世袭缨簪，而府君冠冕编于谱谍。君以性惟惇雅，志颇谦恭，在乡利以济人，居家惠能待众。言此上善，必保永年。何期神不鉴贤，忽婴疾恙，祝祈无效，药石罕灵，渐至沉绵，倏然泉夜。呜呼！风烛易灭，电影难留，俄尔之间，奄成今古。乃贞明七年六月廿五日终于私家，享年七十一……奈窀穸有期，卜窆从吉，以龙德元年十一月三日安厝于鸣鹤乡大茗岙保其山……用贿帛售得项瑗之山地，关约断直，具有契书保见焉。

续 表

序 号	名 称	年 代	出土地点 收藏单位	部分志文摘录
8	方積墓志罐（筒形罐）	后梁龙德元年（921）	私人藏	即新茔，礼也。恐后时移代改，川陆互形，固刊贞甓，纪其铭曰：吁哉府君，性惟惇实。言保永寿，松椿并质。何神不灵，殒我贤吉。大茗藏魂，终天幽室。
9	任㻅墓志罐（筒形罐）	后梁龙德二年（922）	慈溪上林湖出网山出土，浙江省博物馆藏	……墓□铭 罗表正撰 ……晋时过于吴江，遨公之裔，永度公之后，乃廿七□孙，祖墓在青州千乘县任村，小墓在越州余姚县双雁乡中埭。祖讳□，翁讳□，父讳翼，并承上荣显，品荫功勋，守官多在诸州，皆性乐丘园，不上荣禄，具载家谱焉。府君讳㻅，禀性幽贞，志闲高道，爵禄以□□□休□向相下驱分，不以华饰为荣，自然高尚……以贞明六年庚辰岁三月廿九日……（余）姚县上林乡使司北保之私舍，缘……乃用见缗四贯文，于罗招远边买得当乡湖东保内地为坟。至龙德二年十月初三己酉日安葬，其坟作丙向。乃制其文，用彰不朽，敬为铭曰：六纪遐龄，五常英彦。幻世流空，浮生若泂。魂膺县辉，日宫月殿。任□桑田，此坟不变。

续 表

序　号	名　称	年　代	出土地点收藏单位	部分志文摘录
10	卓从墓志罐（筒形罐）	后梁龙德二年（922）	私人藏	梁故东都余姚县梅川乡新泾保卓府君墓志铭并序 府君者望在徐州彭城郡人也，晋代过江之后，品荫载在谱缘。曾讳荣，府君讳从。府君生也，性识出群，道高不仕，不居阛阓，蔚有令名。在府县人悉钦丞，于镇幕则众皆仰慕。每于福力，常自斋修。忽其风恙所萦，经岁寝疾，何其祐明不祐，药饵无征，以龙德二年岁次壬午孟秋之月初二日殁故于所居，终乎私第，享年八十，奄弃而矣……府君□祖墓在苏……华亭乡招明里，乃因沈氏夫人丧日，用金于□□王师实边置梅川乡何村保山地一片，东至□□乡，西至王师实祖墓，南至张孜田，北至□□保人刘及。其坟并丙向，作合欢冢，以卜当年冬十月丁未朔初五辛亥日葬归灵于玄宫。 孝男孝女，亲执礼焉，广备葬焉，痛伤肝膈，哀就苫庐，追慕何穷，悲恸无已。须从月选良，敬礼金仙，陈馔香积，用希阴腾，早望往牛。故迁金石为名，聊书岁月矣纪星祀。乃为铭曰：府君皎结，立性温恭。生兮何乐，潦路何空。不推令德，其众皆崇。

续　表

序　号	名　称	年　代	出土地点收藏单位	部分志文摘录
10	卓从墓志罐（筒形罐）	后梁龙德二年（922）	私人藏	葬在三甲，记乎其中。其一。蕴德居首，为众所钦。慈人及物，孝义贮心。常修行业，福力俱深。寿命八十，随日西阴。
11	刘氏墓志罐（六棱形罐）	后梁龙德二年（922）	私人藏	梁故罗夫人刘氏墓志铭 张光远述 夫人世祖彭城郡人，晋时过于吴江，乃廿四代之孙女。翁讳宝，父讳场，并性丘园，不上荣禄，守官多在诸州，具载家谱焉。夫人令淑彰明，四德俱备，爰因良媲，大归于襄阳郡罗公。含公之裔，晋过吴江，乃廿四代之孙，顷岁染疾而先逝。公讳曷，祖讳携，先君讳介，并承上荣显，累得钦崇。小墓在当乡使司北保……夫人八纪遐龄，五旬孀志，坚持素节，不再从人，播芳誉于择邻，布英风于乡党。忽萦微恙，大运俄终，以龙德二年壬午岁五月一十己丑日奄弃孝养，终于余姚县上林乡使司南保之私舍。缘先茔不利而归，男节度正十将公受用钱五贯，于当乡外表弟余文□边买得当乡永殷保内地为丘墓。以当年十一月初九乙酉日归祔玄宫，其坟首作乙向。乃制斯文，用彰不朽焉。敬为铭曰：仙人坝下，鸣鹤池前。山多朝势，水足回还。灵窆此穴，瑞应阳间。子孙昌盛，龟鹤齐年。

续 表

序 号	名 称	年 代	出土地点收藏单位	部分志文摘录
12	黄氏食瓶	吴越宝大元年（924）	私人藏	甲申宝大元年五月十日清河郡张师道安葬母亲黄氏食瓶一只。
13	黄氏墓志罐（筒形罐）	吴越宝大元年（924）	私人藏	唐故清河张府君夫人江夏郡黄氏墓志铭并叙 夫人不称字，黄姓，实江夏郡人也。父。夫人第二女也。门惟袭庆，命以垂祉，天赋温淑，训资诗礼。洎笄而归于清河公，公时之名贤，代有德，实谓婚姻，孔修世济……以宝大元年四月十七日终于余姚县上林乡白洋之私第，享年七十有二。元政夫人腹胤二子，孟曰师道，娶樵国曹氏；仲曰弘坦，娶广陵盛氏。师道等执丧之礼，皆禀至性，殆甚毁灭，以其当年夏五月廿四日护归窆于当乡白洋新桥保西原之私第，新立茔坟之也。虑以山岗迁变，志于斯文。铭曰：贤门积庆，令淑私臻。洊乃诗礼。平生念善，明德以归。栖于良援，室家其宜。蘋蘩展荐，已乎已乎。其山秀岩，因号白洋。

续　表

序　号	名　称	年　代	出土地点收藏单位	部分志文摘录
14	李邨墓志罐（八棱形罐）	吴越宝大元年（924）	私人藏	陇西郡李府君墓志铭 府君世祖其州陇西郡人也。泊乎远代守官，公勋盖世，伍族品荫，载在谱焉。府君讳邨，祖讳良，爷讳郏。代习儒流，门传令范，志栖云水，不乐荣名。府君端直为性，倜傥为心，言有圭璋，语无宿诺。临事必定，坚敬无迴，理间俱饮，实谓人仁也……府君椿龄未永，可亚龟鹤之年，何其以岁甲申六月初二日奄弃圣终于私第，享年六有八，夫人六三。缘祖墓不利，乃用金于余姚县上林乡王明边买得鸣石保内山地一片，方圆伍丈大尺。其地东埋石，取西埋石五丈大尺埋石为界，南埋石至北五丈大尺，并两边栗树王为界。其坟作西向，以其年八月廿八日甲午吉晨护丧归葬为玄宫。孝男孝女亲执礼焉，广备葬焉。呜呼！玉兔东奔，金鸣西走，逝波难驻，人生一旦。乃文曰：枎杜郁郁，绿竹青青。玄堂寂寂，蔓草冥冥。林岫葱蒨，岩□迴屏。府君同归逝水，永镇双□。山□兮其坟不移，海渴浪兮记之星纪。

续　表

序　号	名　称	年　代	出土地点收藏单位	部分志文摘录
14	李邯墓志罐（八棱形罐）	吴越宝大元年（924）	私人藏	宝大元年岁次甲申八月廿八日甲午吉晨安葬，故记。 陇西郡
15	项峤墓志罐（八棱形罐）	吴越宝正二年（927）	私人藏	吴越故项府君墓志铭并序 府君讳峤，其先下邳郡人也，其祖讳竦，翁讳汗，不仕。府君娶京兆杜氏，生九子，二子早丧……府君享年七十有二，以宝正二年三月十六日绵疾终于私第。府君立性端良，谦慈克让，常依内典，孝悌得而称焉。呜呼！绣木有摧，静而难止，何其一朝卧疾，百药无征。俄抛眷属，遂弃平生，魂归大夜，魄散风云。于年秋九月廿二日买得余姚县上林乡东窑之里，坟居壬向，地枕上林湖之东南山川不植之地。虑恐其山谷改变，海岸崩颓，故镌数行，将为记矣。铭曰：君之不仕，处家而德。上下□□，内外和睦。常思廉俭，安□□□。温恭克让，终身不辱。□□□□，魏公及相。 其地东至山脊分水，西至坑直上至松岗，南櫂树关横过东分水，北至柿树口□□□。

续 表

序 号	名 称	年 代	出土地点收藏单位	部分志文摘录
16	王氏墓志罐（筒形罐）	后汉乾祐元年（949）	私人藏	南瞻部州大汉吴越国折江东道东府余姚县上林乡石仁理岙山保陈仕安于当乡华□□边买山地一片，东至坑直上，西至垄头直上曲转，至北小垄头上至东横过埋石为界，南至华桂□埋石为界。四至内□安葬□王氏为□墓。□男□□、次男目儿、三男□儿、六男魏儿、廿男满儿，女八娘、九娘、十一娘、廿二娘……乾祐元年十二月贰拾捌日□□，同卖人、保人……天生。
17	墓志罐残件（八棱形罐）	五代	慈溪上林湖隆庆寺遗址旁，慈溪市博物馆藏	……向。孝男孝女……焉。呜呼！秀巇平云……萝蔽日。奉命刊……天胡茫茫兮……青松蔚蔚兮……骆氏夫……
18	韩大郎粮罂	北宋建隆元年（960）	私人藏	建隆元年岁次庚申十月丁卯朔六日壬午七日癸未，孝男韩敬超买山地安葬亡考大郎，故记。
19	闻氏三十娘墓志罐（筒形罐）	北宋建隆三年（962）	私人藏	南瞻部州大吴国折江东道东府余姚县云柯乡爷父名□当第三十六郎，女三十娘；子长兄曰人宾；次兄人顼；中兄人□；弟唐童；长姐第十七，事潘夫；次姐，虞夫；中姐十九娘，范夫；次姐二十二，事卓夫。上林乡东窑保马思邦妻闻氏三十娘，去庚申建隆二年六月初六日。

续　表

序　号	名　称	年　代	出土地点 收藏单位	部分志文摘录
19	闻氏三十娘 墓志罐 （筒形罐）	北宋 建隆三年 （962）	私人藏	世有长男从政，娶罗氏……又小女，许王郎。言定今于当乡金秀并男匡厚、匡时第边买得杨梅岙岭东新窑保内北山脚下地一片，东西一十丈，南北一十丈，于内下坟，永卖与院，长□安葬□□共断约平直，价钱五阡文□十□，其钱并地立契日交□并足。又其地从卖，并不系门房上下六亲，并□私典贴之事。其地禾税即在金□内送纳，亦不干卖人之事。从卖定后，亦各是情愿，非相□□，二家不得翻悔。如先悔人，甘罚银二两，入不讼官使用官□匹余，许人移约。今恐口中无信，故立此分支契为凭。壬戌建隆三年八月廿二日□府印行□金秀契。 同卖男匡时、匡厚，保人叶赟。 人批行丧门癸□并在金边路金秀重批。 十月初一日乙酉日安葬记。
20	俞府君 墓志罐 （八棱形罐）	北宋 开宝三年 （970）	私人藏	大吴国会稽府余姚县故俞氏府君勾押墓铭并序 府君本望河涧郡。父讳卿，祖儒，曾祖继，代效省瓷窑之职，并乃忠孝相传，庆荣后嗣。故府君充省瓷窑都勾押之行首也，可乃五常立德，十信为怀，一境钦崇，四远仰慕，咸称不可得也。

续 表

序 号	名 称	年 代	出土地点 收藏单位	部分志文摘录
20	俞府君 墓志罐 （八棱形罐）	北宋 开宝三年 （970）	私人藏	府君乃育男四人，长曰从緘，娶于余氏；次曰从德，娶于夏氏；次曰从庆，娶于闻氏；次曰从皓，充瓷窑勾押，娶于副使女蔡氏。并乃处众谦和，莅事明敏，用冰泉励己，出清貌以驰名……况府君不料三台遽隐，四大俄分，以开宝三年六月初一日终于上林乡石仁里湖表保之私第也，府君年逾七十有三。嗟乎！来同电影，去比幽途。奄夵既有良期，灵识固须卜宅，即以当年九月十三日于当乡乌石保从宅一里以来自己分地，东西南北并自至，壬向，建新茔之礼也。虑以年代浸远，丘岗变更，固刊石为铭，用彰不朽。 词曰：浩浩尘劫，今古由同。一气潜去，万讯归空。其一。迢迢冥路，曾无再顾。郁郁青松，奄兹垄墓。其二。坐彼山门，祯祥莫论。千秋万岁，益子利孙。
21	罗坦墓志碑	北宋 开宝七年 （974）	私人藏	大吴越国浙江东道会稽府余姚县上林窑□□□上军同散将都作头襄阳罗三十七郎墓记夫以年光颜□□□世乃何长，纵荣贵以高迁，且无常而终在。悲呼！生者荣，死也哀，即我罗三十七郎讳坦，父讳受。

续　表

序　号	名　称	年　代	出土地点 收藏单位	部分志文摘录
21	罗坦墓志碑	北宋 开宝七年 （974）	私人藏	父是太粗肇启，毁家为国之时，立肱股于上林，与陆相公同置窑务。造梁皇太庙，绀宇周圆。建西院□□□林，殿堂严备。粗朝纳职拜十将阶其□作头。罗三十七郎资次承荫，同心共赞邦家，□省作头，转同散将。五朝为国，□今□十□年，一生之官事不遭千户并无声应，继代公勋，赞之莫及。慈和内外，亦善亦良，无是无非，唯清唯正，年尊八十有七，癸酉岁五月十七日而终……呜呼！风灯灭而何速，石火停以何忙，恨生死相构，乃无常须住。克定吉日，葬此原中，当乡沈司兵里保及鹿田亭子西是永殿保界粗墓之地，东至余德章山峰分水直下官路，西至朱从蕴古路直上山峰，南至官路，北至潘旭样山峰分水为界。其墓坟有四所：一坟故三十七郎婆金氏，一坟是父大郎十将，一坟次室朱氏。四至已□，相状万吉，准此规绳，乃至海变桑田，此志长存不朽。三孙，二男一女。铭曰：涧水潺潺，青松陌陌。□将峰高，官国山密。选此利□，兼得良日。荣荫子孙，万代昌贵。 时甲戌开宝七年闰十一月十七日辛酉，故记。

续　表

序　号	名　称	年　代	出土地点收藏单位	部分志文摘录
22	耶卅九郎食瓶盖	北宋太平兴国二年（977）	私人藏	上林乡闻陆保俞仁福为耶卅九郎去太平兴国二年岁次丁丑其年闰七月六月十六日在新窑官坊造此食瓶盖，祝求无管系。

注：“吴越国时期”指钱氏政权统治时期，启自唐末钱镠割据两浙，终于北宋初钱弘俶纳土。

后 记

我的学术生涯是从越窑起步的。

1990 年开始到 2002 年，基本上都在慈溪上林湖主持越窑的考古调查、发掘和研究工作，其中的上林湖越窑寺龙口窑址发掘项目还获得了 1998 年的全国十大考古新发现。2014 年以后，我们又将上林湖越窑作为重点工作的对象，其中 2017 年后司岙唐宋秘色瓷窑址的发掘又一次获得了年度全国十大考古新发现。像这样单独一个窑场的考古发掘，两次获得全国十大考古新发现，这在全国也是仅有的，说明了越窑的重要地位。

我曾对越窑有过一个定位：如果以满天星斗来形容中国古代的瓷业，那么越窑就是那颗启明星。所以我常常念想要写一本越窑的书稿，将我对越窑的认知告诉大家。只是平时教学、科研任务较重，很难集中时间撰写，所以也就一直没有正式动笔。

2023 年 4 月，杭州临安区委宣传部来电告知，他们正在启动"吴越历史文化丛书"的编撰工作，希望我能够承担《吴越国青瓷研究》一书的撰写工作。由于时间比较紧，自己精力有限，不久前还刚肩胛骨骨折，手不是很方便，感觉是难以在短时间内完成这项工作，所以我没有马上答应。不过事后一想，这不正是我一直想做而未做的工作吗？短时间内我自己确实难以单独承担这个任务，但想到有一个由我指导的硕士研究生缪致衍即将毕业，硕士论文就是写的有关越窑的内容，对越窑有比较多的了解，而此时毕业论文处于外审阶段，其本人也已经确定下半年继续跟我从事博士阶段课程的学习，从现在开始到下半年开学有几个月的相对空档期，应该可以让她协助我完成这个任务的。所以，当临安区委宣传部一周以后再次给我来电，希望我能够答应承担这个撰写任务时，我就应诺了。

虽然《吴越国青瓷研究》是整个吴越国政权控制范围内的瓷器生产等相

关情况的综合研究，但其辖内主要的瓷业生产窑场就是越窑，影响力也最大，而吴越钱氏控制时期即晚唐、五代和北宋早期的越窑也正处在最鼎盛时期，把越窑写清楚了，吴越国时期的瓷业也基本上讲清楚了。所以，等到6月份正式签订撰写协议时，我们已大致确定了书稿框架，书名改成《吴越国瓷业研究》，材料收集得差不多了，也已经开始动笔了。

我们觉得，越窑与吴越国共命运的关系是中国陶瓷史上任何一个时代、任何一个窑场都没有过的，吴越国对越窑生产的重视程度也是仅有的，越窑秘色瓷成为吴越国政权的"维生素"更是独一份。所以在撰写过程中，我们遍稽吴越国窑址与产品消费地考古工作的最新成果，试图把吴越国与越窑这种特殊的关系讲清楚。2023年10月，我们又对书稿内容进行了调整和补充，并根据专家们提出的修改意见对书稿进行了完善。书稿尽管匆匆写就，但难免有不尽如人意的地方，只能留待以后修正了。

在本书成稿的过程中，缪致衎费心颇多，临安区委宣传部一直对书稿的进程和内容多有关注和指导，相关专家对本书提出了许多中肯的意见，杭州出版社的杨清华、邓景鸿、陆柏宇在对书稿的编辑工作中有许多很好的建议，这都是本书能顺利出版的关键，一并致谢。也非常感谢临安区对我们的信任，将这样一个重要的任务交予我们，促使我完成了一直想写这样一部书稿的心念。

沈岳明

复旦大学教授，博士生导师

兼任中国古陶瓷学会常务副会长，龙泉青瓷研究会会长

缪致衎

复旦大学博士研究生